Conceitos básicos de linguística

SISTEMAS CONCEITUAIS

Conselho Acadêmico
Ataliba Teixeira de Castilho
Carlos Eduardo Lins da Silva
Carlos Fico
Jaime Cordeiro
José Luiz Fiorin
Magda Soares
Tania Regina de Luca

Proibida a reprodução total ou parcial em qualquer mídia
sem a autorização escrita da editora.
Os infratores estão sujeitos às penas da lei.

A Editora não é responsável pelo conteúdo dos capítulos deste livro.
Os Autores conhecem os fatos narrados, pelos quais são responsáveis,
assim como se responsabilizam pelos juízos emitidos.

Consulte nosso catálogo completo e últimos lançamentos em **www.editoracontexto.com.br**.

Elisa Battisti
Gabriel Othero
Valdir do Nascimento Flores

Conceitos básicos de linguística

SISTEMAS CONCEITUAIS

Copyright © 2021 dos Autores

Todos os direitos desta edição reservados à
Editora Contexto (Editora Pinsky Ltda.)

Foto de capa
Jaime Pinsky

Montagem de capa e diagramação
Gustavo S. Vilas Boas

Preparação de textos
Dos autores

Revisão
Lilian Aquino

Dados Internacionais de Catalogação na Publicação (CIP)

Battisti, Elisa
Conceitos básicos de linguística : sistemas conceituais /
Elisa Battisti, Gabriel Othero e Valdir do Nascimento Flores. –
São Paulo : Contexto, 2021.
288 p. : il.

Bibliografia
ISBN 978-65-5541-049-5

1. Linguística I. Título II. Othero, Gabriel
III. Flores, Valdir do Nascimento

21-0742 CDD 410

Angélica Ilacqua CRB-8/7057

Índice para catálogo sistemático:
1. Linguística

2021

EDITORA CONTEXTO
Diretor editorial: *Jaime Pinsky*

Rua Dr. José Elias, 520 – Alto da Lapa
05083-030 – São Paulo – SP
PABX: (11) 3832 5838
contexto@editoracontexto.com.br
www.editoracontexto.com.br

Sumário

APRESENTAÇÃO
MOSTRAR AO LINGUISTA O QUE ELE FAZ 9

GUIA DO USUÁRIO 13

PARTE I
A LINGUÍSTICA SAUSSURIANA: O SISTEMA

Analogia 17

Arbitrário do signo linguístico 23

Caráter linear do significante 29

Curso de linguística geral 33

Diacronia, sincronia e pancronia 37

Entidades concretas da língua 42

Escritos de linguística geral 47

Linguagem, língua e fala 53

Linguística da língua e linguística da fala 60

Linguística diacrônica (evolutiva) 65

Linguística externa/linguística interna 72

Linguística sincrônica (estática) 74

Mutabilidade e imutabilidade do signo 79

Ponto de vista 85

Relações sintagmáticas e relações associativas 90

Semiologia 95

Signo linguístico (significado e significante) 99

Sistema da língua 105

Valor linguístico 108

PARTE II
A LINGUÍSTICA DISTRIBUCIONAL: A ESTRUTURA

Constituinte 123
Distribuição 128
Estrutura 133
Fonemização 138
Morfema 144
Paradigma e sintagma 147
Vocábulo formal 151

PARTE III
A LINGUÍSTICA GERATIVA: A GRAMÁTICA

Aceitabilidade e gramaticalidade 155
Aquisição da linguagem 158
Aspecto criativo da linguagem 161
Competência 164
Desafio de Galileu 166
Desempenho 169
Falante-ouvinte ideal 172
Gramática 174
Gramática Universal 180
Inatismo 183
Língua-E 185
Língua-I 186
Problema de Broca 187
Problema de Descartes 191
Problema de Humboldt 195
Problema de Platão 199
Problema de Wallace-Darwin 201
Recursividade 204

PARTE IV
A SOCIOLINGUÍSTICA: O USO

Competência comunicativa 211

Comunidade de fala 214

Comunidade de prática 217

Dialeto 220

Entrevista sociolinguística 225

Estilo 231

Etnografia 236

Fala-em-interação 239

Norma 244

Política linguística 246

Preconceito linguístico 249

Rede social 251

Significado social 256

Valor social 258

Variação e mudança linguística 261

LISTA DE ASSUNTOS 269

REFERÊNCIAS 275

OS AUTORES 285

APRESENTAÇÃO
Mostrar ao linguista o que ele faz

Este livro surgiu como um projeto coletivo de três linguistas que se encontraram para propor um material de fácil acesso a todos os que iniciam os estudos em linguística – alunos de Letras e Linguística, em especial. A ideia, em seu começo, foi reunir termos e definições fundamentais para que o aluno pudesse operar no campo dos estudos linguísticos. Daí vem seu título – *Conceitos básicos de linguística* –, homônimo ao da disciplina ministrada nos cursos de Letras da Universidade Federal do Rio Grande do Sul (UFRGS).

Desde a sua concepção original até a sua execução final – cujo produto apresentamos ao leitor brasileiro –, o projeto alterou-se significativamente. E essa alteração, inicialmente, deveu-se a um motivo: a compreensão do que significa a expressão "conceitos básicos" quando aplicada à linguística.

Trata-se de "básico" em que sentido? Certamente, se poderia pensar que os conceitos aqui abordados são essenciais, fundamentais, logo, "basilares" para o amplo campo da linguística. Sim, sem dúvida esse é um ponto de vista possível. Mas há outro: os conceitos apresentados são também epistemologicamente básicos, ou seja, são essenciais ao estudo crítico de princípios, hipóteses e resultados de grandes sistemas teóricos que constituem esse campo. Um estudo dessa natureza é, acreditamos, essencial à formação do jovem linguista; diríamos mesmo que é essencial à problematização acerca do *fazer do linguista*.

Ora, o interesse pelo *fazer* do linguista é já antigo na área. Ferdinand de Saussure, em uma famosa carta datada de 4 de janeiro de 1894, enviada a Antoine Meillet, ao confessar seu desagrado relativamente a quase tudo o que se fazia nesse tempo em matéria de linguística, declara:

> Estou muito desgostoso com tudo isso e com a dificuldade que há, em geral, em escrever sequer dez linhas tendo o senso comum em matéria de fatos de linguagem. Preocupado, há muito tempo, sobretudo com a classificação lógica desses fatos, com a classificação dos pontos de vista a partir dos quais nós os tratamos, vejo, cada vez mais, a imensidade do trabalho que seria necessário para **mostrar ao linguista o que ele faz** – reduzindo cada operação à sua categoria prevista – e, ao mesmo tempo, a grande insignificância de tudo o que se pode fazer finalmente em linguística. (Saussure, 1964: 95 [grifos nossos])

10 Conceitos básicos de linguística

A carta a Meillet não deixa dúvidas: Saussure está preocupado em proporcionar ao linguista a tomada de consciência de sua própria *atividade*, de seu *fazer*. No contexto do fim do século XIX e início do XX, a angústia de Saussure parece ser, então, a de delimitar o que *faz* de um linguista um linguista. É em decorrência dessa preocupação que ele estabelece um objeto – a *língua* – para a Linguística. Mas, antes de qualquer coisa, o que a carta evidencia é o desejo de Saussure em dizer o que *faz* um linguista (Flores, 2013: 71).

Também nós queremos dizer algo sobre esse *fazer* aos nossos linguistas em formação, o que nos aproxima de Saussure em sua aspiração mais genuína. E o jeito que encontramos de assim proceder, de fazer ecoar as palavras do fundador da linguística na contemporaneidade, foi elaborar este *Conceitos básicos de linguística: sistemas conceituais*, uma obra que reúne termos e definições de grandes teorias linguísticas que marcaram o século XX e o estabelecimento da Linguística como a ciência que conhecemos.

Nessa perspectiva, entendemos "conceitos básicos" no sentido elementar de condição *sine qua non* para que um *fazer* – que inclui um *saber* – se torne possível.

Além desse motivo relacionado, digamos, às condições de possibilidade de instauração de uma práxis, tivemos outro motivo para dar forma quase enciclopédica a esta obra: o particular entendimento que temos da expressão "sistemas conceituais", que serve de subtítulo a este livro.

Ora, um termo e seu respectivo conceito não podem ser devidamente compreendidos se separados do conjunto do qual fazem parte, ou seja, se apartados do sistema teórico que os gerou. Essa evidência não deveria surpreender, mas, como bem lembra Benveniste, em um de seus textos mais célebres, "às vezes é útil pedir à evidência que se justifique" (Benveniste, 1988: 284).

Tomemos um exemplo para ilustrar como procedemos a esse respeito: o capítulo "Signo linguístico (significado e significante)". Já em seu título, é possível ver que "signo linguístico" não é separado de outros termos e definições que o constituem. Quer dizer, se "signo linguístico" é "o total resultante da associação de um significante com um significado" (Saussure, 1975: 81), então é natural que as definições de "significante" e "significado" integrem a definição de "signo linguístico". É isso que queremos dizer quando afirmamos que termos e definições são apresentados no interior do sistema teórico do qual fazem parte.

Em outras palavras, este *Conceitos básicos de linguística: sistemas conceituais* não é uma mera lista de termos e definições, escolhida em função de maior ou menor circulação de uma dada metalinguagem no campo, mas a apresentação de um conjunto de ideias logicamente solidárias, consideradas nas suas relações. Esse mesmo entendimento é que nos guiou no estabelecimento da seção *Capítulos relacionados*, presente no final de cada capítulo (cf. "Guia do usuário", adiante):

assim, quem ler o capítulo "Arbitrário do signo linguístico" saberá que o conceito se liga, no mínimo, a "Valor linguístico", "Signo linguístico" e "Sistema da língua".

Nesse sentido, não estamos propondo ao leitor uma série de conceitos desarticulados e separados da epistemologia que lhes é subjacente. Pelo contrário, aquele que ler qualquer uma das partes deste *Conceitos básicos de linguística* facilmente perceberá que cada conceito está ligado a outros por uma rede de relações, hierárquicas ou não. Essa organização do livro, inclusive, reflete o entendimento que temos do campo de conhecimento que queremos apresentar.

Esses foram os princípios que determinaram a organização do livro nas quatro partes que o constituem: "A linguística saussuriana: o sistema" (cf. Parte I); "A linguística distribucional: a estrutura" (cf. Parte II); "A linguística gerativa: a gramática" (cf. Parte III); "A sociolinguística: o uso" (cf. Parte IV).

A escolha das teorias contempladas e de seus respectivos termos deu-se em função de um critério: elegemos aquelas que têm alcance epistemológico evidente. Não se trata, com isso, de fazer algum julgamento de valor, mas de reconhecer que há algumas teorias cujos autores são *fundadores de discursividade*, para usar uma expressão do filósofo Michel Foucault. Ninguém ignora que Ferdinand de Saussure, Leonard Bloomfield, Noam Chomsky e William Labov fundam modos de ver a linguagem humana. Evidentemente há outros, e, sem dúvida, poderíamos ser acusados de excessiva parcialidade ao escolhê-los. Sim, a lista poderia ser desmedidamente estendida.

Em defesa do critério adotado, tão somente argumentamos que o *fazer* desses linguistas são referências às quais todos voltam – para com eles ficar ou para deles se afastar, tanto faz. Assim, os demais autores contemplados – e há uma grande quantidade deles citada no livro – orbitam em torno desses que são, aqui, considerados marcos da linguística produzida nos séculos XX e XXI.

Quanto aos termos escolhidos, sabemos que a proposta apresentada não é nem a única nem a melhor. Facilmente poderíamos chegar a um conjunto distinto. Alguns sentirão falta deste ou daquele termo; outros considerarão desnecessária a escolha de um ou de outro. Ora, também isso não deve surpreender, pois, quando lemos uma dada teoria, fazemos escolhas, e elas refletem o entendimento que tentamos imprimir ao campo estudado.

Para dar a conhecer o modo como pensamos a relação entre termo, conceito e teoria, o leitor encontrará, no final do livro, uma "Lista de assuntos", na qual estão justapostos termos – e respectivas definições – contidos no interior dos capítulos. Ou seja, o leitor poderá consultar a obra de duas maneiras: utilizando o sumário principal, a partir do qual tem acesso aos termos-chave, ou utilizando a "Lista de assuntos", a partir do qual tem acesso a termos que se encontram no interior dos capítulos.

12 Conceitos básicos de linguística

Ainda, apresentamos no final do livro uma extensa bibliografia que poderá, quando for o caso, ser consultada mais detidamente. Ela reúne tanto as obras referidas no interior de cada capítulo como as que constam da indicação de *Leituras complementares* (cf. "Guia do usuário", a seguir), feita no final também de cada capítulo.

Uma observação precisa ser feita, ainda, a respeito do tratamento que as diferentes bibliografias receberam no decorrer do livro. Quanto a isso, o leitor perceberá que, ao lado das explicações e interpretações que fornecemos, há momentos em que são feitas grandes retomadas, longas citações e amplas resenhas. E isso se deve ao fato de que não pretendemos substituir a leitura dos autores cujos textos são referidos. Por isso, muitas vezes, fomos levados a transcrever grandes trechos da bibliografia consultada. Fizemos isso ou porque se trata de alguma obra não traduzida no Brasil que merece maior destaque, ou porque se trata de algum texto fundamental que merece ser estudado pontualmente, ou porque não seria justo privar o leitor da experiência de "ouvir" os autores. Claro está que outros fariam de outras maneiras; nós fizemos assim; e se nossa atitude servir para desencadear o gosto pela pesquisa já teremos alcançado plenamente nossos objetivos.

Por último, gostaríamos de tornar público que trabalhamos a seis mãos. Todos os capítulos foram discutidos, lidos, escritos e reescritos com a participação dos três autores. Este *Conceitos básicos de linguística: sistemas conceituais* é o produto, portanto, da admiração mútua, do trabalho coletivo, do respeito pelo próximo, do zelo à diversidade de ideias, do apreço pelo saber; ele sintetiza um esforço de equipe, sem dúvida, mas também dá testemunho de uma amizade que, como todas as amizades, só se instaura em um ambiente de generosidade. Como disse Mia Couto, "ao lado de uma língua que nos faça ser humanidade, deve existir outra que nos eleve à condição de divindade", e isso somente pode advir da boa convivência!

Boa leitura!
Os autores.

Guia do usuário

Este *Conceitos básicos de linguística: sistemas conceituais* foi escrito com o objetivo de fornecer um inventário explicativo e bem fundamentado das grandes noções teóricas de algumas das mais importantes teorias linguísticas de nosso tempo.

Espera-se que ele possa ser lido por estudantes de Letras e Linguística, sem dúvida, mas também que ele possa orientar professores da área na organização de seus cursos em nível de graduação e de pós-graduação. O livro poderá ser utilizado como uma obra de referência, à moda de um léxico especializado, e também como um curso de linguística geral, disciplina esta fundamental para o estabelecimento das bases da pesquisa no campo.

No início da obra, há um *Sumário* que lista todos os termos que mereceram definição. Os termos estão distribuídos em quatro grandes partes, ordenadas tematicamente. No interior de cada uma, segue-se a ordem alfabética dos capítulos.

Cada capítulo está estruturalmente assim constituído:

Exemplo:

---

1. Signo linguístico (significado e significante)
2. Algumas observações
3. Leituras complementares
4. Capítulos relacionados: Arbitrário do signo linguístico. Sistema da língua. Valor linguístico.

---

1. Termo: unidade lexical que designa um conceito próprio no interior de um referencial teórico.
2. Campo em que são dadas informações suplementares (historiográficas, textuais, documentais etc.) sobre a matéria examinada. Não está presente em todos os capítulos, mas apenas naqueles em que tais informações se fizeram necessárias.
3. Campo em que são listadas fontes que complementam as informações oferecidas no texto do capítulo; tivemos o cuidado de referir aqui apenas obras publicadas em língua portuguesa.
4. Campo em que outros termos são indicados como forma de sugerir a rede conceitual na qual o termo-chave está inserido.

Finalmente, anexo, há uma "Lista de assuntos", cuja função é permitir ao leitor a consulta pontual do uso de termos no interior da obra. Essa consulta é facilitada pelo seguinte sistema: o número da página em negrito remete à ocorrência do termo em que a definição é apresentada. O termo, por sua vez, encontra-se, no interior de cada capítulo, destacado, também em negrito. As demais indicações de páginas, sem negrito, remetem às ocorrências do termo em que é possível encontrar informações suplementares.

Tendo em vista a natureza da obra, priorizaram-se, sempre que possível, referências em português ou traduzidas para o português. Nos casos em que o uso de obras em outras línguas foi indispensável, a tradução foi feita pelos autores do presente livro.

PARTE I
A LINGUÍSTICA SAUSSURIANA: O SISTEMA

Analogia

No *Curso de linguística geral* (CLG), a analogia aparece na "Terceira parte", dedicada à *linguística diacrônica*, em especial nos capítulos "A analogia" (cf. "Capítulo IV"), "Analogia e evolução" (cf. "Capítulo V"), "A aglutinação" (cf. "Capítulo VII") e nos "Apêndices". Além disso, é possível encontrar reflexão sobre analogia em várias outras passagens do CLG, inclusive nas páginas dedicadas à *linguística sincrônica*. Por exemplo, em "A fonologia" (cf. "Capítulo VII " da "Introdução") e em "Relações sintagmáticas e relações associativas" (cf. "Capítulo V" da "Segunda parte"). Como podemos notar, portanto, o assunto é bastante estudado por Saussure e, como veremos, contribui de maneira especial para o entendimento do pensamento do mestre (cf. Flores, 2012 e 2013).

A analogia, no CLG, está ligada – por afinidade ou por contraste – à distinção entre arbitrário absoluto e arbitrário relativo, às mudanças fonéticas, à etimologia popular, à aglutinação, à mudança e à evolução da língua, além de à distinção entre língua e fala. Trata-se de um tema amplo e, ao que tudo indica, importante para Saussure, uma vez que comparece de maneira muito reiterada no livro. Tentemos, então, circunscrever o fenômeno aos olhos do genebrino e tal como o CLG o apresenta.

Inicialmente, a **analogia** tem papel regularizador da transformação linguística: "a analogia supõe um modelo e sua imitação regular. *Uma forma analógica é uma forma feita à imagem de outra ou de outras, segundo uma regra determinada*" (Saussure, 1975: 187 [itálicos do autor]). O exemplo dado, no CLG, é simples: o nominativo latino *honor* é analógico. Como chega Saussure a essa conclusão?

> A princípio se disse *honōs* : *honōsem*, depois, por rotacismo do *s*, *honōs* : *honōrem*. O radical tinha, desde então, uma forma dupla; tal dualidade foi eliminada pela nova forma *honor*, criada sobre o modelo de *orator* : *oratorem* etc., por um procedimento que estudaremos logo e que reduzimos desde já ao cálculo da quarta proporcional. (Saussure, 1975: 187 [itálicos do autor])

Saussure assim apresenta o procedimento, com o auxílio do cálculo da quarta proporcional:

ōrātōrem : *ōrātor* = *honōrem* : X
X = *honor* (Saussure, 1975: 188 [itálicos do autor]).

18 Conceitos básicos de linguística

A diversificação operada pela mudança fonética em *honōs* : *honōrem* é contida pela ação da regularidade analógica cuja tendência é a unificação dos processos de formação e flexão. O método é associado ao cálculo da quarta proporcional. No CLG, assim é ilustrado o fenômeno:

> todo o fato analógico é um drama de três personagens: 1º o tipo transmitido, legítimo, hereditário (por exemplo, *honōs*); 2º o concorrente (*honor*); 3º uma personagem coletiva, constituída pelas formas que criaram esse concorrente (*honōrem, ōrātor, ōrātōrem* etc.). (Saussure, 1975: 189 [itálicos do autor])

Para Saussure, é falso considerar que *honor* teria sido gerada por *honōs*. *Honor* foi gerada por analogia de *ōrātor, ōrātōrem*. Desse ponto de vista, tem-se, então, o seguinte esquema (cf. Saussure, 1975: 190):

FORMAS TRANSMITIDAS   FORMA NOVA

honōs   *honōrem*
(que não entra   *ōrātor, ōrātōrem etc.*   → *honor*
em linha de conta)   *(grupo gerador)*

Como se pode ver, *honor* não é um **metaplasmo** de *honōs* – ou seja, uma mudança fonética devida à permuta de um fonema –, mas um **paraplasmo**, ou seja, a instalação de um concorrente da forma tradicional, uma *criação*, portanto. Com isso, Saussure quer dizer que, na analogia, não há a substituição de uma forma antiga por uma forma nova. *Honor* não substituiu *honōs*; *honor* foi criado com relação a *honōrem,* seguindo o modelo de *ōrātor, ōrātōrem*, criação esta ilustrada pelo cálculo da quarta proporcional.

Circunscrito o fenômeno da analogia, o primeiro aspecto que cabe destacar na discussão promovida em torno do tema no CLG diz respeito à distinção língua/ fala: a analogia é um "princípio das criações da língua" (Saussure, 1975: 191), mas isso não deve ofuscar o papel da fala, pois a criação analógica "só pode pertencer, de começo, à fala" (Saussure, 1975: 192).

A ideia de que a fala é a sede da mudança não é uma novidade no raciocínio de Saussure. Ela é ratificada em muitas outras partes do CLG. Por exemplo, no fim do "Capítulo III" da "Primeira parte", "A linguística estática e a linguística evolutiva", lê-se: "é na fala que se acha o germe de todas as modificações: cada uma delas é lançada, a princípio, por um certo número de indivíduos, antes de entrar em uso" (Saussure, 1975: 115). Ou antes, ainda, no começo do livro: "historicamente, o fato da fala vem sempre antes" (Saussure, 1975: 27).

A linguística saussuriana: o sistema 19

Na verdade, Saussure, ao ligar a analogia à distinção língua/fala, enuncia algo que tem valor de princípio teórico-metodológico: "nada entra na língua sem ter sido antes experimentado na fala" (Saussure, 1975: 196). Para que *honor* se torne um substituto possível de *honōs* é preciso que uma pessoa, um indivíduo, o tenha proferido: "foi preciso que uma primeira pessoa o improvisasse, que outras a imitassem e o repetissem, até que se impusesse ao uso" (Saussure, 1975: 196). É na esfera da fala, *à margem da língua*, que o fenômeno da analogia deve ser primeiramente buscado. Porém, duas distinções devem antes ser feitas: "1º a compreensão da relação que une as formas geradoras entre si; 2º o resultado sugerido pela comparação, a forma improvisada pelo falante para a expressão do pensamento. Somente esse resultado pertence à fala" (Saussure, 1975: 192).

Se bem entendemos essas distinções formuladas por Saussure, podemos concluir que *a compreensão da relação que une as formas geradoras entre si* diz respeito à língua, enquanto *o resultado, a forma improvisada pelo falante*, diz respeito à fala. Logo, do ponto de vista fenomenológico, não há fala sem língua e vice-versa: uma não ocorre sem a outra; são inseparáveis.

Radicalizando um pouco a proposta de Saussure se poderia até mesmo dizer que fenomenologicamente a analogia colocaria em suspenso a distinção língua/fala, na medida em que é um fenômeno que pertence, simultaneamente, a ambas: se realiza na fala e depende da organização da língua. Ora, se "tudo é gramatical na analogia" (Saussure, 1975: 192), isso somente pode ser devidamente entendido se acrescentamos que a criação pertence à fala a partir do que há na língua. Ela pertence à fala porque é "a obra ocasional de uma pessoa isolada" (Saussure, 1975: 192); ela é de ordem gramatical, pertencente à língua, porque supõe as relações das formas entre si.

De qualquer maneira, não podemos deixar de registrar que, nessa parte, o CLG é aparentemente ambíguo, uma vez que acrescenta a esse raciocínio uma afirmação, à primeira vista, estranha: "a analogia nos ensina [...] a separar a língua da fala" (Saussure, 1975: 192). O estranhamento aumenta quando lemos a continuação dessa mesma afirmação: "ela [a analogia] nos mostra a segunda [a fala] como dependente da primeira [a língua] e nos faz tocar com o dedo o jogo do mecanismo linguístico" (Saussure, 1975: 192).

Como entender que a analogia, de um lado, *nos ensina a separar* a língua da fala e, de outro lado, nos mostra a *dependência* entre elas? Em um primeiro momento, parece haver uma ambiguidade aí.

A resposta é simples: a analogia acontece porque as forças da língua são ratificadas na fala, ou seja, quando o falante, por exemplo, cria uma palavra nova, o que é um ato que pertence à esfera da fala, ele o faz com as regras que a língua permite. Logo, afirmar que não existe língua sem fala não implica desconhecer

20 Conceitos básicos de linguística

que são diferentes. Assim, a *separação* entre a língua e a fala, aludida no CLG, deve ser compreendida apenas do ponto de vista da necessidade de circunscrição de um objeto, pois somente desse ponto de vista é possível ver o que é da ordem de uma e o que é da ordem da outra com nitidez; a dependência entre elas, porém, nunca deixa de existir, já que é na fala que se realizam as mudanças feitas a partir do que há na língua.

Nesse sentido – e somente nesse –, a analogia ensina a *separar* metodologicamente o que é da esfera da língua e o que é da esfera da fala, ao mesmo tempo em que ensina, empiricamente, que ambas são inseparáveis. Desfaz-se, assim, a aparente ambiguidade.

Ora, a analogia não promove a separação entre língua e fala, mas a indissociabilidade de ambas. É isso que podemos entender da sequência apresentada no CLG:

> uma parte toda do fenômeno se realiza antes que se veja aparecer a forma nova. A atividade contínua da língua, a decompor unidades que lhe são dadas, contém em si não somente todas as possibilidades de um falar conforme ao uso, mas também todas as possibilidades das formações analógicas. (Saussure, 1975: 192)

Em outras palavras: o *processo gerador* que é a analogia não se produz apenas quando se dá a criação analógica; os elementos já estão dados na língua. É isso que o exemplo a seguir ilustra:

> Uma palavra que eu improvise, tal como *in-decor-ável*, já existe em potência na língua; encontramos-lhe todos os elementos em sintagmas como *decor-ar*, *decor-ação* : *perdo-ável*, *manej-ável* : *in-consciente*, *in-sensato* etc., e sua realização na fala é um fato insignificante em comparação com a possibilidade de formá-la. (Saussure, 1975: 193 [itálicos do autor])

Como se pode ver nessas passagens, nada há de separação entre a língua e a fala: "toda criação deve ser precedida de uma comparação inconsciente dos materiais depositados no tesouro da língua" (Saussure, 1975: 192).

Consequentemente e em uma primeira síntese, podemos dizer que a distinção língua/fala serve a dois propósitos: de um lado, mostra que *fenomenologicamente* elas são inseparáveis; de outro lado, mostra que *metodologicamente* elas implicam objetos distintos de pesquisa. É bom, portanto, não confundir como a diferença língua/fala opera fenomenologicamente e metodologicamente.

Além de ver a analogia como *princípio das criações da língua* – o que diz respeito à inseparabilidade entre língua e fala e à diferença de alcance metodológico no estudo de cada uma –, o segundo aspecto que cabe destacar em torno do fenômeno da analogia diz respeito ao fato de ele servir para Saussure demonstrar outro ponto importante de sua teoria: a analogia é "um princípio de renovação e de conservação" (Saussure, 1975: 199) da língua. Esse princípio é desenvolvido no capítulo "Analogia e evolução" do CLG.

Nesse capítulo, Saussure recorre, inicialmente, à fala infantil para explicar como uma inovação analógica entra na língua. Segundo ele, se, de um lado, é inegável que muitas criações analógicas *entram* na língua, por outro lado, é impossível ignorar que são comuns criações que não têm esse mesmo fim: "a todo instante, encontramos combinações analógicas sem futuro, que a língua provavelmente não adotará" (Saussure, 1975: 196). Para ele, "a linguagem das crianças está cheia delas, porque as crianças conhecem mal o uso e ainda não lhe estão sujeitas; as crianças francesas dizem *viendre* por *venir*, *mouru* por *mort* etc." (Saussure, 1975: 196 [itálicos do autor]). Em português, um exemplo que ilustra o que diz Saussure é o processo de regularização de verbos irregulares feito por crianças: elas dizem "eu fazi" e não "eu fiz". Isso, porém, não significa que todas essas criações entrarão na língua: "a língua retém somente uma parte mínima das criações da fala" (Saussure, 1975: 196), o que é suficiente para mostrar a mudança na língua, quando a observamos em épocas distintas.

E é esse aspecto que Saussure quer aprofundar: o que se mantém e o que se altera em uma língua? A analogia tem papel importante para fundamentar uma possibilidade de abordagem dessa questão.

Ora, para Saussure, a analogia não é, por si só, um fator de mudança na língua. No entanto, não se pode negar que a

> substituição constante das formas antigas por novas constitui um dos aspectos mais surpreendentes da transformação das línguas. Cada vez que uma criação se instala definitivamente e elimina sua concorrente, existe verdadeiramente algo criado e abandonado, e nesse sentido a analogia ocupa um lugar preponderante na teoria da evolução.
> É nesse ponto que gostaríamos de insistir. (Saussure, 1975: 197)

Na verdade, do ponto de vista de Saussure, a analogia não é "por si mesma um fato de evolução, ela reflete, de momento para momento, as mudanças sobrevindas na economia da língua e as consagra por novas combinações" (Saussure, 1975: 199). Quer dizer, a analogia *revela* a mudança na língua, mas não *é* a mudança. Ou ainda: "a analogia considerada em si mesma não passa de um aspecto do fenômeno de interpretação, uma manifestação da atividade geral que distingue as unidades para utilizá-las em seguida" (Saussure, 1975: 193).

22 Conceitos básicos de linguística

Eis a resposta, então: a analogia não é a mudança; ela revela como se dão os processos de interpretação em uma dada língua. Observemos a análise de Saussure:

> qualquer que seja a origem dessas mudanças de interpretação, revelam-se sempre pelo aparecimento de formas analógicas. Com efeito, se as unidades vivas, sentidas pelos falantes, a um momento dado, podem por si sós dar origem a formações analógicas, reciprocamente toda repartição determinada de unidades supõe a possibilidade de o seu uso estender-se. A analogia é, pois, a prova peremptória de que um elemento formativo existe num momento dado como unidade significativa. *Merīdiōnālis* (Lactâncio) por *merīdiālis,* mostra que se dividia *septentri-ōnālis, regi-ōnālis,* e para mostrar que o sufixo *-tāt-* havia aumentado de um elemento *i* tomado de empréstimo ao radical basta alegar *celer-itātem; pāg.ānus,* formado sobre *pāg-us,* basta para mostrar como os latinos analisavam *Rōm-ānus.* (Saussure, 1975: 198 [itálicos do autor])

Ou seja, a analogia mostra como elementos vivos da língua entram em relação na produção de novas formações.

Enfim, para concluir, diremos que, com base no exposto, é possível afirmar que Saussure lança mão de quatro recursos para cercar o fenômeno da analogia:

1. a definição: *"Uma forma analógica é uma forma feita à imagem de outra ou de outras, segundo uma regra determinada"* (Saussure, 1975: 187 [itálicos do autor]);
2. a exemplificação: são dados inúmeros exemplos, o caso de *honor* é, provavelmente, apenas o mais famoso;
3. a esquematização: a *quarta proporcional*;
4. a comparação: o fato analógico é comparado a "um drama de três personagens" (Saussure, 1975: 189).

Tais recursos são, em linhas gerais, o quadro explicativo da analogia na linguística saussuriana.

Leituras complementares: Depecker (2012); Fiorin, Flores e Barbisan (2013a); Normand (2009).

Capítulos relacionados: Linguagem, língua e fala. Sistema da língua. Valor linguístico.

Arbitrário do signo linguístico

De acordo com o *Curso de linguística geral* (CLG) de Ferdinand de Saussure, o **arbitrário** é uma das características primordiais do signo linguístico, segundo a qual a ligação entre significante e significado é imotivada, ou seja, não apresenta vínculo natural ou de necessidade. Essa característica diz respeito, também, a um princípio de estudo do signo que foi inicialmente formulado por Ferdinand de Saussure na aula de 2 de maio de 1911, no terceiro dos cursos de linguística geral por ele ministrados na Universidade de Genebra e, posteriormente, passou a integrar o segundo parágrafo do "Capítulo I" da "Primeira parte" do CLG, em que se encontra a seguinte definição: "o laço que une o significante ao significado é arbitrário ou então, visto que entendemos por signo o total resultante da associação de um significante com um significado, podemos dizer mais simplesmente: *o signo linguístico é arbitrário*" (Saussure, 1975: 81 [itálicos do autor]). Mais adiante, exemplifica: "a ideia de 'mar' não está ligada por relação alguma interior à sequência de sons *m-a-r* que lhe serve de significante" (Saussure, 1975: 81). O princípio do **arbitrário do signo** tornou-se célebre desde a sua formulação e tem implicações que exigem atenção.

Em primeiro lugar, ao afirmá-lo, Saussure distancia-se da visão, corrente à sua época, de que a língua é uma nomenclatura superposta à realidade. Observemos a Figura 1, a seguir, retirada do CLG:

Figura 1 – Língua como nomenclatura

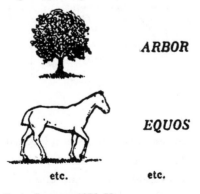

Fonte: Saussure, 1975: 79.

24 Conceitos básicos de linguística

A Figura 1 ilustra claramente a concepção da qual Saussure quer se afastar ao propor o princípio do arbitrário. Para ele, não se trata de estudar como a língua se relaciona com a realidade ou, numa linguagem filosófica, como as palavras se ligam às "coisas" (na Figura 1, em uma leitura horizontal, como a palavra *arbor* se liga ao objeto "árvore" e como a palavra *equos* se liga ao objeto "cavalo").

Saussure elenca três motivos para defender seu distanciamento dessa perspectiva que, segundo ele, reduz a língua a uma nomenclatura sobreposta à realidade. Essa perspectiva,

a. supõe ideias, noções, conceitos preexistentes à língua e, para Saussure, "não existem ideias preestabelecidas, e nada é distinto antes do aparecimento da língua" (Saussure, 1975: 130);
b. não explicita o ponto de vista a partir do qual o signo pode ser tratado; se psíquico, se físico, por exemplo. Segundo Saussure, tanto o significante quanto o significado são psíquicos, e o próprio signo, na sua totalidade, é "uma entidade psíquica de duas faces" (Saussure, 1975: 80);
c. faz pensar "que o vínculo que une um nome a uma coisa constitui uma operação muito simples" (Saussure, 1975: 79). Embora Saussure não se pronuncie em detalhe sobre esse vínculo, ele resguarda o caráter complexo dessa operação.

Assim, o interesse de Saussure diz respeito à relação entre o significante e o significado, também chamados, nesta parte do CLG, de **imagem acústica** e **conceito**. Observemos os esquemas abaixo (cf. Figura 2), retirados das páginas 80, 81 e 136 do CLG, respectivamente.

Figura 2 – Esquemas saussurianos do signo linguístico.

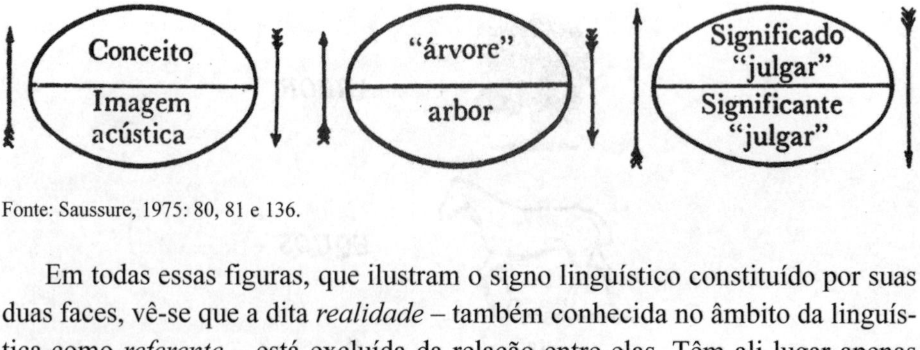

Fonte: Saussure, 1975: 80, 81 e 136.

Em todas essas figuras, que ilustram o signo linguístico constituído por suas duas faces, vê-se que a dita *realidade* – também conhecida no âmbito da linguística como *referente* – está excluída da relação entre elas. Têm ali lugar apenas significante e significado, os dois lados do signo.

Em segundo lugar, quando Saussure afirma o caráter arbitrário do signo, ele exclui a possibilidade de considerá-lo algo convencional. A convencionalidade do signo linguístico foi amplamente defendida pelo sanscritista americano W. D. Whitney (1827-1894), sem dúvida uma influência importante para Saussure, mas do qual este se afasta, quando o que está em questão é o aspecto convencional do signo linguístico. A confusão aqui é terminológica: Whitney também considera o signo linguístico arbitrário, no entanto, para ele, arbitrário é sinônimo de convencional. Para Saussure, porém, o arbitrário implica aceitar a ideia de que a relação entre o significante e o significado é imotivada, quer dizer, que "não tem nenhum laço natural na realidade" (Saussure, 1975: 83). Imotivado, nesse contexto, impõe aceitar que não há razões naturais, lógicas, convencionais ou de qualquer outro tipo que determinem a articulação entre significante e significado.

Em outros termos, tanto Whitney como Saussure dizem que o signo linguístico é arbitrário, embora, para cada um, arbitrário tenha um sentido diferente: convencional, para Whitney; imotivado, para Saussure. Esse esclarecimento é de suma importância, pois não raras vezes encontra-se o uso da palavra "convencional" como sinônimo de "arbitrário", no contexto do pensamento saussuriano.

Ora, se Saussure aceitasse a ideia geral da convencionalidade, seu raciocínio em torno do arbitrário seria falseado, uma vez que a convencionalidade, entendida como uma espécie de acordo entre os falantes, poderia ser vista como causa da relação entre significante e significado. Porém, o termo "arbitrário" significa, no contexto saussuriano, "ausência de causa", ou seja, não há causa específica para que tal significante e tal significado estejam articulados; sua relação é arbitrária.

Em resumo, com o princípio geral do arbitrário do signo linguístico, Saussure introduz uma terceira via no debate em torno da língua: nem naturalismo, nem convencionalismo, mas arbitrariedade.

Finalmente, Saussure faz uma distinção importante no interior da noção de arbitrário, que aparece no CLG em capítulo posterior ao "Natureza do signo linguístico". Trata-se da diferença entre arbitrário absoluto e **arbitrário relativo**, presente na "Segunda parte" do livro.

O conteúdo dessa parte advém das mesmas aulas de maio de 1911 do terceiro curso ministrado por Saussure. Diz o CLG: "o princípio fundamental da arbitrariedade do signo não impede distinguir, em cada língua, o que é radicalmente arbitrário, vale dizer, imotivado, daquilo que só o é relativamente" (Saussure, 1975: 152). E acrescenta: "apenas uma parte dos signos é absolutamente arbitrária; em outras intervém um fenômeno que permite reconhecer graus no arbitrário sem suprimi-lo: *o signo pode ser relativamente motivado*" (Saussure, 1975: 152 [itálicos do autor]). À primeira vista, essa formulação poderia parecer uma

26 Conceitos básicos de linguística

contradição de Saussure. No entanto, mais uma vez, deve-se ficar atento às questões de terminologia.

Cabe observar que a diferença entre arbitrário absoluto e arbitrário relativo é tratada em um capítulo do CLG dedicado ao *mecanismo da língua*, o que significa que o *relativamente motivado* do qual se fala aqui não mais está articulado à discussão em torno da relação entre a língua e a realidade. Essa ideia, já que associada à noção de *mecanismo da língua*, está circunscrita ao interior do sistema linguístico, ao seu mecanismo, vale repetir.

Nesse sentido, o arbitrário relativo – entendido como motivado – não coloca em xeque o arbitrário absoluto (radical) – entendido como imotivado –, uma vez que a motivação de um signo, no caso do arbitrário relativo, diz respeito aos outros signos no interior da língua da qual faz parte e não à realidade. Assim, o motivado se refere ao domínio das relações dos signos entre si, relações estas que permitem estudar o sistema de uma língua como um mecanismo. Exemplos disso no CLG não faltam. Daremos aqui apenas dois: *dez* e *nove* são, respectivamente, imotivados, já *dezenove* é um caso de motivação relativa (arbitrário relativo); o uso do sufixo *-eira* em *cerejeira, pereira* e *macieira* e em outras formações lexicais que venha a ocorrer é também um caso de arbitrariedade relativa.

Em síntese, há no signo linguístico o princípio radical e absoluto do arbitrário, no entanto, quando se trata de pensar um signo em relação aos demais do sistema, encontram-se as restrições do sistema, o que determina o arbitrário relativo.

ALGUMAS OBSERVAÇÕES

a. A edição francesa do *Curso de linguística geral* usa sempre a expressão "l'arbitraire" para se referir à característica do signo linguístico. A edição brasileira traduz essa expressão de duas maneiras: 1) por "arbitrariedade" em "A arbitrariedade do signo", no título do segundo parágrafo do "Capítulo I", da "Primeira parte" do livro; 2) por "arbitrário" em "O arbitrário absoluto e o arbitrário relativo", no título do terceiro parágrafo do "Capítulo VI", da "Segunda parte". Como é possível ver, optamos aqui por manter apenas uma expressão – "o arbitrário". Usamos "arbitrariedade" apenas nos casos de citação *ipsis litteris* à edição brasileira.

b. No CLG, além dos três esquemas da Figura 2 listados, há outro. Cabe lembrá-lo na Figura 3:

Figura 3 – Esquema do signo linguístico acrescentado pelos editores do CLG.

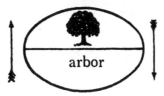

Fonte: Saussure, 1975: 81.

Esse esquema, em que constam o desenho da árvore e as flechas, não se encontra em nenhuma fonte manuscrita de Saussure (cf. De Mauro, 1976). É, portanto, um acréscimo feito pelos editores do CLG (Charles Bally e Albert Sechehaye). Percebe-se aí certa incompreensão por parte dos editores. Esse desenho dá a entender que Saussure teria considerado que o significante é o vocábulo "árvore" e o significado, a imagem de uma coisa, "a árvore".

Ora, é exatamente essa visão que Saussure critica no início do capítulo sobre a natureza do signo linguístico, chamando-a de visão de língua como nomenclatura. Além disso, cabe lembrar que as flechas, em todas as figuras, também são acrescidas pelos editores. No entanto, elas realmente não têm razão de ser, uma vez que podem dar a entender que significante e significado têm alguma existência antes de sua união no signo, o que é impossível no raciocínio de Saussure.

c. Dados a partir de fontes manuscritas informam que, em uma aula posterior à de 2 de maio de 1911 (em 19 de maio de 1911), Saussure reformula sua observação de que *o signo linguístico é arbitrário* por "o vínculo que une o significante ao significado é radicalmente arbitrário". A palavra "radicalmente" não aparece, nesse momento, no texto do CLG; ela aparecerá apenas mais tarde, no parágrafo dedicado à distinção entre arbitrário absoluto e arbitrário relativo. Ora, o advérbio não cumpre aqui mero papel pleonástico; sua função é exatamente mostrar que "o vínculo é arbitrário *radicitus*, em seus próprios fundamentos, à medida que liga entre si duas entidades produzidas de maneira semelhante, graças ao corte arbitrário na substância acústica e na substância significativa" (De Mauro, 1976: 442, nota 136). Essa é mais uma das intervenções dos editores que pode criar dificuldades de entendimento do pensamento saussuriano.

d. O CLG, em alguns momentos, faz pensar que "signo linguístico" é uma expressão sinônima de "palavra". Por exemplo, ao usar "palavra" para designar *arbor*, em "a palavra latina *arbor*" (Saussure, 1975: 80). Mais

28 Conceitos básicos de linguística

uma vez, aqui, a intervenção dos editores provoca alguma dificuldade de leitura. É deles o acréscimo de "palavra" nessa passagem (cf. De Mauro, 1976: 441, nota 132).

Signo linguístico não é palavra; signo linguístico é toda a unidade constituída de significante e significado que tem valor no sistema. Logo, um signo pode ser menor que uma palavra (um morfema, por exemplo) ou maior que uma palavra (uma expressão idiomática, por exemplo). Para sermos justos, o CLG até resguarda essa ideia. Observemos: "deve-se buscar a unidade concreta fora da palavra" (Saussure, 1975: 122); ou ainda, "não podendo captar diretamente as entidades concretas ou unidades da língua, trabalharemos sobre as palavras. Estas, sem recobrir exatamente a definição da unidade linguística dão dela uma ideia pelo menos aproximada" (Saussure, 1975: 132).

Ora, embora o CLG resguarde, em outras partes, a ideia de que signo linguístico não é sinônimo de palavra, isso não fica totalmente claro no capítulo dedicado ao signo linguístico, em função, exatamente do uso de "palavra" nesse contexto.

Leituras complementares: Bouquet (2004); Depecker (2012); Normand (2009); Fiorin, Flores e Barbisan (2013a).

Capítulos relacionados: Signo linguístico (significado e significante). Sistema da língua. Valor linguístico.

Caráter linear do significante

Considerado um princípio *de todo estudo* do signo linguístico, o **caráter linear do significante** diz respeito à segunda característica do signo. O *Curso de linguística geral* (CLG) o apresenta no terceiro parágrafo (cf. "Segundo princípio: caráter linear do significante") do "Capítulo I" (cf. "Natureza do signo linguístico") da "Primeira parte" (cf. "Princípios gerais"). Trata-se de uma passagem sucinta, mas que teve, como veremos, forte repercussão na linguística pós-saussuriana. Vejamos a passagem em que o CLG discorre sobre o assunto:

> O significante, sendo de natureza auditiva, desenvolve-se no tempo, unicamente, e tem as características que toma do tempo: a) *representa uma extensão,* e b) *essa extensão é mensurável numa só dimensão*: é uma linha. Este princípio é evidente, mas parece que sempre se negligenciou enunciá-lo, sem dúvida porque foi considerado demasiadamente simples; todavia, ele é fundamental e suas consequências são incalculáveis; sua importância é igual à da primeira lei. Todo o mecanismo da língua depende dele (ver p. 142). Por oposição aos significantes visuais (sinais marítimos etc.), que podem oferecer complicações simultâneas em várias dimensões, os significantes acústicos dispõem apenas da linha do tempo; seus elementos se apresentam um após outro; formam uma cadeia. Esse caráter aparece imediatamente quando os representamos pela escrita e substituímos a sucessão do tempo pela linha espacial dos signos gráficos.
> Em certos casos, isso não aparece com destaque. Se, por exemplo, acentuo uma sílaba, parece que acumulo num só ponto elementos significativos diferentes. Mas trata-se de uma ilusão: a sílaba e seu acento constituem apenas um ato fonatório; não existe dualidade no interior desse ato, mas somente oposições diferentes com o que se acha a seu lado (ver, sobre isto, a p. 151 s.). (Saussure, 1975: 84 [itálicos do autor])

Essa passagem, segundo De Mauro (1976, notas 144 e 145), provém da fusão das aulas dadas por Saussure em Genebra durante o terceiro curso, especificamente as aulas de 2 e 19 de maio de 1911. Sobre seu conteúdo, há muito para ser comentado.

30 Conceitos básicos de linguística

Em primeiro lugar, cabe chamar a atenção para o fato de o caráter linear do significante ser um princípio que tem alcance distinto daquele atribuído ao princípio anterior (o primeiro) – a arbitrariedade do signo: "enquanto o primeiro princípio é um princípio semiológico geral, válido para não importa que tipo de signo, o segundo princípio concerne apenas ao significante, e é, pois, específico dos signos de significante acústico, ou seja, signos da linguagem verbal" (De Mauro, 1976: 447, nota 144).

Em segundo lugar, não deixa de suscitar estranheza essa passagem do CLG, uma vez que, nela, Saussure parece estabelecer uma característica relativa a apenas uma parte do signo – o significante – e não ao significado e mesmo ao signo na sua totalidade. Isso impõe indagar: por que somente o significante é linear?

Ora, ao que tudo indica, embora Saussure se oponha a considerar o som material como sendo o significante (a imagem acústica) – "esta [imagem acústica] não é o som material, coisa puramente física" (Saussure, 1975: 80); ou ainda, mais adiante, "é impossível que o som, elemento material, pertença por si à língua" (Saussure, 1975: 137) –, não se pode negar que a linearidade, tal como colocada no CLG, decorre da *natureza auditiva* do significante, ou seja, de sua materialidade sonora. Isso é textual na passagem que citamos acima. Eis, então, mais uma aparente contradição do CLG: se o significante não é o som, como entender que sua linearidade decorra da sua *natureza auditiva*?

As respostas a tais indagações, ao menos no âmbito do CLG, estão contidas em uma discreta indicação que há na passagem que transcrevemos: ao apresentar os argumentos que justificam a importância desse segundo princípio, o CLG faz uma remissão, entre parêntese, à página 142 – "(ver p. 142)". E o que há nessa página? Nela, encontramos o capítulo dedicado às *relações sintagmáticas* e às *relações associativas* e, logo no segundo parágrafo desse capítulo, lemos: "de um lado, no discurso, os termos estabelecem entre si, em virtude de seu encadeamento, relações baseadas no caráter linear da língua, que exclui a possibilidade de pronunciar dois elementos ao mesmo tempo" (Saussure, 1975: 142).

O primeiro ponto que vale destacar nessa passagem é que não se fala aqui em "caráter linear do significante", mas, sim, em "caráter linear da língua". Mas em que sentido se pode entender que a língua é linear? A resposta é textual: a linearidade diz respeito ao **discurso**, ou seja, não mais à língua entendida como sistema de signos, mas ao discurso, também chamado de "fala" no CLG. No discurso, não podemos pronunciar "dois elementos ao mesmo tempo [...] estes [elementos] se alinham um após o outro na cadeia da fala" (Saussure, 1975: 142).

Outro ponto importante diz respeito ao fato de o CLG, nessa página 142, não usar a palavra "signo", mas expressões como "termos" e "elementos" que são, por sua vez, redefinidos e renomeados: "tais combinações, que se apoiam na extensão, podem ser chamadas de *sintagmas*" (Saussure, 1975: 142 [itálicos do autor]). E acrescenta: "o sintagma se compõe sempre de duas ou mais unidades consecutivas (por exemplo: *re-ler; contra todos; a vida humana; Deus é bom; se fizer bom tempo, sairemos etc.)*" (Saussure, 1975: 142 [itálicos do autor]).

Esses dois pontos, em conjunto, possibilitam ver que o deslocamento da ideia de **linearidade do significante** para a de **linearidade da língua** permite a Saussure, de um lado, passar da língua ao discurso, de outro lado, formular a noção de sintagma, no qual os signos (os termos, os elementos etc.) estão encadeados. Observe-se que, conforme os exemplos dados no CLG, a noção de **sintagma**, em Saussure, engloba desde a justaposição prefixal até um período sintático. Nesse sentido, no sintagma, tudo é linear independentemente de ser um significante, um prefixo, uma palavra, uma frase etc. Como explica De Mauro:

> o significante do signo linguístico, sendo não uma "imagem" no sentido banal, mas uma "figura" (uma classe de configurações possíveis) de substância acústica, é organizado de modo que seus elementos se repartam em sequências. Esses elementos são, para Saussure, os sintagmas e as entidades concretas da língua. (De Mauro, 1976: 447, nota 145)

Antes de finalizar, é preciso ainda entender uma última questão. O princípio da linearidade do significante foi geralmente compreendido como fazendo referência, em especial, à sucessão dos fonemas. Assim compreendido, o princípio suscitou inúmeras críticas. Uma das mais célebres é a de Roman Jakobson para quem Saussure errou ao propô-lo, pois há a possibilidade de se verificar o que chama de "acumulação de significantes":

> no que diz respeito ao aspecto fónico do valor linguístico, quer dizer, no campo do significante, mostramos [...] o que poderíamos chamar *acumulação dos significantes*. Assim, o fonema /b/ do francês contém uma articulação frouxa (com presença da voz) por oposição ao fonema /p/, a oclusão (com uma fraqueza de fricção) por oposição a /v/, a ausência de ressonância nasal por oposição a /m/, o timbre grave (devido ao ressoador indiviso) por oposição a /d/, e assim por diante. (Jakobson, 1977: 79)

Mais adiante, resume: "não se podem emitir dois fonemas ao mesmo tempo. Mas podem perfeitamente emitir-se várias qualidades distintivas ao mesmo tempo. Não só se pode, como é isso que se faz normalmente, uma vez que os fonemas são unidades complexas" (Jakobson, 1977: 79).

32 Conceitos básicos de linguística

Sobre isso, vamos fazer apenas duas observações seguindo de perto o que explica De Mauro (1976, notas 111, 115 e 145).

A primeira é que a noção de fonema de Jakobson não equivale ao que Saussure considera ser o **fonema**. Para Saussure, o "fonema é uma entidade material e não formal" (De Mauro, 1976: 434, nota 111). O que Jakobson considera ser um fonema é mais próximo do que Saussure chama de **unidades irredutíveis** (Saussure, 1975: 66) e que vai ficar conhecido como conjunto de **traços distintivos** na linguística estrutural. Logo, esse aspecto somente pode ser desenvolvido se acompanhado de sólida pesquisa em torno da terminologia saussuriana e dos destinos que essa terminologia teve na continuidade da linguística.

A segunda observação, ligada à anterior, é que Saussure, ao elaborar o princípio da linearidade do significante, não está pensando nas unidades irredutíveis – menos ainda no que veio a ser conhecido pelo termo "traço distintivo" – e isso por um motivo: as unidades irredutíveis "são elementos do significante, mas não são significantes" (De Mauro, 1976: 447, nota 145). Ou seja, "para Saussure, não há significante onde não há significado, não há outro significante senão o *recto* de um *verso* semântico, e as 'unidades irredutíveis' não têm significado, não são signos, mas elementos constitutivos de um signo" (De Mauro, 1976: 447, nota 145). A conclusão aqui é evidente: o princípio da linearidade não vale para as "unidades irredutíveis", mas apenas para os significantes. Nesse sentido, não há "contradição entre esse princípio e a eventual natureza simultaneamente compósita das unidades irredutíveis, os fonemas, em nosso sentido moderno" (De Mauro, 1976: 447, nota 145).

Leituras complementares: Bouquet (2004); Depecker (2012); Normand (2009).

Capítulos relacionados: Arbitrário do signo linguístico. Signo linguístico (significado e significante). Sistema da língua. Valor linguístico.

Curso de linguística geral

O ***Curso de linguística geral*** (CLG) é um livro publicado postumamente, em 1916, cuja autoria é atribuída ao linguista suíço Ferdinand de Saussure (1857-1913). O livro é uma edição organizada por dois colegas de Saussure – os linguistas Albert Sechehaye e Charles Bally –, com base em três cursos de linguística geral por ele ministrados entre 1907 e 1911 na Universidade de Genebra. Contribuiu para a elaboração da edição o aluno Abert Riedlinger, que teria frequentado os dois primeiros cursos.

Conforme De Mauro (1976), em 8 de dezembro de 1906, a Faculdade de Letras e Ciências Sociais da Universidade de Genebra confia a Saussure o ensino "da linguística geral e da história e comparação das línguas Indo-europeias" (De Mauro, 1976: 353). Para entender como o CLG é feito, é fundamental conhecer a natureza desses cursos e a maneira como estão apresentados no livro (cf. Flores, 2013, 2016a, 2016b, 2016c, 2017).

No primeiro curso (16 de janeiro de 1907 a 3 de julho de 1907), Saussure aborda a fonologia, a linguística evolutiva, as mudanças fonéticas e analógicas, as relações entre as unidades percebidas sincronicamente pelos falantes, as questões de gramática histórica, a etimologia popular, os problemas da reconstrução.

Esse curso é a base da "Terceira parte" (cf. "Linguística diacrônica") do CLG, incluindo o "Apêndice A" e o "Apêndice B" (cf. "Análise subjetiva e análise objetiva" e "Análise subjetiva e a determinação das subunidades"), e do "Capítulo III" (cf. "As reconstruções") da "Quinta parte" (cf. "Questões de linguística retrospectiva").

No segundo curso (ministrado entre a primeira semana de novembro de 1908 e 24 de junho de 1909), Saussure aborda a relação entre teoria dos signos e teoria da língua e dá início às definições de sistema, unidade, identidade e valor linguístico. O segundo curso é utilizado, no CLG, conforme Godel (1969) e De Mauro (1976), como fonte complementar aos outros dois cursos, embora nele tenham sido gestados conceitos fundamentais como os de sistema e valor.

Esse curso é fonte principal dos seguintes capítulos do CLG (Cf. Godel, 1969): "Capítulo V" (cf. "Elementos internos e elementos externos da língua") da "Introdução"; "Capítulo III" (cf. "Identidade, realidades, valores"), "Capítulo VI" (cf. "Mecanismo da língua") e "Capítulo VII" (cf. "A gramática e suas subdivisões")

34 Conceitos básicos de linguística

da "Segunda parte", "Capítulo VIII" (cf. "Unidades, identidades e realidades diacrônicas") da "Terceira parte" e "Capítulo I" (cf. "As duas perspectivas da linguística diacrônica") e "Capítulo II" (cf. "A língua mais antiga e o protótipo") da "Quinta parte".

No terceiro curso (transcorrido entre 29 de outubro de 1910 e 4 de julho de 1911), Saussure começa tratando a diversidade das línguas e termina abordando as noções de língua e linguística.

Esse curso é bastante importante para a elaboração do CLG: ele é a fonte da "Introdução" (menos o "Capítulo V" e o "Apêndice – Princípios de fonologia"), do restante da "Primeira parte", da "Segunda parte", da "Quarta parte" e dos dois últimos capítulos da "Quinta parte" (cf. Godel, 1969 e De Mauro, 1976).

O terceiro curso é a base do CLG – informação esta dada pelos próprios editores no "Prefácio à primeira edição" –, mas não de sua organização. Isto é, mesmo que tomem o terceiro curso por base quanto ao cerne do conteúdo, os editores não o consideram quanto à ordem dos conteúdos. Como se sabe, o CLG parte da noção de língua e deixa a diversidade das línguas para o final, invertendo a ordem do terceiro curso.

Sabendo-se que "o plano [do CLG] foi estabelecido sobre a base do terceiro curso, mas [que] a ordem das divisões gerais, indicada e justificada por Saussure, não foi mantida" (Godel, 1969: 98), é importante levar em conta essas informações, quando da leitura do *Curso de linguística geral*. É preciso respeitar as complexas relações que estão na gênese do livro (as aulas de Saussure, a escuta dos alunos, as anotações dos alunos, a leitura dessas notas feita pelos editores, a escrita dos editores etc.).

A organização feita por Bally e Sechehaye sintetiza na escrita um percurso feito oralmente. O título do livro, inclusive, mantém essa referência à oralidade ao usar a palavra "Curso" que, em francês (*Cours*), compreende a ideia de "aula" (*leçon*), entre suas acepções. Como se pode deduzir, essa síntese não foi tarefa fácil: a passagem do oral para o escrito carregou consigo, além de todas as dificuldades inerentes a empreendimentos dessa natureza, uma dificuldade especial: a complexidade do conteúdo tratado e seu ineditismo para a época. Soma-se a isso uma curiosidade interessante: os organizadores praticamente não frequentaram os cursos ministrados por Saussure e informam isso no "Prefácio" que escrevem:

> obrigações profissionais nos haviam impedido quase completamente de nos aproveitarmos de seus derradeiros ensinamentos, que assinalam, na carreira de Ferdinand de Saussure, uma etapa tão brilhante quanto aquela, já longínqua, em que tinha aparecido a *Mémoire sur les voyalles*. (Bally e Sechehaye, 1975: 2)

Nesse sentido, talvez não seja correta, então, a informação geral, normalmente dada a propósito do CLG, de que o livro é uma edição póstuma organizada pelos alunos de Saussure. O mais adequado, certamente, seria dizer que se trata de uma edição póstuma feita por colegas de Saussure com a colaboração de alunos – no caso, um aluno (Albert Riedlinger).

Enfim, a gênese do livro é complexa, e os editores têm absoluta consciência disso, o que os leva a formular uma grande indagação no "Prefácio": "Saberá a crítica distinguir entre o mestre e seus intérpretes?" (Bally e Sechehaye, 1975: 4).

Hoje em dia, passados mais de 100 anos da publicação do livro, podemos dizer que, de certa forma, a resposta é positiva, uma vez que nem Bally nem Sechehaye foram considerados coautores do CLG, apenas figuram como bons discípulos, ou como responsáveis pelas *ambiguidades* e até mesmo pelos *contrassensos* criados pela compilação das notas dos cursos (Bouquet, 2004). No entanto, não parece ser uma tarefa fácil separar autoria de ideias. A esse respeito, Isaac Nicolau Salum, no "Prefácio à edição brasileira", apresenta os problemas decorrentes da publicação por via indireta:

> hoje, não se pode deixar de reconhecer que o *Cours* levanta uma série intérmina de problemas. Porque, no que toca a eles, Saussure – como Sócrates e Jesus – é recebido de "segunda mão". Conhecemos Sócrates pelo que Xenofonte e Platão escreveram como sendo dele. O primeiro era muito pouco filósofo para entendê-lo, e o segundo, filósofo demais para não ir além dele, ambos distorcendo-o. Jesus nada escreveu senão na areia: seus ensinos são os que nos transmitiram os seus discípulos, alguns dos quais não foram testemunhas oculares. Dá-se o mesmo com o *Cours* de Saussure. (Salum, 1975: XVI)

Na verdade, esse amálgama de ideias faz com que o *Curso* seja mais do que a reprodução do pensamento saussuriano ou do que a alteração desse pensamento pelos editores. No CLG, existem marcas tanto da edição quanto de Saussure. Ambos, autor e editores, imprimem nessa publicação suas visões de linguística e de ciência. É isso que faz do CLG uma das fontes mais complexas do pensamento saussuriano (cf. Fiorin, Flores e Barbisan, 2013b).

Enfim, o CLG é considerado por muitos a "certidão de nascimento" da linguística moderna, uma vez que sistematiza, pela primeira vez na história do pensamento em torno da linguagem, uma série de ideias que viriam a contribuir decisivamente para o estabelecimento da linguística como ciência. Sua relevância é inconteste. Como lembra, em tom quase irônico, Claudine Normand, uma das leitoras mais importantes do CLG no século XX:

36 Conceitos básicos de linguística

> Um linguista pesquisador pode muito bem passar sem ele [o CLG], conhe-
> cendo-o apenas por ouvir dizer ou por vagas lembranças; este é inclusive,
> o caso geral. Mas ele ainda é um texto de ideias, de reflexão absolutamente
> original sobre a linguagem, [...], sua leitura torna-se estimulante, mesmo
> para os linguistas. (Normand, 2009: 18-19)

Esse ponto tem, aqui, grande importância: é preciso (re)ler o CLG porque ele ocupa, simbolicamente, uma posição singular na história das ideais linguísticas: ele é fundador de uma maneira de pensar; é isso que o faz ser uma espécie de marco inicial da linguística.

Leituras complementares: Bouquet (2004); Fiorin, Flores e Barbisan (2013b); Normand (2009).

Capítulos relacionados: Linguagem, língua e fala. Linguística sincrônica (está-tica). Linguística diacrônica (evolutiva).

Diacronia, sincronia e pancronia

No âmbito do *Curso de linguística geral* (CLG), diacronia, sincronia e pancronia estão numa relação de oposição que os define. O entendimento do que venha a ser cada uma depende fundamentalmente do fator *tempo*, cujo papel é central na definição que recebem no CLG.

Para falar sobre o *tempo*, Saussure, no CLG, parte da Figura 4:

Figura 4 – Eixo das simultaneidades e eixo das sucessividades.

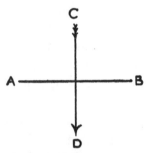

Fonte: Saussure, 1975: 95.

O eixo (AB), *eixo das simultaneidades*, é "concernente às relações entre coisas coexistentes, de onde toda intervenção do tempo se exclui" (Saussure, 1975: 95); o eixo (CD), *eixo das sucessividades*, é aquele em que têm lugar "todas as coisas do primeiro eixo com suas respectivas transformações" (Saussure, 1975: 95). Em outras palavras, o tempo é fator importante tanto pela sua inclusão – no eixo (CD) – quanto pela sua exclusão – no eixo (AB).

Robert Godel (1969), um dos autores que melhor compreendeu o pensamento saussuriano, assim explica o modo como a noção de *tempo* intervém no raciocínio do genebrino:

> Saussure utiliza de duas maneiras muito diferentes a noção de *tempo*, segundo considere a perspectiva diacrônica ou a perspectiva sincrônica: no primeiro caso, o tempo é o agente, mais precisamente a condição necessária da mudança; no segundo, é simplesmente o espaço do discurso. (Godel, 1969: 207)

38 Conceitos básicos de linguística

Compreende-se, então, que esses dois primeiros termos – **sincronia** e **diacronia** – se opõem, quando o que está em destaque é o fator *tempo*. Segundo Saussure, *"sincronia* e *diacronia* designarão respectivamente um estado de língua e uma fase da evolução" (Saussure, 1975: 96 [itálicos do autor]). Ou ainda: "é **sincrônico** tudo quanto se relacione com o aspecto estático [...], **diacrônico** tudo que diz respeito às evoluções" (Saussure, 1975: 96).

Como explica Normand (2009: 53 [itálicos da autora]), "convém chamar de *diacronia* a evolução de uma língua no tempo, a sucessão das modificações que a transformaram e que podem, graças à comparação, ser deduzidas dos estados precedentes". São essas modificações que distinguem uma língua – o português, por exemplo – em relação às formas de partida atestadas (o latim). Elas "atingem uma diferenciação tal que produzem sistemas diferentes (como as línguas romanas em relação ao latim)" (Normand, 2009: 53).

A sincronia, ao contrário, opõe-se à diacronia porque é "um estado abstratamente fixado pelo linguista que corresponde ao sentimento linguístico de um falante ignorante do passado" (Normand, 2009: 53). Esse estado é um "estado de língua" – o "espaço do discurso", nas palavras de Godel, acima – no qual se encontra o falante que fala sem necessitar, para tanto, conhecer a história de sua língua. A sincronia está ligada ao sistema da língua, ao estado de língua e ao falante dessa língua.

O **sistema linguístico** "é um equilíbrio em um dado momento de evolução de uma língua" (Gadet, 1987: 54), um **estado de língua** "onde está em jogo tudo o que um locutor tem a sua disposição para falar" (Gadet, 1987: 54). Vê-se, nesse caso, certa equivalência entre "estado de língua, sincronia e sistema".

Assim, é sempre importante ter em mente a distinção acima entre o *eixo das simultaneidades* (sincronia), onde há termos coexistentes, e o *eixo das sucessividades* (diacronia), onde há termos tomados em sucessão. Um eixo não pode ser reduzido ao outro. O exemplo dado por Saussure (1975: 107, 125 e 212) para diferenciar cada um desses eixos é o termo *pas*, em francês, que pode ser tanto a negação [*não*], na construção *ne ...pas*, quanto um substantivo [*passo*], em *un pas* [*um passo*]. Ambos estão ligados diacronicamente, já que têm origem comum no latim *passum*; porém, têm valores distintos na sincronia do sistema: um é partícula negativa [*não*] obtida por uso especializado do substantivo; o outro é um substantivo [*passo*].

Isso posto, cabe destacar que, ao contrário do que se poderia pensar, a verdade sincrônica não nega a verdade diacrônica; elas apenas são diferentes. Observemos o exemplo, a seguir, vindo do próprio CLG:

a gramática tradicional do francês moderno ensina que, em certos casos, o particípio presente é variável e concorda com um adjetivo (cf. "une eau *courante*"), que em outros é invariável (cf. "une personne *courant* dans la rue"). Mas a Gramática histórica nos mostra que não se trata de uma única e mesma forma: a primeira é a continuação do particípio latino (*currentem)*, que é variável, enquanto que a segunda provém do gerúndio ablativo invariável (*currendō).* A verdade sincrônica contradiz acaso a verdade diacrônica, e será mister condenar a Gramática tradicional em nome da Gramática histórica? Não, pois isso seria ver a realidade pela metade [...]. Sem dúvida, do ponto de vista das origens, há duas coisas no particípio *courant;* mas a consciência linguística as aproxima e não reconhece mais que uma: esta verdade é tão absoluta e incontestável quanto a outra. (Saussure, 1975: 113 [itálicos do autor])

Bem entendido, o que esse exemplo mostra é que, na sincronia, na "consciência linguística", para usar as palavras do CLG, há apenas um particípio presente variável em alguns casos e invariável em outros; na diacronia, porém, são duas formas. São duas verdades; cada uma tem a sua importância.

E a **pancronia**, o que é? Esse termo, como facilmente se vê, não teve o mesmo destino célebre dos anteriores, mas é igualmente importante para que se possa entender o raciocínio saussuriano a partir da consideração do fator *tempo.* A pancronia seria o ponto de vista que consideraria a língua quanto às "relações que se verificam em toda a parte e sempre" (Saussure, 1975: 111), quer dizer, seriam relações que se efetuam "em todos os tempos e todos os lugares" (Saussure, 1975: 112).

O CLG dedica um parágrafo inteiro a essa questão (cf. parágrafo 7, "Capítulo III", "Primeira parte") e o faz em termos de pergunta; "existe um ponto de vista pancrônico?". Saussure recusa o estudo pancrônico. Para ele, não cabe, em linguística, estudar uma língua sem a intervenção do fator *tempo.* Seu argumento para isso é apenas um: "o ponto de vista pancrônico não alcança jamais fatos particulares das línguas" (Saussure, 1975: 112), ou seja, princípios gerais que independem dos fatos concretos não podem explicar as línguas. Somente a diacronia e a sincronia, portanto, constituem fatos observáveis das línguas.

ALGUMAS OBSERVAÇÕES

a. As muitas hesitações terminológicas de Saussure em relação a esta matéria, em função da natureza editorial do CLG, são minimizadas na obra. Mas é importante ter em conta que Saussure, em uma carta a Antoine Meillet, datada de 4 de janeiro de 1894, assim se manifesta sobre a terminologia da linguística:

40 Conceitos básicos de linguística

Sem cessar, a absoluta inépcia da terminologia corrente, a necessidade de reformá-la e de mostrar para isso que espécie de objeto é a língua em geral vem estragar o meu prazer histórico, embora eu não tenha nenhum desejo mais caro do que não precisar ocupar-me da língua em geral. Isso, contra a minha vontade, acabará num livro, em que, sem entusiasmo nem paixão, explicarei por que não há um só termo empregado em linguística ao qual eu atribua um sentido qualquer. É só depois disso, confesso-o, que poderei retomar o meu trabalho no ponto em que o havia deixado. (Saussure, 1964: 95)

b. Ora, esse descontentamento de Saussure é bem visível quanto ao uso dos termos aqui examinados. Encontramos nos manuscritos saussurianos algumas oscilações importantes. Observemos algumas ocorrências:

1. Em que "diacrônico" é contraposto a "sinóptico", este, por sua vez, entendido como "sincrônico" (Depecker, 2012: 53). Por exemplo: "[...] um *fato de língua* exige separação entre os pontos de vista diacrônico e sinóptico" (Saussure, 2004: 62 [itálicos do autor]).

2. Em que "diacrônico" é contraposto a "idiossincrônico", este, por sua vez, colocado em relação de sinonímia com "sincrônico" (Depecker, 2012: 52). Por exemplo: "DIACRÔNICO. É oposto a *sincrônico* ou *idiossincrônico*" (Saussure, 2004: 195 [itálicos e maiúsculas do autor]).

3. Em que "idiossincrônico" tem sentido de "sincrônico" e "fonético" – em função da fonética do século XIX ser abordada em termos de mudanças dos sons no tempo – tem sentido de "diacrônico" (Depecker, 2012: 52). Por exemplo: "IDIOSSINCRÔNICO. Não é idiossincrônico o que é fonético (diacrônico)" (Saussure, 2004: 196 [maiúsculas do autor]).

4. Em que "gramatical" e "idiossincrônico" são associados e têm valor de "sincrônico". Por exemplo: "Gramatical = idiossincrônico" (Saussure, 2004: 196).

c. Robert Godel (1969), no léxico da terminologia saussuriana que coloca anexo a seu livro, registra, a partir do exame das fontes do CLG, ainda que:

1. em "diacronia", há oscilação terminológica com "história", "evolução" e "alteração";

2. em "diacrônico", há oscilação terminológica com "dinâmico", "evolutivo" e "cinemático";

3. em "sincronia", há oscilação terminológica com "estado de língua";

4. em "sincrônico", há oscilação terminológica com "idiossincrônico", "termos sincrônicos", "termos sucessivos", "ordem sincrônica", "identidade sincrônica" e "estático";

5. em "pancrônico", há oscilação terminológica com "confluência".

d. Enfim, os exemplos anteriormente apresentados, entre os muitos que se poderia ainda citar, são suficientes para perceber que a terminologia saussuriana, em função da natureza processual da reflexão de Saussure, oscila, o que impõe ao leitor do CLG e de outras fontes a exigência de certa cautela ao apresentar as definições que formam esse pensamento.

Leituras complementares: Bouquet (2004); Depecker (2012); Normand (2009).

Capítulos relacionados: Linguística sincrônica (estática). Linguística diacrônica (evolutiva). Ponto de vista.

Entidades concretas da língua

O tema das **unidades concretas da língu**a nem sempre recebe a merecida atenção dos leitores do *Curso de linguística geral* (CLG) de Ferdinand de Saussure. O assunto é tratado no "Capítulo II" (cf. "As entidades concretas da língua") da "Segunda parte" (cf. "Linguística sincrônica") do livro. Esse capítulo, juntamente com o que o segue (cf. "Capítulo III – Identidades, realidades, valores"), de certa forma, prepara a formulação do grande conceito da linguística saussuriana, qual seja, o *valor* linguístico.

Além desse papel de antecedente do conceito capital da teoria de Saussure, a importância desse capítulo se deve ao fato de, nele, Saussure se esforçar para definir as unidades que devem ocupar o fazer do linguista. Quer dizer, o CLG apresenta ali o próprio objeto da linguística sincrônica saussuriana, uma vez que busca definir as unidades sobre as quais deve estar baseada a análise linguística, quando feita nos termos estabelecidos pelo mestre.

O capítulo é dividido em quatro parágrafos bem delimitados. Vamos segui-los de perto para tentar elucidar a sinuosa argumentação que apresentam.

O primeiro parágrafo (cf. parágrafo 1. "Entidades e unidades. Definições") começa com uma definição: "os signos de que a língua se compõe não são abstrações, mas objetos reais; é deles e de suas relações que a linguística se ocupa; podem ser chamados *entidades concretas* dessa ciência" (Saussure, 1975: 119 [itálicos do autor]).

O primeiro ponto que chama a atenção nessa passagem é a substituição do termo "signo" pela expressão "entidades concretas". Ao reiterar que uma língua é composta de signos, o CLG explica que, sendo esses signos de natureza concreta, eles possuem realidade linguística, eles devem ser considerados, portanto, entidades concretas. A explicação disso vem logo a seguir, quando o CLG retoma os "dois princípios que dominam toda a questão" (Saussure, 1975: 119).

Observemos o primeiro princípio:

> 1.º A entidade linguística só existe pela associação do significante e do significado (ver p. 80 s.); se se retiver apenas um desses elementos, ela se desvanece; em lugar de um objeto concreto; tem-se uma pura abstração. A todo momento, corre-se o perigo de não discernir senão uma parte da entidade, crendo-se abarcá-la em sua totalidade; é o que ocorreria,

por exemplo, se se dividisse a cadeia falada em sílabas; a sílaba só tem valor em fonologia. Uma sequência de sons só é linguística quando é suporte de uma ideia; tomada em si mesma, não é mais que a matéria de um estudo fisiológico.

O mesmo ocorre com o significado se o separamos de seu significante. Conceitos como "casa", "branco", "ver" etc., considerados em si mesmos, pertencem à psicologia; eles só se tornam entidades linguísticas pela associação com imagens acústicas; na língua, um conceito é uma qualidade da substância fônica, assim como uma sonoridade determinada é uma qualidade do conceito. (Saussure, 1975: 119)

Há vários aspectos a considerar aqui: a) a introdução de outro termo, "entidade linguística", que, por ser formado "pela associação do significante e do significado", é sinônimo, nesse contexto do CLG, de entidade concreta, o qual, por sua vez, é sinônimo de signo; b) a associação significante/significado é apresentada como um espécie de *garantia*, por assim dizer, da natureza concreta da entidade linguística; c) a necessidade de considerar para o estudo linguístico ambas as faces da entidade linguística. Esses aspectos ficam claros, no CLG, com a contraposição explicativa entre duas metáforas:

Comparou-se amiúde essa unidade de duas faces com a unidade da pessoa humana, composta de alma e corpo. A comparação é pouco satisfatória. Poder-se-ia pensar, com mais propriedade, numa composição química, a água por exemplo; é uma combinação de hidrogênio e de oxigênio; tomado separadamente, nenhum desses elementos tem as propriedades da água. (Saussure, 1975: 120)

Passemos, agora, ao segundo princípio que *domina toda a questão*.

A entidade linguística não está completamente determinada enquanto não esteja *delimitada,* separada de tudo o que a rodeia na cadeia fônica. São essas entidades delimitadas ou *unidades* que se opõem no mecanismo da língua. (Saussure, 1975: 120 [itálicos do autor])

Também aqui há aspectos a considerar. O CLG introduz a necessidade de delimitação das unidades; no entanto, não é explicado como se deve proceder para fazer essa delimitação. Tal explicação virá apenas no parágrafo seguinte, sob a consideração de um método, *Método de delimitação* (cf. parágrafo 2). Nesse momento, o método é apenas sugerido. Vejamos:

Sabemos [...] que a cadeia fônica tem, como caráter primário, ser linear (ver p. 84). Considerada em si própria, ela é apenas uma linha, uma tira contínua, na qual o ouvido não percebe nenhuma divisão suficiente e precisa; para isso, cumpre apelar para as significações. Quando ouvimos uma língua desconhecida, somos incapazes de dizer como a sequência de sons deve ser analisada; é que essa análise se torna impossível se se levar em conta somente o aspecto fônico do fenômeno linguístico. Mas quando sabemos que significado e que papel cumpre atribuir a cada parte da sequência, vemos então tais partes se desprenderem umas das outras, e a fita amorfa partir-se em fragmentos; ora, essa análise nada tem de material. (Saussure, 1975: 120)

Em síntese, a unidade, a entidade concreta de que é formada a língua, define-se como *"uma porção de sonoridade que, com exclusão do que precede e do que segue na cadeia falada, é significante de um certo conceito"* (Saussure, 1975: 120 [itálicos do autor]).

Isso posto, é tempo de entender melhor o dito método de delimitação das unidades até então apenas sugerido. Como dissemos, ele se encontra no segundo parágrafo do capítulo do CLG que estamos examinando.

A explicitação do método parte do esquema presente na Figura 5:

Figura 5 – Método de delimitação das unidades.

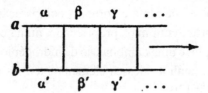

Fonte: Saussure, 1975: 121.

Vê-se, na Figura 5, a representação da cadeia acústica (a) e sua correspondência à cadeia dos conceitos (b). A delimitação correta exige uma correspondência adequada entre as cadeias. Considere-se a cadeia acústica (1) e duas divisões possíveis dessa cadeia em português:

1. "euaprendo"
2. "eu a prendo"
3. "eu aprendo"

Observe-se que (2) e (3) são possíveis porque determinadas pelo sentido, o que não seria possível caso fosse feita uma divisão como a seguinte:

4. "eu apren do"

Para verificar a correta aplicação do método, o CLG afirma que "é preciso que, ao comparar uma série de frases onde se encontre a mesma unidade, se possa, em cada caso, separá-la do resto do contexto, comprovando que o sentido autoriza a delimitação" (Saussure, 1975: 121).

Assim, sejam os exemplos a seguir em que consta a unidade *canto*:

5. "o canto dos pássaros"
6. "ele tem talento para o canto lírico"
7. "eu canto MPB"

Em (5) e (6), há coincidência da mesma porção fônica com o mesmo conceito, logo, trata-se da mesma unidade; em (7), tem-se um sentido diferente associado à porção fônica, trata-se, portanto, de uma unidade distinta.

A suposta facilidade de aplicação desse método não deixa de ser questionada no CLG. No parágrafo seguinte (cf. parágrafo 3. "Dificuldades práticas da delimitação"), encontramos a indagação: "este método, tão simples em teoria, será de aplicação fácil?" (Saussure, 1975: 122). A resposta é categórica: a facilidade só existiria se o linguista trabalhasse com a ideia de palavra, mas Saussure é claro em dizer que o que se entende pela noção de palavra "é incompatível com a noção que temos de unidade concreta" (Saussure, 1975: 122). Isto é, a unidade, a entidade ou o signo não são termos sinônimos de palavra: "deve-se procurar a unidade concreta fora da palavra" (Saussure, 1975: 122).

Na verdade, para Saussure, a unidade concreta pode ser formada por sufixos, prefixos, radicais, compostos, locuções, formas de flexão etc. Ou seja, "tudo o que for significativo num grau qualquer aparece-lhes [aos falantes] como um elemento concreto" (Saussure, 1975: 123). Nos capítulos seguintes do CLG, isso fica muito mais claro, pois pode-se dizer, já com apoio na noção de valor linguístico, que é uma unidade da língua tudo o que tem valor nessa língua, o que vai muito além da noção de palavra.

Na conclusão desse capítulo do CLG, Saussure, recorrendo mais uma vez à célebre metáfora do jogo de xadrez, explica:

> assim como o jogo de xadrez está todo inteiro na combinação das diferentes peças, assim também a língua tem o caráter de um sistema baseado completamente na oposição de suas unidades concretas. Não podemos dispensar-nos de conhecê-las, nem dar um passo sem recorrer a elas; e, no entanto, sua delimitação é um problema tão delicado que nos perguntamos se elas, as unidades, existem de fato. (Saussure, 1975: 124)

46 Conceitos básicos de linguística

Em outras palavras, a aplicação do método de delimitação é aparentemente simples, mas se complexifica na medida em que não se pode trabalhar em linguística com unidades dadas de antemão. É apenas o sistema de relações da língua, através do reconhecimento que têm delas os seus falantes, que pode autorizar este ou aquele recorte das unidades concretas. Ou ainda: "a língua apresenta, pois, este caráter estranho e surpreendente de não oferecer entidades perceptíveis à primeira vista, sem que se possa duvidar, entretanto, de que existam e que é seu jogo que a constitui" (Saussure, 1975: 124).

ALGUMAS OBSERVAÇÕES

a. Segundo De Mauro (1976: 457-9, notas 203, 209 212), as fontes do capítulo do CLG aqui estudado são: para o primeiro parágrafo, duas aulas do terceiro curso de Saussure em Genebra (5/05/1911 e 9/05/1911); para o segundo parágrafo, também uma aula do terceiro curso; para o terceiro parágrafo, uma aula de novembro de 1908, portanto, do segundo curso ministrado na Universidade de Genebra; para o quarto parágrafo, aulas do segundo curso também. Como se pode ver, as fontes não obedecem a uma cronologia, o que explica algumas hesitações conceituais presentes no capítulo, em especial no segundo parágrafo.

b. É também Tullio De Mauro (1976: 457-9, notas 204, 206, 208 e 211) quem registra que expressões como "substância fônica", "cadeia fônica" e "fônico" são inclusões feitas pelos editores do livro. Saussure parece dar preferência à expressão "cadeia acústica".

c. A metáfora da dupla face da unidade concreta como composição química da água é desenvolvida no CLG pelos editores. Saussure teria se limitado a falar dos limites da comparação, usando, inclusive, a expressão não menos metafórica "água linguística". Para Saussure, mesmo separando-se os dois componentes químicos da água permanecemos em uma reflexão de "ordem química", o que não acontece com a "água linguística", pois se separamos seus elementos constitutivos, saímos do linguístico propriamente dito (cf. De Mauro, 1976: 457, nota 205).

Leituras complementares: Bouquet (2004); Depecker (2012); Normand (2009).

Capítulos relacionados: Linguística sincrônica (estática). Ponto de vista. Valor linguístico.

Escritos de linguística geral

Ferdinand de Saussure nasceu em Genebra, em 26 de novembro de 1857, e morreu em 27 de fevereiro de 1913, também em Genebra. A linguística interessou a Saussure desde a juventude. Prova disso é que, nos anos 1872-1873 – com apenas 15 anos, portanto – ele apresenta ao filólogo suíço Adolphe Pictet uma monografia intitulada *Ensaio para reduzir as palavras do grego, do latim e do alemão a um pequeno número de raízes*. Esse é apenas o começo de uma grande produção escrita que, no entanto, pouco chegou a ser publicada.

Durante toda a sua vida, Saussure escreveu muito, mas não publicou na mesma proporção, embora – é justo reconhecer – tenha publicado em vida grande quantidade de trabalhos.

O livro ***Escritos de linguística geral*** (ELG), cuja autoria é atribuída a Saussure, reúne material dessa natureza. Ele veio a público em 2002, na França, e, em 2004, recebe tradução no Brasil. Para o melhor aproveitamento de seu conteúdo, é necessário que o leitor esteja atento a alguns pontos.

Em primeiro lugar, o livro não pode ser tomado como um bloco homogêneo com início, meio e fim, com capítulos articulados entre si, com sequência de conteúdos etc. Quer dizer, não se trata de um livro que tenha sido concebido, originalmente, como tal. Na verdade, está reunida no livro uma enorme quantidade de manuscritos de Saussure, produzidos em períodos muito distintos entre si e descobertos em diferentes momentos, ao longo do século XX.

A atribuição feita por Rudolf Engler e Simon Bouquet, organizadores e editores do livro, de um título (*Escritos de linguística geral*) e de uma autoria (Ferdinand de Saussure) produz, de certa forma, um efeito de encobrimento da múltipla gênese da obra. O leitor, ao encontrar no mercado editorial um livro com título e autor definidos, tende a considerá-lo uma obra, no sentido moderno do termo, ou seja, algo com um princípio de unicidade que introduz uma diferenciação na multiplicidade da cultura. Ora, embora não se possa, em tese, negar esse caráter aos *Escritos de linguística geral* – uma vez que estão subsumidos ao regime da nomeação (autor e obra), logo, podem ser considerados *uma* obra –, eles têm estatuto especial e isso precisa ser levado em conta quando de sua leitura.

48 Conceitos básicos de linguística

Em segundo lugar, é necessário saber situar o ELG em relação ao conjunto da obra de Saussure.

Trata-se de uma obra complexa e heterogênea. Apenas para fins didáticos de apresentação, podemos dividi-la em três grupos (cf. Fiorin, Flores e Barbisan, 2013b):

1. Há os textos científicos autografados por Saussure e publicados em vida como, por exemplo, os trabalhos sobre a gramática comparada e o indo-europeu que estão presentes no *Recueil des publications scientifiques de Ferdinand de Saussure* [*Reunião de trabalhos científicos de Ferdinand de Saussure*], organizado por Charles Bally e Léopold Gautier e publicado em 1922. Nessa organização, encontramos, além de cerca de 60 textos sobre temas de grande erudição linguística, os famosos *Mémoire sur le système primitif des voyelles dans les langues indo-européennes* [*Memorial sobre o sistema primitivo das vogais nas línguas indo-europeias*], de 1878, e *De l'emploi du génitif absolu en sanscrit* [*Do emprego do genitivo absoluto em sânscrito*], tese defendida em 1880 e publicada em 1881.
   Há também os textos autografados de Saussure editados e publicados postumamente. Incluem-se, aqui, notas de Saussure de seus cursos, correspondência (pessoal e profissional), manuscritos de estudos e de trabalhos científicos etc.
2. Há as notas dos estudantes que frequentaram os cursos de Saussure na Universidade de Genebra. Incluem-se aqui cartas de estudantes, comentários etc.
3. Há o *Curso de linguística geral*, obra póstuma editada e publicada em 1916 por Charles Bally e Albert Sechehaye a partir de notas dos alunos que frequentaram os cursos de Saussure.

O livro *Escritos de linguística geral* reúne material referente ao grupo (1), isto é, textos autografados de Saussure editados e publicados postumamente, e diz respeito a apenas uma pequena e importante parte do conjunto de **manuscritos de Saussure**. Falemos mais detidamente sobre esse material.

O ELG, na verdade, traz manuscritos de dois tipos:

1. Conjunto de manuscritos descobertos em 1996 na estufa da família de Saussure e depositados na Biblioteca Pública e Universitária (BPU) de Genebra. Esse conjunto de manuscritos, indicado no sumário do livro com a expressão "Acervo BPU 1996", está distribuído em quatro partes.

1.1 Com o título *Sobre a essência dupla da linguagem* – o grande manuscrito encontrado na residência dos Saussure, em um envelope etiquetado com a expressão "Ciência da linguagem" –, correspondente à Parte I do ELG.

1.2 Com o título *Novos Item (Acervo BPU 1996)*, incluído na Parte II do ELG.

1.3 Com o título *Novos documentos (Acervo BPU 1996)*, incluído na Parte III do ELG.

1.4 Com o título *Novos documentos (Acervo BPU 1996)*, incluído na Parte IV do ELG.

2. Conjunto de manuscritos publicados na edição crítica do *Curso de linguística geral* elaborada por Engler (1968; 1974).

2.1 Com o título *Antigos Item (Edição Engler 1968; 1974)*, incluído na Parte II do ELG.

2.2 Com o título *Aforismos (Edição Engler 1968; 1974)*, incluído na Parte II do ELG.

2.3 Com o título *Antigos documentos (Edição Engler 1968; 1974)*, incluído na Parte III do ELG.

2.4 Com o título *Antigos documentos (Edição Engler 1968; 1974)*, incluído na Parte IV do ELG.

O que foi dito até aqui é suficiente para o leitor desconfiar que seja possível fazer uma leitura linear do ELG. Além disso, há dois aspectos que devem ser levados em conta na sua leitura: a) o livro apresenta um material que é, por natureza, incompleto; b) esse material é disponibilizado ao leitor em transcrição estabelecida a partir de determinados critérios, o que, de certa forma, implica uma edição do material original. Avaliemos cada um desses aspectos.

Para falar do primeiro aspecto, observemos as passagens abaixo:

a. "A palavra não é mais a palavra se [ ]" (Saussure, 2004: 22).

b. *"A presença de uma correlação percebida entre dois sons, à qual começa a se juntar uma diferença de* [ ]" (Saussure, 2004: 280 [itálicos do autor]).

c. "Eu penso que o duplo estudo, semiológico e histórico, da escrita (sendo que o último se torna equivalente à *fonética* no estudo da linguagem) constitui, graças à natureza da escrita, uma ordem de pesquisas quase tão digna de atenção quanto [ ]" (Saussure, 2004: 48 [itálicos do autor]).

Observe-se que em (a), (b) e (c) há colchetes vazios ("[ ]") que, segundo informam os editores do ELG, indicam *lacunas do manuscrito*, o que Normand (2009: 79), de maneira quase poética, nomeia de "os brancos dos manuscritos saussurianos". Quer dizer, os colchetes marcam, de certa forma, a incompletude natural de um manuscrito. Dessa maneira, o leitor tem de conviver com uma espécie de luto da interpretação, já que deve abandonar toda e qualquer vontade de domínio absoluto sobre o sentido do que está dito. Esses brancos, essas incompletudes, são parte constitutiva do manuscrito.

Para falar do segundo aspecto, observemos, agora, a Figura 6 a seguir.

Figura 6 – "Sobre a essência dupla da linguagem"
(Biblioteca de Genebra, Arquivo de Saussure 372, p.1)

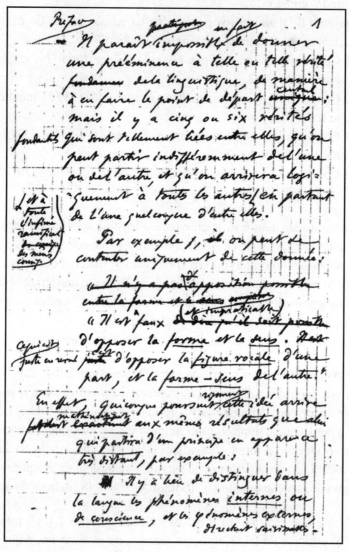

Fonte: Matsuzawa, 2012: 44.

A Figura 6 é o *fac-símile* do primeiro item – intitulado pelos editores "1 Prefácio" – da parte "Sobre a essência dupla da linguagem" dos *Escritos de linguística geral* que, em português, corresponde à página 21 do livro.

Tem-se, na Figura 6, a imagem de uma página manuscrita de Saussure. É fácil ver que há, nela, rasuras, incisos, arrependimentos, escritos paralelos ao curso do texto principal, notas de margem de página etc. Um manuscrito é assim mesmo. Ele não foi publicado; ele contém ideias que estão ainda em elaboração; trata-se, em linhas gerais, de uma possível versão de algo que poderia ou não ter sido publicado.

Na transcrição feita por Simon Bouquet e Rudolf Engler, evidentemente, boa parte desses elementos não foi levada em conta. Vejamos como a página da Figura 6 é transcrita nos ELG:

> Parece impossível, de fato, dar preeminência a tal ou tal verdade da linguística, de maneira a fazer dela o ponto de partida central: mas há cinco ou seis verdades fundamentais tão ligadas entre si que se pode partir indiferentemente de uma ou de outra que se chegará logicamente a todas as outras e à mais ínfima ramificação das mesmas consequências, partido de qualquer uma dentre elas.
>
> Por exemplo, dá para se contentar unicamente com este dado:
>
> É errado (e impraticável) opor a *forma* e o *sentido*. O que é certo, em troca, é por a *figura vocal*, de um lado, e a *forma-sentido* de outro.
>
> Com efeito, qualquer um que persiga rigorosamente esta ideia chega, matematicamente, aos mesmos resultados que aquele que parte de um princípio aparentemente muito distante, como por exemplo:
>
> Cabe distinguir, na língua, os fenômenos *internos* ou de consciência e os fenômenos *externos*, diretamente detectáveis. (Saussure, 2004: 21 [itálicos do autor])

Ora, na transcrição, se produz uma espécie de "higienização" do manuscrito: desaparecem todas as hesitações de Saussure, todos os raciocínios, todo o processo de escrita se desenvolvendo, e dá-se lugar a um texto com efeito de acabado.

Analisemos, a título de exemplo, apenas uma passagem da transcrição. Considere a primeira frase do manuscrito, em nossa transcrição:

a. parece ~~praticamente~~ impossível ᵈᵉ ᶠᵃᵗᵒ dar uma preeminência a tal ou tal verdade ~~fundamen~~ da linguística, de maneira a fazer dela o ponto de partida ~~único~~ central.

Comparemos agora com a transcrição publicada nos ELG:

52 Conceitos básicos de linguística

b. Parece impossível, de fato, dar preeminência a tal ou tal verdade da linguística, de maneira a fazer dela o ponto de partida central.

Na passagem de (a) para (b), temos que:

1. a rasura de "~~praticamente~~" desaparece, no entanto, ela poderia sugerir que Saussure tenha hesitado entre "impossível" e "praticamente impossível";
2. o inciso "de fato" passa a fazer parte definitiva do texto e deixa de ter o *status* de inciso, no entanto, ele poderia sugerir um ponto de parada reflexiva de Saussure ("impossível dar uma preeminência" ou "impossível de fato dar uma preeminência"?);
3. a rasura de "~~fundamen~~" desaparece, logo, ficamos sem saber se Saussure estaria falando de uma "verdade fundamental" ou teria pensado substituir "verdade" por "fundamento", já que a palavra rasurada não está escrita até o fim;
4. finalmente, a rasura de "~~único~~" se perde e, com isso, ficamos sem ver que Saussure hesitou entre se tratar de um "ponto de partida único" e um "ponto de partida central".

Essa análise sumária, esperamos, deve conduzir o leitor a uma conclusão: não cabe buscar nos *Escritos de linguística geral* alguma verdade sobre a teoria saussuriana que teria estado encoberta até agora; da mesma maneira, não cabe contrapor os *Escritos* (ELG) ao *Curso* (CLG) com a alegação de que, neste, há a mão dos editores, já que, como vimos, também no ELG há, de certa forma, uma edição (cf. Silveira, 2007).

Como defendem Fiorin, Flores e Barbisan (2013b), uma discussão dicotomizada entre o *verdadeiro Saussure* e o *falso Saussure* não tem relevância quando se tem claro que se está frente a um *corpus* complexo e heterogeneamente formado. Há fontes diferentes que devem ser usadas para fins científicos distintos, obedecendo a critérios pontuais. Enfim, não se trata de defender que uma fonte é mais "verdadeira" que outra; trata-se apenas de resguardar as especificidades que cada fonte tem.

Leituras complementares: Bouissac (2012); Fiorin, Flores e Barbisan (2013b); Normand (2009).

Capítulos relacionados: *Curso de linguística geral*. Linguística sincrônica (estática). Linguística diacrônica (evolutiva).

Linguagem, língua e fala

O *Curso de linguística geral* (CLG) de Ferdinand de Saussure estabelece, em várias partes, a distinção entre linguagem (*langage*), língua (*langue*) e fala (*parole*), cujo papel é fundamental na constituição da ciência linguística tal como concebida pelo genebrino.

A linguagem é o ponto de partida para Saussure no CLG. Isso fica muito claro no "Capítulo II" da "Introdução" do CLG (cf. "Matéria e tarefa da linguística: suas relações com as ciências conexas"). Nele, encontramos que "a matéria da linguística é constituída [...] por todas as manifestações da linguagem humana" (Saussure, 1975: 13). Mas é no "Capítulo III" da "Introdução" (cf. "Objeto da linguística") que esses termos são mais bem definidos. Dada a complexidade desse capítulo do CLG, trabalharemos detidamente sobre ele e apenas eventualmente faremos referência a outros capítulos do livro.

Primeiramente, algumas considerações filológicas. Como é sabido, esse capítulo do CLG é dividido em três seções. Conforme De Mauro (1976: 416, nota 46), as fontes da primeira seção (cf. parágrafo 1. "A língua e sua definição") são a segunda aula da primeira parte do terceiro curso (4/11/1910), a primeira aula da segunda parte do terceiro curso (25/04/1911), a primeira aula do segundo curso (primeira semana de novembro de 1908) e duas notas autografadas de Saussure. As fontes da segunda seção (cf. parágrafo 2. "O lugar da língua nos fatos da linguagem") são, também de acordo com De Mauro (1976: 417, nota 59), três aulas do terceiro curso (4/11/1910; 25/04/1911; 28/04/1911). Finalmente, as fontes da terceira seção (cf. parágrafo 3. "Lugar da língua nos fatos humanos. A Semiologia") são duas aulas do terceiro curso (4/11/1910 e 25/04/1911) e duas aulas do segundo curso (12/11/1908 e 16/11/1908), ainda segundo De Mauro (1976: 427, nota 71).

Esse panorama é suficiente para mostrar ao leitor que as fontes do capítulo são bastante heterogêneas entre si, o que exige cuidado de leitura redobrado. Além do mais, observe-se que boa parte das fontes que elencamos acima diz respeito ao terceiro dos cursos ministrados por Saussure na Universidade de Genebra.

A conclusão nesse ponto, então, é evidente: os editores não mantiveram no CLG a ordem original do raciocínio de Saussure nos cursos, uma vez que o capítulo que estamos examinando, "O objeto da linguística", é um dos primeiros capítulos do livro e, no entanto, está entre os últimos tópicos abordados por Saussure nos seus cursos.

Passemos agora às questões propriamente conceituais. O CLG começa falando em **linguagem**. Ela é sempre definida implicando alguma dualidade nocional (cf. Saussure, 1975: 16). A linguagem (a) é formada da união do som, unidade complexa acústico-vocal, com a ideia, unidade complexa fisiológica e mental; (b) tem um lado social e outro individual, sem que um possa ser concebido sem o outro e (c) implica um sistema estabelecido e uma evolução, ou seja, é, simultaneamente, uma instituição atual e um produto do passado. Além disso, se presta a vários pontos de vista (psicológico, antropológico, normativo, filológico etc.). Assim colocada, a linguagem,

> tomada em seu todo, [...] é multiforme e heteróclita; a cavaleiro de diferentes domínios, ao mesmo tempo física, fisiológica e psíquica, ela pertence além disso ao domínio individual e ao domínio social; não se deixa classificar em nenhuma categoria de fatos humanos, pois não se sabe como inferir sua unidade. (Saussure, 1975: 17)

Em função dessa heterogeneidade constitutiva da linguagem, Saussure vê-se levado a escolher um ponto de vista que permita o estudo científico por ele almejado. Esse ponto de vista é o da língua: "entre tantas dualidades, somente a língua parece suscetível duma definição autônoma" (Saussure, 1975: 17), isto é, *"é necessário colocar-se primeiramente no terreno da língua e tomá-la como norma de todas as outras manifestações da linguagem"* (Saussure, 1975: 16-7 [itálicos do autor]).

E o que é a **língua**? Muitos são os aspectos que devem ser considerados para responder essa pergunta. Em primeiro lugar, a palavra "língua" precisa ser entendida, no contexto da teoria de Saussure no CLG, como um termo técnico, quer dizer, "língua" é o nome que Saussure dá ao objeto de sua teoria e não pode, portanto, ser confundida com qualquer outro entendimento comum da palavra (idioma, estilo de um autor etc.). Essa observação se estende à "linguagem" e à "fala", que também são termos técnicos, logo, têm sentido apenas no interior da teoria da qual fazem parte.

Em segundo lugar, sendo o objeto da teoria, boa parte das vezes *língua* é definida, no CLG, por contraste com *linguagem* ou com *fala*. Essa relação contrastiva, como veremos, é de suma importância, uma vez que linguagem e fala também recebem sentido da relação que mantêm com língua. O esquema a seguir (cf. Figura 7) permite visualizar o que estamos dizendo, ou seja, que a definição do objeto língua, na linguística de Saussure presente no CLG, decorre das relações que mantém com o que não é ele, no caso, a linguagem e a fala, e a definição desses dois últimos, por sua vez, decorre dessas mesmas relações, representadas, na Figura 7, pelas flechas.

Figura 7 – Relações contrastivas definidoras de "língua".

Fonte: elaborada pelos autores.

Comecemos pelas relações contrastivas entre língua e linguagem para, então, ver o que delas se pode entender a respeito da definição de cada termo. Sobre isso, o CLG considera o seguinte:

a. A língua não se confunde com a linguagem porque é apenas "uma parte determinada, essencial dela" (Saussure, 1975: 17). A linguagem é uma faculdade cujo exercício depende da língua, entendida como "um produto social da faculdade da linguagem e um conjunto de convenções necessárias, adotadas pelo corpo social para permitir o exercício dessa faculdade nos indivíduos" (Saussure, 1975: 17).
b. A língua "é um todo por si e um princípio de classificação" (Saussure, 1975: 17), ao contrário da linguagem que é, em seu todo, "multiforme e heteróclita" (Saussure, 1975: 17).
c. A língua, por ser um "instrumento criado e fornecido pela coletividade" (Saussure, 1975: 18), "faz a unidade da linguagem" (Saussure, 1975: 18).
d. A língua "é de natureza homogênea: constitui-se num sistema de signos" (Saussure, 1975: 23); a linguagem, por sua vez, "é heterogênea" (Saussure, 1975: 23).
e. "A língua [...] é classificável entre os fatos humanos, enquanto que a linguagem não o é" (Saussure, 1975: 23). Isso tem relação com o aspecto semiológico da língua. É isto que encontramos mais adiante no CLG: "em nenhum momento, e contrariamente à aparência, a língua existe fora do fato social, visto ser um fenômeno semiológico" (Saussure, 1975: 92). Quer dizer, Saussure considera que a língua, por ser uma instituição social, tem traços comuns e traços distintos relativamente a outras instituições (políticas, jurídicas): de um lado, todas as instituições podem ser vistas como constituídas por signos (ritos, costumes etc.), o que as coloca como parte da semiologia; de outro, a língua é uma instituição de tipo especial, já que seus signos são de natureza arbitrária.

56 Conceitos básicos de linguística

f. Em resumo, a língua

é um objeto bem definido no conjunto heteróclito dos fatos da linguagem. Pode-se localizá-la na porção do circuito [da fala] em que uma imagem auditiva vem associar-se a um conceito. Ela é a parte social da linguagem, exterior ao indivíduo, que, por si só, não pode nem criá-la nem modificá-la. (Saussure, 1975: 22)

Ao avaliar essas primeiras relações contrastivas entre os termos (no caso, *língua* e *linguagem*), podemos inferir que:

* A linguagem é uma *faculdade* (a), é *multiforme* (b), é *heteróclita* (b), é *heterogênea* (d), depende da língua para a sua unidade (c) e não é *classificável* do ponto de vista semiológico (e).
* A língua, por sua vez, é um *produto social dessa faculdade* (a), é *um conjunto de convenções* (a) que permite o *exercício da linguagem pelos indivíduos* (a), é *um todo por si* (b), é *um princípio de classificação* (b), é *criada pela coletividade* (c), *faz a unidade da linguagem* (c), é *homogênea* (d), é *um sistema de signos* (d), é *classificável* no âmbito da semiologia (e), é a *parte social da linguagem* (f) e é *exterior ao indivíduo* (f).

Passemos agora a estudar as relações contrastivas entre *língua* e *fala*, uma vez que delas também decorrem precisões conceituais importantes.

a. A fala é a execução individual da língua; esta, por sua vez, é social: "Com o separar a língua da fala, separa-se ao mesmo tempo: 1º, o que é social do que é individual; 2º, o que é essencial do que é acessório e mais ou menos acidental" (Saussure, 1975: 22).

b. "A língua não constitui, pois, uma função do falante: é o produto que o indivíduo registra passivamente; não supõe jamais premeditação" (Saussure, 1975: 22); "a fala é, ao contrário, um ato individual de vontade e inteligência" (Saussure, 1975: 22). Além disso, na fala, distinguem-se "1º, as combinações pelas quais o falante realiza o código da língua no propósito de exprimir seu pensamento pessoal; 2º, o mecanismo psicofísico que lhe permite exteriorizar essas combinações" (Saussure, 1975: 22).

c. "A língua, distinta da fala, é um objeto que se pode estudar separadamente" (Saussure, 1975: 23).

d. "A língua, não menos que a fala, é um objeto de natureza concreta" (Saussure, 1975: 23). Quer dizer, o fato de os signos apresentarem uma natureza psíquica não significa que sejam abstrações; os signos são realidade para aqueles que falam a língua.

Ao avaliar essas relações contrastivas entre os termos (no caso, *língua* e *fala*), podemos inferir que:

- A língua é *social* (a), é *essencial* (a), não é uma *função do falante* (b), é um *objeto passível de estudo em separado* (c) e é de *natureza concreta* (d).
- A **fala** é *individual* (a), é *acessória* (a), é um *ato de vontade e inteligência* (b) e é de *natureza concreta* (d).

Finalmente, no CLG, é possível encontrar relações entre os termos que não são de contraste, mas de interdependência. Também aí há pontos interessantes a observar.

Por exemplo, sobre interdependência entre linguagem, língua e fala:

> Evitando estéreis definições de termos, distinguimos primeiramente, no seio do fenômeno total que representa a *linguagem*, dois fatores: a *língua* e a *fala*. A língua é para nós a linguagem menos a *fala*. É o conjunto dos hábitos linguísticos que permitem a uma pessoa compreender e fazer-se compreender. (Saussure, 1975: 92 [itálicos do autor])

Nessa passagem, vemos uma definição de linguagem que nada mais é do que a soma da língua e da fala; uma definição de língua como linguagem menos a fala e, enfim, uma definição de fala como o que se soma à língua para constituir a linguagem. São termos absolutamente interdependentes.

Para ver a interdependência entre a língua e a linguagem, basta retomar a passagem que citamos parcialmente acima: "mas o que é a língua? Para nós, ela não se confunde com a linguagem; é somente uma parte, essencial dela, indubitavelmente" (Saussure, 1975: 17). Ou seja, a língua, ao mesmo tempo em que se distingue da linguagem, está a ela integrada, é parte essencial dela.

Vejamos, por último, a interdependência entre língua e fala. Ela aparece um pouco à frente no CLG:

> sem dúvida, esses dois objetos [a língua e a fala] estão estreitamente ligados e se implicam mutuamente; a língua é necessária para que a fala seja inteligível e produza todos os seus efeitos; mas esta é necessária para que a língua se estabeleça. (Saussure, 1975: 27)

Aqui, vemos registrada a importância da fala para a constituição da língua e vice-versa.

Com base na exposição feita, é fácil concluir que não cabe buscar no CLG uma definição única para cada um dos termos acima considerados. E isso, ao menos,

58 Conceitos básicos de linguística

por um motivo: Saussure estava em processo de plena elaboração de suas ideias e as definições que formulava atendiam, cada vez, a propósitos específicos em função da natureza da exposição. Ele mesmo confessa – em uma conversa com seu aluno M. L. Gauthier datada de 6 de maio de 1911 e reproduzida no "Prefácio à Edição Brasileira" do CLG – suas dúvidas:

> Vejo-me diante de um dilema: ou expor o assunto em toda a sua complexidade e confessar todas as minhas dúvidas, o que não pode convir para um curso que deve ser matéria de exame, ou fazer algo simplificado, melhor adaptado a um auditório de estudantes que não são linguistas. Mas a cada passo me vejo retido por escrúpulos. (Saussure, 1975: XVII)

É com essa lembrança no espírito que o leitor deve buscar entender o pensamento de Saussure presente no CLG.

ALGUMAS OBSERVAÇÕES

a. A definição dos termos "linguagem", "língua" e "fala" no pensamento de Saussure é tema polêmico, para dizer o mínimo. A especializada filologia saussuriana tem se dedicado a mostrar que muitas das interpretações feitas apenas com base no CLG – desses e de outros termos – não encontram respaldo quando cotejadas com as fontes manuscritas. Na apresentação que fizemos acima, conscientemente, nos limitamos a investigar os termos e suas definições no âmbito do livro editado por Charles Bally e Albert Sechehaye. No entanto, acreditamos que é importante que o leitor considere outras possibilidades de entendimento.

Apenas para dar um exemplo, Loïc Depecker, na obra *Compreender Saussure a partir dos manuscritos* (2012), apresenta em seu *Glossário* nada menos que oito definições para língua. Muitas completamente diferentes daquelas que destacamos. São elas:

> 1) Faculdade humana de utilizar a linguagem. 2) Uma língua (francês, alemão, italiano etc.): equivalente a idioma. 3) A língua: soma das formas ouvidas e praticadas e de seu sentido para cada um dos sujeitos falantes. 4) A língua: estudo da língua. 5) A língua: resultado desse estudo, isto é, o conjunto dos princípios coletados da observação das línguas. 6) A língua: realização social da linguagem. 7) A língua: consagração daquilo que foi evocado pela fala. 8) Soma dos depósitos das formas, de suas significações e de suas combinações em cada indivíduo. (Depecker, 2012: 191)

A linguística saussuriana: o sistema **59**

Observe-se, agora, o que diz o autor, no mesmo glossário, para fala:

1. Faculdade de um sujeito falante de utilizar uma língua e de realizá-la no discurso. 2) Realização *da língua* pelo sujeito falante. 3) A fala: particularmente, conjunto do "*tesouro*" dos signos linguísticos contidos em um sujeito falante. 4) A fala: soma daquilo que os sujeitos falantes dizem. (Depecker, 2012: 191 [itálicos do autor])

Finalmente, as definições apresentadas por Depecker (2012) para linguagem: "1) Faculdade humana de utilizar uma língua. 2) A *língua* no indivíduo" (Depecker, 2012: 191 [itálicos do autor]).

Ora, as informações acima são suficientes para advertir o leitor, quando se trata de Ferdinand de Saussure não se trata de contrapor "o verdadeiro" Saussure (das fontes manuscritas) a "um falso" Saussure (do CLG). O importante é apenas ter em mente que há muito material a ser investigado. Vale a pena buscar outras fontes para aprofundar os termos saussurianos.

b. O CLG, como se sabe, é obra póstuma organizada por dois colegas de Saussure, com base em algumas anotações de alunos e poucas anotações do próprio Saussure relativas a três cursos que este ministrou na Universidade de Genebra. O plano do livro foi estabelecido com base no terceiro curso, mas sem conservar a ordem deste. Com isso, o CLG traz uma inversão da ordem de apresentação dos conteúdos. Isto é, os cursos de Saussure começam tratando a diversidade das línguas e a formulação da noção de língua é um ponto de chegada, portanto, do terceiro curso. Os editores decidiram começar o livro pela língua e deixaram as línguas e sua diversidade para o final da obra. A consequência dessa inversão é que o CLG não registra a importância da diversidade das línguas para a proposição do objeto língua.

Esse é mais um exemplo das múltiplas interpretações da obra saussuriana na atualidade.

Leituras complementares: Bouquet (2004); Depecker (2012); Normand (2009).

Capítulos relacionados: Linguística da língua e linguística da fala. Linguística externa/linguística interna. Valor linguístico.

Linguística da língua e linguística da fala

O *Curso de linguística geral* (CLG) dedica um pequeno capítulo de sua "Introdução" (cf. "Capítulo IV") para fazer uma distinção nem sempre lembrada quando o que está em estudo é a linguística de Ferdinand de Saussure. Trata-se da diferença entre **linguística da língua** e **linguística da fala**.

Retomá-la é fundamental para entender o pensamento saussuriano, uma vez que, como informam os editores do livro – Charles Bally e Albert Sechehaye –, no "Prefácio" que fazem à primeira edição do CLG, era propósito de Saussure desenvolver reflexão especificamente voltada à fala (*parole*). Dizem os editores, no "Prefácio", a respeito das dificuldades de organização do livro e, principalmente, das ausências que se fariam notar na obra aos olhos de todos os que sabiam o teor dos cursos ministrados por Saussure na Universidade de Genebra:

> a ausência de uma "linguística da fala" é mais sensível. Prometida aos alunos do terceiro curso, esse estudo teria tido, sem dúvida, lugar de honra nos seguintes; sabe-se muito bem por que tal promessa não pôde ser cumprida. Limitamo-nos a recolher e a situar em seu lugar natural as lições fugitivas desse programa apenas esboçado; não poderíamos ir mais longe. (Bally e Sechehaye, 1975: 4)

Ou seja, como é textual acima, havia a expectativa de que Saussure desenvolvesse reflexão pormenorizada acerca da fala e consequentemente da linguística da fala, no entanto, quis o destino que o legado saussuriano fosse reconhecido, em especial, pela proposição da linguística da língua. Mas, com base no que podemos ler das fontes saussurianas e do próprio CLG, o que estudaria cada uma dessas linguísticas? É isso que tentaremos problematizar aqui.

Conforme explica De Mauro (1976: 427, nota 75), as fontes desse capítulo do CLG são diferentes aulas do segundo e terceiro cursos de Saussure, o que já mostra ser o capítulo uma construção editorial. Ele aparece no livro imediatamente após o "Capítulo III" (cf. "Objeto da linguística"), posição esta que leva a reconhecer a necessidade de distinguir entre as duas linguísticas a partir da definição do objeto da linguística propriamente dita.

Quanto a isso, sabemos bem que Saussure, no CLG, definiu a língua, isto é, o sistema de signos, como o objeto da linguística e relegou, para fora desse objeto, os aspectos ligados à linguagem e à fala. Não deixa de causar surpresa, no entanto, que seja exatamente a partir da consideração dos três termos – linguagem, língua e fala – que o "Capítulo IV", aqui em exame, se inicia:

> Com o outorgar à ciência da língua seu verdadeiro lugar no conjunto dos estudos da linguagem, situamos ao mesmo tempo toda a linguística. Todos os outros elementos da linguagem, que constituem a fala, vêm por si mesmos subordinar-se a esta primeira ciência e é graças a essa subordinação que todas as partes da linguística encontram seu lugar natural. (Saussure, 1975: 26)

Nessa passagem, além de considerar, explicitamente, a "ciência da língua" como a "primeira ciência", à qual se subordinam todos os demais elementos da linguagem, Saussure joga com outros termos importantes. Vale a pena pensar um pouco mais sobre esse ponto.

Em primeiro lugar, a leitura do segmento parece mostrar que Saussure supõe alguma diferença entre "ciência da língua" (a "primeira ciência"), "estudos da linguagem" (um conjunto de estudos no qual a "ciência da língua" tem um "seu lugar") e "linguística" (que, nessa passagem, não recebe maior especificação). Os termos dessa diferença não são desenvolvidos.

Em segundo lugar, não fica claro, nessa passagem, o sentido dado à fala. No máximo, podemos atribuir-lhe uma definição obtida por contraste. Quer dizer, fazem parte da fala "todos os outros elementos da linguagem" que não estão contidos na ideia de língua.

Por um lado, essa perspectiva sobre a fala é, no mínimo, diferenciada daquela que encontramos no capítulo anterior, "O objeto da linguística", onde lemos:

> a fala é [...] um ato individual de vontade e inteligência, no qual convém distinguir: 1º as combinações pelas quais o falante realiza o código da língua no propósito de exprimir seu pensamento pessoal; 2º, o mecanismo psicofísico que lhe permite exteriorizar essas combinações. (Saussure, 1975: 22)

Aqui, vemos que fala tem dois sentidos: ou é o uso da língua em "combinações" individuais, ou é a emissão fônica, a fonação ("mecanismo psicofísico"), propriamente dita.

Por outro lado, a definição obtida por contraste que localizamos no "Capítulo IV" encontraria sustentação em outra parte do CLG. Por exemplo, no "Capítulo II" ("Mutabilidade e imutabilidade do signo"), da "Segunda parte" do livro, em que lemos: "a língua é para nós a linguagem menos a *fala*" (Saussure, 1975: 92 [itálicos do autor]). Nesse caso, poderíamos dizer que pertencem à fala os elementos da linguagem que não estão contidos na língua.

62 Conceitos básicos de linguística

Observe-se que mapeamos até aqui três definições, senão opostas, ao menos distintas de fala: a) fala como uso da língua; b) fala como fonação; c) fala como elementos da linguagem que não estão contidos na língua.

Ora, essa ambiguidade conceitual não deveria surpreender os que se dedicam a estudar a linguística de Saussure. Os estudiosos do pensamento saussuriano sabem muito bem que se trata de uma obra inacabada, de um pensamento em construção, do qual o CLG não faz mais do que dar apenas uma distante imagem.

Talvez, em função disso, seja importante insistir um pouco mais sobre essa variação conceitual. Para tanto, voltemos ao "Capítulo IV" da "Introdução". Nele, mais adiante, lemos:

> Consideremos, por exemplo, a produção dos sons necessários à fala: os órgãos vocais são tão exteriores à língua como os aparelhos elétricos que servem para transcrever o alfabeto Morse são estranhos a esse alfabeto; e a fonação, vale dizer, a execução das imagens acústicas, em nada afeta o sistema em si. [...].
>
> A essa separação da fonação e da língua se oporão, talvez, as transformações fonéticas [...]. (Saussure, 1975: 26)

Nesse uso, vemos fala associada à fonação, como já pontuamos antes. Porém, logo na continuidade a essa passagem, algo se altera: "e o que dizemos da fonação será verdadeiro no tocante a todas as outras partes da fala" (Saussure, 1975: 27). Aqui, podemos claramente ver que, nessa passagem, a "fonação" é apenas *uma parte* da *fala*, o que conduziria à conclusão de que a fala é algo mais amplo que a fonação, embora, de certa maneira, a inclua, o que poderia indicar uma quarta definição.

Ambiguidades à parte, o fato é que o CLG, na sequência do capítulo, apresenta de maneira direta as duas linguísticas (a da língua e a da fala) em termos de objeto:

> o estudo da linguagem comporta, portanto, duas partes: uma, essencial, tem por objeto a língua, que é social em sua essência e independe do indivíduo; esse estudo é unicamente psíquico; outra, secundária, tem por objeto a parte individual da linguagem, vale dizer, a fala, inclusive a fonação e é psicofísica. (Saussure, 1975: 27)

Nessa passagem do CLG, além da distinção entre as duas linguísticas e seus respectivos objetos, não podemos deixar de perceber que há certa hierarquização entre elas: há a "essencial" – cujo objeto é a língua – e há a "secundária" – cujo objeto é a fala.

Isso, porém, não impede Saussure de, no parágrafo seguinte, nesse mesmo capítulo, esboçar uma complexa relação de interdependência entre os dois objetos, isto é, entre a língua e a fala:

sem dúvida, esses dois objetos estão estreitamente ligados e se implicam mutuamente; a língua é necessária para que a fala seja inteligível e produza todos os seus efeitos; mas esta é necessária para que a língua se estabeleça. (Saussure, 1975: 27)

A fala, porém, não ocupa sempre esse papel "secundário" no CLG. Mais adiante, Saussure explicita um aspecto de supremacia da fala: "historicamente, o fato da fala vem sempre antes" (Saussure, 1975: 27). E acrescenta que "é a fala que faz evoluir a língua" (Saussure, 1975: 27), para, finalmente, concluir que "existe, pois, interdependência da língua e da fala" (Saussure, 1975: 27) o que "não impede que sejam duas coisas absolutamente distintas" (Saussure, 1975: 27).

Ora, se entendemos bem o texto do CLG, embora a hierarquia entre linguística da língua e linguística da fala transpareça, a preocupação que move a reflexão feita é, sobretudo, quanto à natureza do objeto. Saussure parece preocupado em distinguir os dois objetos: um, de natureza social, a língua; outro, de natureza individual, a fala.

O programa, propriamente dito, da linguística da fala, lembrado pelos editores no "Prefácio" do livro, se apresenta logo adiante ao ser proposta uma diferença de ponto de vista: "seria ilusório reunir, sob o mesmo ponto de vista, a língua e a fala" (Saussure, 1975: 28). Ao que é acrescentado, de maneira preditiva:

> Essa é a primeira bifurcação que se encontra quando se procura estabelecer a teoria da linguagem. Cumpre escolher entre dois caminhos impossíveis de trilhar ao mesmo tempo; devem ser seguidos separadamente. (Saussure, 1975: 28)

Agora, sim, podemos dizer que está esboçado o programa de uma outra linguística, a da fala, distinta da linguística da língua. São objetos distintos, são pontos de vista distintos, logo são de naturezas distintas. Por isso, "pode-se, a rigor, conservar o nome de linguística para cada uma dessas duas disciplinas e falar duma linguística da fala. Será, porém, necessário não confundi-la com a linguística propriamente dita, aquela cujo único objeto é a língua" (Saussure, 1975: 28).

Por fim, o CLG deixa evidente que o ponto de vista de Saussure é que determina a escolha feita. Observe-se:

> Unicamente desta última [a linguística da língua] é que cuidaremos, e se por acaso, no decurso de nossas demonstrações, pedirmos luzes ao estudo da fala, esforçar-nos-emos para jamais transpor os limites que separam os dois domínios. (Saussure, 1975: 28)

Mais uma vez, reafirma-se a máxima saussuriana: *é o ponto de vista que cria o objeto*. Nesse sentido, é legítimo que as linguísticas que vieram depois de Saussure

64 Conceitos básicos de linguística

elejam para si outros pontos de vista; o que não é legítimo, porém, é que se recuse o rigor com o qual Saussure explicitou o seu.

ALGUMAS OBSERVAÇÕES

a. Dissemos anteriormente que, no CLG, percebe-se certa hierarquização entre a linguística da língua e a linguística da fala. A primeira sendo considerada a "linguística propriamente dita" e a segunda, a "secundária". Isso, a exemplo do que vimos no CLG, também não se confirma de maneira tão categórica nas fontes manuscritas.

Por exemplo, os cadernos de Émile Constantin, aluno do terceiro dos cursos de Saussure ministrados na Universidade de Genebra, registram algo muito mais atenuado. Observe-se o que diz Constantin, citado abaixo, a partir da célebre *Edição crítica do Curso de linguística geral*, de Rudolf Engler (1989):

> Saber se é a fala ou a língua que tomamos como objeto de estudos, é a ramificação, a bifurcação que encontramos imediatamente.
> Não podemos nos engajar simultaneamente nas duas vias, é preciso seguir as duas separadamente ou escolher uma.
> Mantemos o nome de linguística para as duas coisas reunidas ou é preciso reservá-lo para o estudo da língua? <nós podemos distinguir em> *linguística da língua* e *linguística da fala*.
> Como dissemos, é o *estudo da língua* que, quanto a nós, perseguimos. Dito isso, não se deve concluir que na linguística da língua nunca se deva lançar um olhar sobre a linguística da fala <isso pode ser útil, mas é um empréstimo ao campo vizinho> (Engler, 1989: 58-59).

b. Tomadas as observações de Constantin como parâmetro – é sempre importante lembrar que as notas desse aluno foram consideradas as mais completas –, pode-se concluir que as restrições feitas à linguística da fala são mais o produto do trabalho dos editores do que propriamente uma intenção de Saussure.

Leituras complementares: Bouquet (2004); Depecker (2012); Normand (2009).

Capítulos relacionados: Linguagem, língua e fala. Linguística sincrônica (estática). Ponto de vista.

Linguística diacrônica (evolutiva)

Saussure considera que o fator *tempo* leva o linguista a conceber duas linguísticas, cada uma com princípios próprios: a linguística diacrônica (ou evolutiva) e a linguística sincrônica (ou estática). O *Curso de linguística geral* trata da linguística diacrônica basicamente em dois momentos: no "Capítulo III" da "Primeira parte" e no conjunto da "Segunda parte" do livro. Em ambos, a definição apresentada é praticamente a mesma.

No "Capítulo III", encontramos uma definição explícita: "a *linguística diacrônica* estudará, [...], as relações que unem termos sucessivos não percebidos por uma mesma coletividade e que se substituem uns aos outros sem formar sistema entre si" (Saussure, 1975: 116 [itálicos do autor]). Na "Segunda parte" do livro, encontramos uma definição obtida por contraste: "a Linguística diacrônica estuda, não mais as relações entre os termos coexistentes de um estado de língua, mas entre termos sucessivos que se substituem uns aos outros" (Saussure, 1975: 163).

Assim compreendida, a **linguística diacrônica** ocupa-se de tudo o que "diz respeito às evoluções" (Saussure, 1975: 96) em uma dada língua. Observemos alguns dados trazidos por Saussure e aqui adaptados para servir de exemplo:

a. No alto-alemão antigo: o plural de *gast,* 'hóspede', é *gasti;* o plural de *hant,* 'mão', é *hanti*. Mais adiante, o *i*- produziu uma metafonia, isto é, mudou o *a* em *e* na sílaba anterior: *gasti / gesti, hanti/ henti*. Depois, esse *-i* perdeu seu timbre: *gesti/geste, hanti/henti*. Consequentemente, tem-se hoje *Gast: Gäste, Hand: Hände,* e uma classe inteira de palavras apresenta a mesma diferença entre o singular e o plural.

b. No inglês antigo: o plural de *fōt,* 'pé', é **fōti* (o asterisco "*" indica um vocábulo considerado como forma hipotética, reconstituída pelo método histórico-comparativo); o plural de *tōp,* 'dente', é **tōpi*; o plural de *gōs,* 'pato', é **gōsi*. Mais adiante, por via de uma primeira transformação fonética, a metafonia, **fōti* se tornou **fēti,* e de uma segunda metafonia, a queda do i final, **fēti* deu *fēt;* desde então *fōt* tem por plural *fēt*. Assim por diante: *tōp/tēf; gōs, gēs* (inglês moderno: *foot, feet; tooth, teeth; goose, geese).*

c. Nos dois casos, o que se vê é um mecanismo novo para assinalar o plural. No inglês antigo, ocorre oposição de vogais; no alemão antigo, existe também a presença ou ausência da vogal final -e.

O que Saussure quer mostrar com esses exemplos pode ser mais bem entendido com o auxílio da Figura 8, a seguir, em que vemos os eixos que podem exprimir a relação entre o singular e o plural:

Figura 8 – Eixos para exprimir a relação singular/plural.

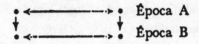

Fonte: Saussure, 1975: 100.

A leitura da Figura 8, se feita em sentido horizontal, permite ver a relação entre singular e plural em um dado momento, o que seria da alçada da linguística sincrônica; no entanto, a leitura da mesma figura, se feita em sentido vertical, dá destaque aos fatos que provocam a passagem de uma forma à outra em épocas distintas, o que seria propriamente da alçada da linguística diacrônica.

Em linhas gerais, o exame dos exemplos acima, à luz da Figura 8, evidencia que:

a. a passagem de *gasti* a *gesti*, *geste* (*Gäste*) é um acontecimento em si e não pode ser generalizado para o plural dos substantivos, uma vez que a mesma metafonia pode ocorrer com flexões verbais (por exemplo, em *tragit*: *trägt*);

b. um fato diacrônico como esse não altera o sistema, uma vez que a modificação não incide sobre o sistema, mas sobre os elementos que o compõem: "na perspectiva diacrônica, ocupamo-nos com fenômenos que não têm relação alguma com os sistemas, apesar de os condicionarem" (Saussure, 1975: 101). Assim, a expressão do singular/plural pode ser expressa tanto por *fōt*: **fōti* quanto por *fōt*: *fēt*. O sistema se mantém inalterado, quer dizer, continua a existir a mesma relação entre o singular e o plural. O que se altera, no entanto, são os elementos que constituem o sistema, no caso, essa relação singular/plural;

c. alterações dessa natureza não tornam a língua nem mais aparelhada, nem menos aparelhada. Isto é, a relação *fōt*: *fēt* não é nem melhor nem pior do que a relação *fōt*: **fōti* para exprimir a distinção singular/plural;

d. o importante é a sucessividade e não a simultaneidade. Isto é, termos simultâneos (a expressão do plural na oposição *Gast*: *Gäste*) não interessam ao fato diacrônico (o aparecimento de *Gäste* e o desaparecimento de

A linguística saussuriana: o sistema **67**

gasti). Este, por sua vez, nada mais é que o aparecimento da nova forma e o desaparecimento da forma anterior.

Consideradas essas observações, entende-se por que Saussure é incisivo em recusar igual estatuto científico à linguística diacrônica e à linguística sincrônica:

> Como as alterações jamais são feitas no bloco do sistema, e sim num ou noutro de seus elementos, só podem ser estudadas fora do sistema. Sem dúvida, cada alteração tem sua repercussão no sistema; o fato inicial, porém, afetou um ponto apenas; não há nenhuma relação interna com as consequências que se podem derivar para o conjunto. Essa diferença de natureza entre termos sucessivos e termos coexistentes, entre fatos parciais e fatos referentes ao sistema, impede de fazer de uns e de outros a matéria de uma única ciência. (Saussure, 1975: 102-3)

Enfim, são duas linguísticas opostas em seus métodos e em seus princípios: "o 'fenômeno' sincrônico nada tem em comum com o diacrônico (ver p. 101), um é uma relação entre elementos simultâneos, o outro, a substituição de um elemento por outro no tempo, um acontecimento" (Saussure, 1975: 107). Os fenômenos sincrônicos são referentes ao conjunto do sistema; os diacrônicos são parciais.

Essa distinção não deve levar a crer que Saussure desmereça uma ou outra abordagem. Quer dizer, é comum encontrar-se a ideia de que Saussure, ao se empenhar em diferenciar as duas perspectivas, teria relegado a linguística diacrônica a um "segundo escalão". A verdadeira linguística seria apenas a sincrônica.

Tal interpretação se baseia em passagens do CLG como a que segue:

> A oposição entre o diacrônico e o sincrônico se manifesta em todos os pontos. Por exemplo – e para começar pelo fato mais evidente – não têm importância igual. Nesse ponto, está claro que o aspecto sincrônico prevalece sobre o outro, pois para a massa falante, ele constitui a verdadeira e única realidade. Também a constitui para o linguista: se este se coloca na perspectiva diacrônica, não é mais a língua o que percebe, mas uma série de acontecimentos que a modificam. (Saussure, 1975: 105-6)

Ora, não é certo atribuir a essa passagem uma hierarquia ou mesmo um julgamento de valor. Saussure aqui apenas reitera um aspecto fundamental de seu raciocínio: a sincronia prevalece, do ponto de vista do falante. É uma evidência. O falante ignora a história da língua; o sentimento linguístico do falante diz respeito ao sistema sincrônico da língua e não à sua história. Isso não implica hierarquizar valorativamente os métodos.

68 Conceitos básicos de linguística

Há, simultaneamente, interdependência entre sincronia e diacronia. Para ilustrar isso, Saussure recorre à célebre metáfora do jogo de xadrez. Observemos o longo, mas necessário, excerto do CLG a seguir:

> [...] de todas as comparações que se poderiam imaginar, a mais demonstrativa é a que se estabeleceria entre o jogo da língua e uma partida de xadrez. De um lado e de outro, estamos em presença de um sistema de valores e assistimos às suas modificações. Uma partida de xadrez é como uma realização artificial daquilo que a língua nos apresenta sob forma natural. Vejamo-la de mais perto.
>
> Primeiramente, uma posição de jogo corresponde de perto a um estado da língua. O valor respectivo das peças depende da sua posição no tabuleiro, do mesmo modo que na língua cada termo tem seu valor pela oposição aos outros termos.
>
> Em segundo lugar, o sistema nunca é mais que momentâneo; varia de uma posição a outra. É bem verdade que os valores dependem também, e sobretudo, de uma convenção imutável: a regra do jogo, que existe antes do início da partida e persiste após cada lance. Essa regra, admitida de uma vez por todas, existe também em matéria de língua; são os princípios constantes da Semiologia.
>
> Finalmente, para passar de um equilíbrio a outro, ou – segundo nossa terminologia – de uma sincronia a outra, o deslocamento de uma peça é suficiente; não ocorre mudança geral. Temos aí o paralelo do fato diacrônico, com todas as suas particularidades. Com efeito:
>
> a. Cada lance do jogo de xadrez movimenta apenas uma peça; do mesmo modo, na língua, as mudanças não se aplicam senão a elementos isolados.
>
> b. Apesar disso, o lance repercute sobre todo o sistema; é impossível ao jogador prever com exatidão os limites desse efeito. As mudanças de valores que disso resultem serão, conforme a ocorrência, ou nulas ou muito graves ou de importância média. Tal lance pode transtornar a partida em seu conjunto e ter consequências mesmo para as peças fora de cogitação no momento. Acabamos de ver que ocorre o mesmo com a língua.
>
> c. O deslocamento de uma peça é um fato absolutamente distinto do equilíbrio precedente e do equilíbrio subsequente. A troca realizada não pertence a nenhum dos dois estados: ora, os estados são a única coisa importante. Numa partida de xadrez, qualquer posição dada tem como característica singular estar libertada de seus antecedentes; é totalmente indiferente que se tenha chegado a ela por um caminho ou outro; o que acompanhou

toda a partida não tem a menor vantagem sobre o curioso que vem espiar o estado do jogo no momento crítico; para descrever a posição, é perfeitamente inútil recordar o que ocorreu dez segundos antes. Tudo isso se aplica igualmente à língua e consagra a distinção radical do diacrônico e do sincrônico. (Saussure, 1975: 104-5)

O que fica claro nessa passagem é que um fato diacrônico é feito da relação entre um elemento do sistema de um estado de língua com um elemento anterior de um estado anterior. Uma forma nova substitui uma anterior. Tal substituição, em si mesma, não tem importância do ponto de vista do sistema sincrônico, uma vez que, neste, é a relação de oposição simultânea que tem importância.

ALGUMAS OBSERVAÇÕES

a. Deve-se ficar atento a uma questão de terminologia que encerra uma diferenciação conceitual importante: linguística diacrônica, no contexto da reflexão saussuriana, não é expressão completamente sinônima de linguística histórica. São, em muitos aspectos, coisas diferentes. O termo "linguística diacrônica" foi criado por Saussure (cf. De Mauro: 451, nota 170) e sua abrangência não recobre o mesmo campo dos estudos da linguística histórica. Observemos o que diz Saussure ao tratar das duas linguísticas:

Eis porque distinguimos duas linguísticas. Como as designaremos? Os termos que se oferecem não são todos igualmente apropriados para marcar essa diferença. Assim, história e "linguística histórica" não são utilizáveis, porque suscitam ideias muito vagas; [...]. Os termos *evolução* e *Linguística evolutiva* são mais precisos e nós os empregaremos frequentemente; por oposição, pode-se falar da ciência dos *estados* da língua ou *Linguística estática*.

Para melhor assinalar essa oposição, porém, e esse cruzamento das duas ordens de fenômenos relativos ao mesmo objeto, preferimos falar de Linguística *sincrônica* e de Linguística *diacrônica*. É sincrônico tudo quanto se relacione com o aspecto estático da nossa ciência, diacrônico tudo que diz respeito às evoluções. Do mesmo modo, *sincronia* e *diacronia* designarão respectivamente um estado de língua e uma fase de evolução. (Saussure, 1975: 96 [itálicos do autor])

Em outras palavras, a linguística diacrônica não é um estudo comparável ao que faziam, no século XIX, os chamados linguistas históricos. E

70 Conceitos básicos de linguística

isso se deve basicamente a um motivo: boa parte da linguística histórica repousa sobre uma concepção "naturalista", darwiniana, de língua, que é estranha ao raciocínio saussuriano.

No século XIX, autores como August Schleicher – na intenção de dar à linguística o estatuto de ciência rigorosa – reclamam para a linguística um lugar de ciência natural, por oposição à filologia, esta, sim, vista como uma ciência histórica. A língua, nessa concepção, é concebida como um organismo natural que nasce, se desenvolve e morre. A influência de Darwin é evidente nesse modo de pensar. A obra de Schleicher, publicada em 1863, *Die Darwinsche Theorie und die Sprachwissenschaff* [*A teoria de Darwin e a linguística*], aplica claramente o conceito darwiniano de evolução à ciência linguística. Observe-se a explicação de Mattoso Camara Jr.:

> o desenvolvimento da linguagem não era por ele [Schleicher] considerado como desenvolvimento histórico, como de todos os outros traços da sociedade humana. Comparava-o ao desenvolvimento de uma planta com suas leis fixas de crescimento e morte. A linguagem era vista como algo da natureza, ou seja, um animal ou uma planta. [...] com Schleicher passamos de uma comparação vaga para uma interpretação coerente da linguagem como um organismo. Como tal poderia ser aplicado à linguagem o conceito de evolução que o estudioso de Ciências Naturais, Darwin, desenvolvera no mundo da natureza. (Camara Jr., 1986: 51)

Ora, Saussure volta-se contra a ideia da linguística como uma ciência natural já em suas conferências na Universidade de Genebra em 1891, publicadas nos *Escritos de linguística geral*:

> Se o estudo linguístico de muitas línguas ou de uma só reconhece, como seu objetivo final e principal, a verificação e a pesquisa das leis e dos procedimentos universais da linguagem, pergunta-se até que ponto esses estudos têm seu lugar numa Faculdade de Letras, ou se não teriam um lugar, igualmente adequado, numa Faculdade de Ciências? Isso seria renovar a questão bem conhecida, já discutida por Max Müller e Schleicher; houve, Senhores, como sabem, um tempo em que a ciência da linguagem tinha convencido a si mesma de que era uma ciência natural, quase uma ciência física; eu não pretendo demonstrar como isso era uma profunda ilusão de sua parte mas, ao contrário, constatar que esse debate está encerrado e bem encerrado. À medida que se compreende melhor a verdadeira natureza dos fatos de linguagem, tão próximos a nós mas, na mesma medida, tão difíceis de captar em sua essência, tornou-se

mais evidente que a ciência da linguagem é uma ciência histórica e nada além de uma ciência histórica. (Saussure, 2004: 130)

Se considerarmos que a palavra "história" não tem, para Saussure, o sentido comum de mera sucessão, nem mesmo o sentido que tem para um historiador, começamos a compreender por que, para ele, a linguística é uma ciência histórica e não uma ciência natural. Segundo Saussure, a linguística é uma ciência histórica porque se pode adotar o ponto de vista da *história da língua* – da sucessão dos acontecimentos linguísticos – e não porque se pode adotar o ponto de vista da *língua na história* – a língua como caracterizadora de uma época ou de uma sociedade.

A conclusão aqui é evidente: a linguística diacrônica pensada por Saussure, embora inclua parte dos conhecimentos alcançados com os estudos comparativistas e históricos dos séculos XVIII e XIX, não pode a estes integralmente ser assimilada.

b. Uma pergunta se impõe, caso se admita a observação feita acima, em (a): se a linguística diacrônica não pode ser associada *pari passu* aos estudos comparativistas e históricos, o que é, em si, a linguística diacrônica aludida por Saussure?

Ora, não seria absurdo dizer que a linguística diacrônica permanece uma prospecção de Saussure (cf. Mejia, 1998). Quer dizer, a linguística diacrônica saussuriana teve suas bases lançadas pelo genebrino, mas não se pode dizer com certeza que ela foi desenvolvida em sua integralidade.

A linguística diacrônica é pensada como uma face da linguística; a outra face seria a linguística sincrônica, também esta apresentada apenas prospectivamente por Saussure. É na implicação mútua das duas que cada uma encontra a sua especificidade.

A diferença entre diacrônico e sincrônico, então, é de ponto de vista: o do linguista, no primeiro caso; o do falante, no segundo. A linguística diacrônica, enfim, deve ser vista como um programa de pesquisa ainda inexplorado (cf. Mejia, 1998).

Leituras complementares: Bouquet (2004); Depecker (2012); Normand (2009).

Capítulos relacionados: Linguística sincrônica (estática). Ponto de vista. Linguística externa/Linguística interna.

Linguística externa/linguística interna

Ferdinand de Saussure, preocupado em estabelecer diretrizes gerais para o estabelecimento da linguística, propôs várias divisões para esse campo que apenas no início do século XX começa a se organizar em seus princípios, métodos e objeto. A leitura do *Curso de linguística geral* (CLG) permite encontrar pares como, por exemplo, linguística sincrônica/linguística diacrônica, linguística da língua/linguística da fala, linguística estática/linguística evolutiva. Todos esses pares têm papel importante para o entendimento do pensamento saussuriano e são abordados em diferentes partes deste livro.

Neste momento, trataremos apenas do par linguística externa/linguística interna cuja importância decorre da metáfora espacial que evoca (externo/fora *versus* interno/dentro). Essa dupla de termos aparece no "Capítulo V" da "Introdução" do livro.

Conforme o CLG, a linguística externa se ocupa do que "é estranho ao organismo, ao seu [da língua] sistema" (Saussure, 1975: 29). Entre as "coisas importantes" (Saussure, 1975: 29) de que trata a linguística externa estão, em primeiro lugar, "todos os pontos em que a linguística confina com a Etnologia, todas as relações que podem existir entre a história duma língua e duma raça ou civilização" (Saussure, 1975: 29). Em segundo lugar, "cumpre mencionar as relações entre a língua e a história política" (Saussure, 1975: 29). Em terceiro lugar, lembra "as relações da língua com instituições de toda espécie, a Igreja, a escola etc." (Saussure, 1975: 30). Finalmente, destaca "tudo o quanto se relaciona com a extensão geográfica das línguas e o fracionamento dialetal" (Saussure, 1975: 30).

A linguística interna, por sua vez, é de outra natureza; ela diz respeito à língua como "um sistema que conhece sua ordem própria" (Saussure, 1975: 31), ou, ainda, "é interno tudo quanto provoca mudança do sistema em qualquer grau" (Saussure, 1975: 32).

A diferença entre o que seja interno ou externo é fundamental e "a separação dos dois pontos de vista se impõe, e quanto mais rigorosamente for observada, melhor será" (Saussure, 1975: 31). Observemos a ilustração que o CLG dá dessa diferença:

> Uma comparação com o jogo de xadrez fará compreendê-lo melhor. Nesse jogo, é relativamente fácil distinguir o externo do interno; o fato de ele ter passado da Pérsia para a Europa é de ordem externa; interno, ao contrário, é tudo quanto concerne ao sistema e às regras. Se eu substituir as peças

de madeira por peças de marfim, a troca será indiferente para o sistema; mas se eu reduzir ou aumentar o número de peças, essa mudança atingirá profundamente a "gramática" do jogo. (Saussure, 1975: 31-2)

A metáfora do jogo de xadrez – tantas vezes reiterada no CLG – parece ilustrar bem a diferença entre linguística externa e linguística interna: a ambas é conferido o estatuto de linguística, no entanto, o objeto é que é distinto. Ou seja, a palavra "linguística" tem aqui o sentido geral de "ciência da linguagem", o que permite que seja estendida tanto ao que é externo quanto ao que é interno.

ALGUMAS OBSERVAÇÕES

a. O título do capítulo do CLG no interior do qual aparece o par linguística externa/linguística interna – "Elementos internos e elementos externos da língua" – vale a pena ser comentado.
Segundo De Mauro (1976: 428, nota 82), a principal fonte desse capítulo é uma aula (novembro de 1908) do segundo dos cursos ministrados por Saussure na Universidade de Genebra. O título da aula que se encontra nas notas do aluno Albert Riedlinger – colaborador da edição do CLG – é "Divisão interior das coisas da linguística". Ora, o título escolhido pelos editores é inapropriado, já que o propósito de Saussure era falar sobre a linguística e não sobre a língua.
b. A frase que citamos anteriormente "em todo o caso, a separação dos dois pontos de vista se impõe, e quanto mais rigorosamente for observada, melhor será", conforme De Mauro (1976: 429, nota 89), é um acréscimo dos editores do CLG e não consta das notas manuscritas nem de Saussure nem de seus alunos.
c. Nas fontes manuscritas, encontramos formulações diferentes das presentes no CLG para a distinção linguística externa/linguística interna. Tais formulações amenizam o aspecto dicotômico. Por exemplo, uma anotação do aluno Albert Riedlinger diz: "podemos falar de linguística externa? Se tivermos algum escrúpulo, podemos dizer: *estudo* interno e externo da linguística. [...]. A palavra linguística evoca sobretudo a ideia desse conjunto" (Saussure, 1989: 59).

Leituras complementares: Bouquet (2004); Depecker (2012); Normand (2009).

Capítulos relacionados: Linguística sincrônica (estática). Sistema da língua. Valor linguístico.

Linguística sincrônica (estática)

Saussure considera que o fator *tempo* leva o linguista a conceber duas linguísticas, cada uma com princípios teórico-metodológicos próprios: a linguística diacrônica (ou evolutiva) e a linguística sincrônica (ou estática). O *Curso de linguística geral* (CLG) trata da linguística sincrônica, nosso tema de estudo neste capítulo, em vários momentos. No entanto, o leitor encontrará reflexão específica sobre o assunto, em especial, no "Capítulo III" (cf. "A linguística estática e a linguística evolutiva") da "Primeira parte" e no conjunto da "Segunda parte" (cf. "Linguística sincrônica") do livro.

Para dar início à compreensão da proposta de Saussure, é preciso entender o sentido da palavra "estática", quando em referência à **linguística sincrônica**. *Grosso modo*, a **linguística estática** (sincrônica) estuda estados de língua. Mas o que é um estado de língua? A resposta a tal questão exige que se percorra um caminho. Vamos a ele.

Em primeiro lugar, é importante compreender que não estamos frente a uma mera questão de terminologia. Saussure realmente hesita quanto à denominação da ciência que está criando. De Mauro (1976: 451, nota 169) é claro em afirmar que as fontes manuscritas de Saussure revelam grande hesitação do mestre. No CLG, as coisas são colocadas da seguinte maneira:

> Como as [as duas linguísticas] designaremos? Os termos que se oferecem não são todos igualmente apropriados para marcar essa diferença. Assim, história e "linguística histórica" não são utilizáveis, porque suscitam ideias muito vagas; como a história política compreende tanto a descrição de épocas como a narração de acontecimentos, poder-se-ia imaginar que, ao descrever estados sucessivos da língua, se estivesse estudando a língua conforme o eixo do tempo; para isso, seria mister encarar separadamente os fenômenos que fazem passar a língua de um estado a outro. Os termos *evolução* e *Linguística evolutiva* são mais precisos e nós os empregaremos frequentemente; por oposição, pode-se falar da ciência dos *estados* da língua ou *Linguística estática*. (Saussure, 1975: 96 [itálicos do autor])

Cabe observar, nessa passagem, que, de um lado, a escolha da denominação para uma linguística implica, "por oposição", a escolha para a outra – o que mostra que

A linguística saussuriana: o sistema **75**

Saussure opera sempre com as duas perspectivas metodológicas –, de outro lado, o linguista distingue "evolução" da língua de "estado" de língua para, só então, atribuir a este último o ponto de vista da linguística estática. A questão terminológica se resolve logo adiante no CLG: "Para melhor assinalar essa oposição [entre a linguística evolutiva e a linguística estática] [...], preferimos falar de Linguística *sincrônica* e de Linguística *diacrônica*" (Saussure, 1975: 96 [itálicos do autor]).

E o que é um estudo sincrônico? A resposta, mais uma vez, vem em uma relação de oposição: "é sincrônico tudo quanto se relacione com o aspecto estático da nossa ciência, diacrônico tudo o que diz respeito às evoluções. Do mesmo modo, *sincronia* e *diacronia* designarão respectivamente um estado de língua e uma fase de evolução" (Saussure, 1975: 96 [itálicos do autor]).

Ora, está posta uma ligação quase circular: a linguística estática estuda estados de língua, o que significa tratar-se de um estudo sincrônico (fator tempo), ou seja, do âmbito da linguística sincrônica. Essa circularidade se define também em oposição à outra circularidade: a linguística evolutiva estuda uma fase de evolução da língua, o que significa tratar-se de um estudo diacrônico (fator tempo), ou seja, do âmbito da linguística diacrônica.

Isso posto, voltemos, agora, à noção de estado de língua. O CLG define-a em contexto de oposição entre as duas linguísticas (estática e evolutiva). Observemos a passagem seguinte – longa, mas necessária:

> Na prática, um estado de língua não é um ponto, mas um espaço de tempo, mais ou menos longo, durante o qual a soma de modificações ocorridas é mínima. Pode ser de 10 anos, uma geração, um século e até mais. Uma língua mudará pouco durante um longo intervalo, para sofrer, em seguida, transformações consideráveis em alguns anos. De duas línguas coexistentes num mesmo período, uma pode evoluir muito e outra quase nada; neste último caso, o estudo será necessariamente sincrônico, no outro, diacrônico. Um estado absoluto se define pela ausência de transformações e como, apesar de tudo, a língua se transforma, por pouco que seja, estudar um estado de língua vem a ser, praticamente, desdenhar as transformações pouco importantes, do mesmo modo que os matemáticos desprezam as quantidades infinitesimais em certas operações, tal como no cálculo de logaritmos.
>
> Na história política, distinguem-se a *época,* que é um ponto de tempo, e o *período,* que abarca certa duração. No entanto, o historiador fala da época dos Antoninos, da época das Cruzadas, quando considera um conjunto de caracteres que permaneceram constantes durante esse tempo. Poder-se-ia dizer também que a linguística estática se ocupa de épocas; mas *estado* é preferível; o começo e o fim de uma época são geralmente marcados por alguma revolução mais ou

76 Conceitos básicos de linguística

menos brusca, que tende a modificar o estado de coisas estabelecido. A palavra estado evita fazer crer que ocorra algo semelhante na língua. Ademais, o termo época, justamente por ser tomado à história, faz pensar menos na língua em si que nas circunstâncias que a rodeiam e condicionam; numa palavra, evoca antes a ideia do que temos chamado de linguística externa [...].
Além disso, a limitação no tempo não é a única dificuldade que encontramos na definição de um estado de língua; o mesmo problema se coloca a propósito do espaço. Em suma, a noção de estado de língua não pode ser senão aproximativa. Em linguística estática, como na maior parte das ciências, nenhuma demonstração é possível sem uma simplificação convencional dos dados. (Saussure, 1975: 117-8 [itálicos do autor])

Não há dúvidas, um estado de língua é o ponto de vista sobre a língua em um dado momento no tempo. Em outras palavras, um estado de língua é o estudo de um **sistema idiossincrônico**: "o objeto da linguística sincrônica geral é estabelecer os princípios fundamentais de todo o sistema idiossincrônico, os fatores constitutivos de todo o estado de língua" (Saussure, 1975: 117). Nesse sentido, "à sincronia pertence tudo o que se chama "gramática geral", pois é somente pelos estados de língua que se estabelecem as diferentes relações que incumbem à gramática" (Saussure, 1975: 117). Em suma, a linguística sincrônica, estática, se ocupa do estudo dos estados de língua, ou seja, de "valores e relações coexistentes" (Saussure, 1975: 117), em um dado momento no tempo.

Nesse ponto, como se pode ver, duas noções importantes se somam às já apresentadas: sistema (cf. "sistema idiossincrônico") e valor (cf. "valores"). A língua é vista, então, como um sistema de relações – um **sistema de valores**, Saussure dirá mais adiante, no capítulo "O valor linguístico" (cf. "Capítulo IV" da "Segunda parte") – cujo princípio norteador da análise linguística é "a língua é um sistema do qual todas as partes podem e devem ser consideradas em sua totalidade sincrônica" (Saussure, 1975: 102).

Do ponto de vista metodológico, um estudo sincrônico apresenta duas condições. Por um lado, "a sincronia conhece somente uma perspectiva, a das pessoas que falam, e todo o seu método consiste em recolher-lhes o testemunho" (Saussure, 1975: 106), quer dizer, um fato linguístico apenas pode ser reconhecido como tal se for chancelado pelos falantes de uma língua. É isso que leva Normand (2009) a afirmar que a linguística de Saussure se coloca, desde o seu princípio, na prática da língua, na experiência de cada falante, ou ainda, essa linguística assume sempre "o ponto de vista do locutor e não do conhecedor" (Normand, 2009: 45). Isto é, "o locutor ordinário não é um *estudioso*, mas, mesmo assim, ele *sabe* falar. Trata-se de descobrir a especificidade desse saber *da* língua, deixando de lado o saber *sobre* a língua" (Normand, 2009: 45 [itálicos do autor]).

Por outro lado, o estudo sincrônico aborda o conjunto dos fatos linguísticos que correspondem a cada língua. Ou seja, como lembra Normand (2009), "um locutor, com efeito, ignora o passado de sua língua e, sobretudo, seus parentescos mais ou menos longínquos com outras línguas; ignora até mesmo as regras que ele aplica, mas sabe aplicá-las" (Normand, 2009: 46).

Vejamos alguns exemplos dados por Saussure para ilustrar o que chama de "lei sincrônica", que rege o fato linguístico. Importante destacar que, nesse caso, como sempre faz, Saussure procede por oposição à "lei diacrônica". Consideremos algumas leis referentes ao grego:

1. As sonoras aspiradas do indo-europeu se tornaram surdas aspiradas: *dhūmos → thūmós*, "sopro de vida"; *bherō → pherō*, "levo" etc.
2. O acento nunca vai além da antepenúltima sílaba.
3. Todas as palavras terminam por vogal, ou por *s, n, r,* com exclusão de qualquer outra consoante.
4. O *s* inicial antes de vogal se transformou em *h* (espírito rude): *septm* (latim *septem*) → *heptá*.
5. O *m* final se transformou em n: *jugom→ zugón* (cf. latim *jugum*).
6. As oclusivas finais caíram: *gunaik →gunai; *epheret → éphere; *epheront → épheron*. (Saussure, 1975: 108)

Segundo Saussure, a primeira lei é diacrônica (o *dh* se tornou *th*); a segunda é sincrônica (exprime uma relação entre a unidade da palavra e o acento, uma espécie de contrato entre dois termos coexistentes); a terceira lei é sincrônica também (diz respeito à unidade da palavra e ao seu fim); a quarta é diacrônica (o que era *s* se tomou *h*); a quinta lei é diacrônica (o *-n* substituiu o *m*); finalmente, a sexta lei é diacrônica (*t, k* desapareceram sem deixar vestígio).

A diferença entre os dois tipos de lei é patente: a lei sincrônica é geral, impõe-se aos indivíduos pelo uso coletivo, expressa uma ordem vigente, comprova um estado de coisas, em síntese, é um princípio de regularidade. A lei diacrônica, ao contrário, é particular, supõe um acontecimento pelo qual um efeito é produzido, não forma sistema.

Essa diferença entre as leis conduz Saussure inclusive a rejeitar o termo "lei" para designá-las. Segundo ele, toda lei "apresenta duas características fundamentais: é *imperativa* e é *geral*" (Saussure, 1975: 107 [itálicos do autor]). Ora, os fenômenos estudados não atendem a essas características: o fato sincrônico é geral, mas não é imperativo; o diacrônico é imperativo, mas não é geral. Isso leva Saussure a um raciocínio cuja síntese merece ser replicada:

Em resumo: os fatos sincrônicos, quaisquer que sejam, apresentam uma certa regularidade mas não têm nenhum caráter imperativo; os fatos diacrônicos, ao contrário, se impõem à língua, mas nada mais têm de geral. Numa palavra, e é onde queríamos chegar – nem uns nem outros são regidos por leis no sentido definido mais acima, e se, apesar disso, se quiser falar de leis linguísticas, esse termo abrangerá significações inteiramente diferentes, conforme seja aplicado a coisas de uma ou de outra ordem. (Saussure, 1975: 111)

Para concluir, gostaríamos de lembrar que a linguística sincrônica, para estudar os termos coexistentes de um estado de língua, depende essencialmente da noção de "valor linguístico". Esse é o conceito capital da teoria saussuriana; dele emana e para ele converge todo o raciocínio do mestre.

Leituras complementares: Bouquet (2004); Depecker (2012); Normand (2009).

Capítulos relacionados: Linguística diacrônica. Ponto de vista. Sistema da língua. Valor linguístico.

Mutabilidade e imutabilidade do signo

O "Capítulo II" da "Primeira parte" do *Curso de linguística geral* (CLG) de Ferdinand de Saussure é dedicado a um dos temas mais caros à linguística saussuriana: a **mutabilidade** e a **imutabilidade** do signo linguístico. Conforme De Mauro (1976: 448 , nota 146), as fontes desse capítulo são as aulas de Saussure ministradas no final de maio de 1911 que seguem, imediatamente, as aulas sobre as entidades concretas da língua (cf. "Capítulo II", "As entidades concretas da língua", da "Segunda parte" do CLG), sobre os limites do arbitrário e sobre os princípios do arbitrário e da linearidade do significante (cf. "Capítulo I", "Natureza do signo linguístico", da "Primeira parte" do CLG). De Mauro informa, também, que o próprio Saussure teria dito aos seus alunos que esse capítulo deveria seguir o capítulo sobre a natureza do signo linguístico, ordem esta respeitada pelos editores na organização do CLG.

Os temas tratados nesse capítulo do CLG são fundamentais para que se compreenda em detalhe o pensamento de Saussure. De Mauro (1976), a respeito disso, faz uma nota que vale a pena ser lida na íntegra. Diz ele:

> Esse capítulo se encontra em uma das zonas menos lidas do C.L.G., prensado como está entre as páginas sobre o arbitrário e aquelas sobre a distinção entre sincronia e diacronia, que polarizaram a atenção dos especialistas, hipnotizando-os. O sentido não convencionalista do arbitrário saussuriano, a profunda consciência da necessidade histórica do signo, a consciência, em suma, da radical historicidade dos sistemas linguísticos encontram nessas páginas pouco lidas sua manifestação mais rigorosa. Lendo essas páginas, mal se acredita que Saussure tenha sido louvado ou, mais frequentemente, criticado como o criador de uma linguística anti-histórica e virginal, de uma visão de língua como sistema estático, fora da vida social e da duração histórica. (De Mauro, 1976: 448, nota 146)

Comecemos pela imutabilidade. O ponto de partida, no CLG, para demonstrá-la é o fato de que "o signo linguístico escapa à nossa vontade" (Saussure, 1975: 85), quer dizer,

80 Conceitos básicos de linguística

um indivíduo não somente seria incapaz, se quisesse, de modificar em qualquer ponto a escolha feita, como também a própria massa não pode exercer sua soberania sobre uma única palavra: está atada à língua tal qual é.

A língua não pode, pois, equiparar-se a um contrato puro e simples, e é justamente por esse lado que o estudo do signo linguístico se faz interessante; pois, se se quiser demonstrar que a lei admitida numa coletividade é algo que se suporta e não uma regra livremente consentida, a língua é a que oferece a prova mais concludente disso. (Saussure, 1975: 85)

Na concepção saussuriana, o que determina essa falta de "ingerência" – tanto do indivíduo como da massa de falantes – é que a língua é sempre uma herança, algo que recebemos de épocas precedentes: "nenhuma sociedade conhece nem conheceu jamais a língua de outro modo que não fosse como um produto herdado de gerações anteriores" (Saussure, 1975: 86). Um estado de língua, uma sincronia, é "o produto de fatores históricos e são esses fatores que explicam porque um signo é imutável" (Saussure, 1975: 86).

No entanto, adverte Saussure, dizer isso não é suficiente para comprovar a imutabilidade do signo linguístico. Dado que a língua, na visão do mestre, é uma instituição social, é necessário ver como se transmitem as instituições para, então, compreender o que há de diferente no caso da língua. Ora, embora a língua seja uma instituição, ela o é de uma maneira muito específica e, por isso, o fator histórico da transmissão exclui a mudança *repentina* na língua. Além disso, os falantes não têm consciência das leis da língua – como poderiam ter de outras instituições – "e se não as percebem, como poderiam modificá-las?" (Saussure, 1975: 87).

A esse quadro geral da imutabilidade do signo linguístico constituído pelo fator histórico (herança) e pela falta de consciência dos falantes a respeito das leis da língua, Saussure acrescenta quatro outros argumentos, mais específicos, que justificam sua perspectiva:

1. *O caráter arbitrário do signo linguístico*: a arbitrariedade do signo, entendida como ausência de motivação, impede que se prefira isso a aquilo em matéria de língua. O exemplo de Saussure é simples e claro: "não existe motivo para preferir *soeur* a *sister*, ou a irmã, *ochs* a *boeuf* ou boi" (Saussure, 1975: 87).

2. *A multidão de signos necessários para constituir qualquer língua*: esse ponto é autoexplicativo. Os falantes podem pouco diante da grande quantidade de signos que constituem um sistema, uma língua.

3. *O caráter demasiado complexo do sistema*: como a língua é um sistema constituído por mecanismos muito complexos, a massa de falantes é incompetente para alterá-la.

4. *A resistência da inércia coletiva a toda renovação linguística*: por ser algo de que toda a coletividade se serve no cotidiano da vida, a língua é, das instituições sociais, a que menos oferece possibilidades de mudanças: "a língua forma um todo com a vida da massa social e esta, sendo naturalmente inerte, aparece antes de tudo como um fator de conservação" (Saussure, 1975: 88).

Por fim, quanto à imutabilidade, Saussure acrescenta um argumento fundamental: além da fixidez decorrente do fato de ser sempre uma herança coletiva, há o fator *tempo*. Há solidariedade entre esses dois pontos e ambos determinam o caráter imutável do signo e do sistema linguístico: é em um dado tempo que a língua se encontra fixada.

Passemos, agora, à mutabilidade. Nesse momento, o raciocínio de Saussure se complexifica sobremaneira. Vamos segui-lo de perto.

Em primeiro lugar, é importante ver que é exatamente a partir do tempo que Saussure estrutura seus argumentos em torno da mutabilidade do signo linguístico e, por conseguinte, do sistema linguístico. Aliás, o tempo permite a Saussure também desfazer o aparente paradoxo da coexistência da imutabilidade e da mutabilidade no signo linguístico que o título do capítulo, "Imutabilidade e mutabilidade do signo", evoca:

> O tempo, que assegura a continuidade da língua, tem um outro efeito, em aparência contraditório com o primeiro: o de alterar mais ou menos rapidamente os signos linguísticos e, em certo sentido, pode-se falar, ao mesmo tempo, da imutabilidade e mutabilidade do signo. (Saussure, 1975: 89)

Em outras palavras, o tempo é fator, simultaneamente, de continuidade e de mudança de uma língua. Ou ainda:

> em última análise os dois fatos são solidários: o signo está em condições de alterar-se porque continua. O que domina, em toda a alteração, é a persistência da matéria velha; a infidelidade ao passado é apenas relativa. Eis porque o princípio de alteração se baseia no princípio de continuidade. (Saussure, 1975: 89)

Se, ao apresentar a imutabilidade do signo, Saussure evocava a arbitrariedade do signo (ausência de motivação) como fator decisivo – não há motivo para o

82 Conceitos básicos de linguística

sistema ser como é, logo não há motivo para alterá-lo –, agora, ao apresentar a mutabilidade, é à própria arbitrariedade que ele recorre. Diz ele: "uma língua é radicalmente incapaz de se defender dos fatores que deslocam, de minuto a minuto, a relação entre o significado e o significante. É uma das consequências da arbitrariedade do signo" (Saussure, 1975: 90).

Nesse sentido, é importante entender o que Saussure concebe por mutabilidade, por alteração, quer dizer, "o deslocamento da relação entre o significante e o significado" (Saussure, 1975: 89) e não apenas a alteração fonética ou de significado. Precisa ser uma alteração da relação entre um e outro. Observemos os exemplos do genebrino:

> o latim *necāre*, "matar", deu em francês *noyer*, "afogar". Tanto a imagem acústica como o conceito mudaram; é inútil, porém, distinguir as duas partes do fenômeno; basta verificar *in globo* que o vínculo entre ideia e signo se afrouxou e que houve um *deslocamento em sua relação*. Se, em vez de comparar *necāre* do latim clássico com o francês *noyer*, o contrapusermos ao *necāre* do latim vulgar do século IV ou do V, já com o significado de "afogar", o caso é um pouco diferente; mas aqui também, embora não tenha ocorrido alteração apreciável do significante, houve um *deslocamento da relação* entre a ideia e o signo. (Saussure, 1975: 89-90 [itálicos do autor])

Para entender bem essa passagem, é necessário lembrar – tal como explicamos no capítulo "Signo linguístico (significado e significante)" – que Saussure, às vezes usa a palavra "signo" com o sentido de "significante"), e o CLG não deixa de ser atingido por essa flutuação terminológica. É isso que ocorre acima ("vínculo entre ideia e signo", "relação entre ideia e signo"). Aqui, "signo" é equivalente a "significante", conclusão esta que se deduz facilmente pela contraposição à "ideia" a qual equivale, nesse contexto, a "significado".

Para além dessa questão terminológica, o importante, na passagem, é verificar que a alteração que justifica a mutabilidade é devida à relação entre o significante e o significado e não a cada um separadamente. Vejamos os outros exemplos dados por Saussure:

> O antigo alemão *dritteil*, "o terceiro", tomou-se, no alemão moderno, *Drittel*. Neste caso, conquanto o conceito tenha permanecido o mesmo, a relação se alterou de dois modos: o significante foi modificado não só no aspecto material como também na forma gramatical; não implica mais a ideia de *Teil*, "parte"; é uma palavra simples. De um modo ou de outro, trata-se sempre de um *deslocamento de relação*.

Em anglo-saxão, a forma pré-literária *fōt*, "o pé", permaneceu *fōt* (inglês moderno *foot)*, enquanto que seu plural *fōti, "os pés", se transformou em *fēt* (inglês moderno *feet)*. Sejam quais forem as alterações supostas, uma coisa é certa: ocorreu deslocamento da relação; outras correspondências surgiram entre a matéria fônica e a ideia. (Saussure, 1975: 90 [itálicos do autor])

Isso posto, Saussure indaga: "mas em que se baseia a necessidade de mudança?" (Saussure, 1975: 91). A resposta é, mais uma vez, o tempo: "o tempo altera todas as coisas; não existe razão para que a língua escape a essa lei universal" (Saussure, 1975: 91). Para ilustrar o que quer dizer, Saussure propõe o esquema da realidade social da língua e da marcha do tempo, conforme a Figura 9 a seguir:

Figura 9 – Esquema da realidade social da língua e da marcha do tempo.

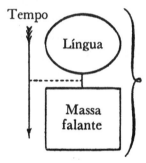

Fonte: Saussure, 1975: 93.

Nesse esquema, Saussure condensa tudo o que diz respeito, na sua opinião, à mutabilidade. Primeiramente, define-se a língua – e não a fala ou a linguagem – como objeto, em seguida a massa falante que evidencia a natureza social da língua, finalmente, o tempo, que, combinado com a força social, produz as alterações: "a língua já não é agora livre, porque o tempo permitirá às forças sociais que atuam sobre ela desenvolver seus efeitos, e chega-se assim ao princípio de continuidade" (Saussure, 1975: 93). Mas isso não é tudo, pois "a continuidade [...] implica necessariamente a alteração, o deslocamento mais ou menos considerável das relações" (Saussure, 1975: 93).

84 Conceitos básicos de linguística

ALGUMAS OBSERVAÇÕES

a. Conforme informa De Mauro (1976: 448, nota 148), o ponto que justifica a imutabilidade do signo linguístico – *a resistência da inércia coletiva a toda renovação linguística* – é situado pelos editores do CLG em quarto lugar (mesmo com a menção de que ele prevalece sobre os demais), nas fontes manuscritas de Saussure, está situado em primeiro lugar.

b. O mesmo De Mauro (1976: 449, nota 154) explica, a respeito da mutabilidade devida à alteração da relação entre significado e significante, que esse postulado de Saussure prova o fato de que, para ele, "o estudo diacrônico é levado em ligação com as considerações sobre a funcionalidade global do sistema".

Leituras complementares: Bouquet (2004); Depecker (2012); Normand (2009).

Capítulos relacionados: Arbitrário do signo linguístico. Diacronia, sincronia, pancronia. Signo linguístico (significado e significante).

Ponto de vista

A expressão **ponto de vista** é bastante usada no *Curso de linguística geral* (CLG), de Ferdinand de Saussure, chegando, inclusive, a intitular um dos parágrafos do livro (cf. parágrafo 7 do "Capítulo III" da "Primeira parte", "Existe um ponto de vista pancrônico?").

São encontrados, no mínimo, dois sentidos da expressão no livro. De um lado, um uso comum, não especializado, que indica o ângulo a partir do qual algo em geral pode ser considerado – "ponto de vista do psicólogo" (Saussure, 1975: 25), "ponto de vista da articulação bucal" (Saussure, 1975: 59), "ponto de vista acústico" (Saussure, 1975: 75). De outro lado, um uso especializado, que indica o ângulo a partir do qual um dado fato linguístico pode ser observado, o que equivale a indicar o modo de constituição de um objeto.

Esse segundo sentido tem grande importância metodológica e aparece, no CLG, em uma passagem na qual Saussure se interroga sobre o objeto da linguística (cf. "Capítulo II" da "Introdução" do CLG):

> Qual é o objeto, ao mesmo tempo integral e concreto, da linguística? A questão é particularmente difícil: veremos mais tarde por quê. Limitemo-nos, aqui, a esclarecer a dificuldade.
>
> Outras ciências trabalham com objetos dados previamente e que se podem considerar, em seguida, de vários pontos de vista; em nosso campo, nada de semelhante ocorre. Alguém pronuncia a palavra *nu:* um observador superficial será tentado a ver nela um objeto linguístico concreto; um exame mais atento, porém, nos levará a encontrar no caso, uma após outra, três ou quatro coisas perfeitamente diferentes, conforme a maneira pela qual consideramos a palavra: como som, como expressão duma ideia, com a correspondente ao latim *nūdum* etc. Bem longe de dizer que o objeto precede o ponto de vista, diríamos que é o ponto de vista que cria o objeto; aliás, nada nos diz de antemão que uma dessas maneiras de considerar o fato em questão seja anterior ou superior às outras. (Saussure, 1975: 15 [itálicos do autor])

Na ocorrência da expressão "*nu*" acima, é possível ver que ponto de vista está ligado à necessidade de o linguista eleger um viés de abordagem dos fatos linguísticos, o que, no contexto do CLG, implica responder a seguinte indagação: "como analisar uma língua para compreendê-la enquanto tal, como descrever-lhe o mecanismo?" (Normand, 2009: 33). Ao respondê-la, o linguista estabelece meios e procedimentos adequados para estudar os fatos linguísticos, ou seja, a própria língua.

No exemplo, nota-se que *nu* não apresenta intrinsecamente uma perspectiva a partir da qual poderia ser analisada. Saussure sugere vários pontos de vista (como som, como expressão duma ideia etc.) que poderiam ser escolhidos para analisá-la. Ora, cada ponto de vista constrói um objeto particular de estudo.

O ponto de vista, então, é o que cria o objeto de análise. Assim, fica bem claro no CLG que Saussure não acredita ser possível encontrar o objeto da linguística pronto de antemão, em algum lugar, na realidade ou na natureza. Esse objeto é sempre construído a partir de um olhar, que é, na verdade, o viés teórico-metodológico construído pelo linguista. Ao selecionar fatos linguísticos no interior dos dados concretos, o linguista delimita um objeto e propõe um método para estudá-lo. Esse é, pois, o princípio que define o objeto da linguística para Saussure.

Normand (2011) dá à questão do ponto de vista, em Saussure, o estatuto de um "princípio epistemológico", quer dizer, uma proposição fundamental da reflexão do genebrino, que constitui a base teórica a partir da qual são elaborados os conceitos e o método da linguística saussuriana. Para ela, entre os vários caminhos possíveis há que se adotar um ponto de vista o qual é necessário para que se obtenha um método de descrição adequado. A ideia de que o ponto de vista determina o objeto a ser estudado, segundo Normand, permite a Saussure, de um lado, determinar o que se pode, ou não, tratar como fato linguístico (uso atual da língua ou mudança no tempo?); de outro lado, organizar a massa de dados recolhida, no século XIX, pela comparação e pela história das diferentes línguas.

Esse entendimento fica muito claro em uma passagem de Saussure presente no *Escritos de linguística geral* (ELG):

> Não se tem razão ao dizer: um fato de linguagem precisa ser considerado de vários pontos de vista; nem mesmo ao dizer: esse fato de linguagem será, realmente, duas coisas diferentes, conforme o ponto de vista. Porque se começa supondo que o fato de linguagem é dado fora do ponto de vista. É preciso dizer: primordialmente, existem pontos de vista; senão, é simplesmente impossível perceber um fato de linguagem. (Saussure, 2004: 23)

Por exemplo: a palavra *ele*, em português brasileiro (PB), poderia ser analisada como um pronome pessoal, o que implicaria referi-lo ao sistema pronominal do PB para se estabelecer os termos pelos quais *ele* se inclui e se individualiza nesse sistema; poderia, também, ser analisada em função das relações que tem, ou não, com outros elementos de uma frase em ocorrências como "Pedro disse que *ele* vai viajar", em que *Pedro* e *ele* podem ou não ser correferenciais, e *"Ele* disse que Pedro vai viajar", em que *Ele* e *Pedro* não podem ser correferenciais; poderia, por fim, ser analisada em função dos elos coesivos que estabelece no interior de um texto. Diremos, *grosso modo*, que *ele* constitui, no primeiro caso, um objeto de natureza morfológica (ou morfossintática, a depender do ponto de vista); no segundo caso, um objeto de natureza sintática; no terceiro, de natureza textual. Aliás, considerar *ele* uma *palavra* é já assumir um ponto de vista segundo o qual *ele* pode ser tratado no âmbito de uma certa visão de léxico, por exemplo.

Bem entendido, nada do que se disse a propósito de *ele* é intrínseco a *ele*; são apenas pontos de vista a partir dos quais *ele* pode ser descrito ou explicado no PB. Além disso, é importante compreender que um fato linguístico não preexiste ao ponto de vista. É exatamente o contrário. No exemplo, *ele* é um fato porque é determinado por um ponto de vista prévio.

Isso posto, cabe observar que uma das consequências mais importantes dessa formulação oriunda de Saussure é que, em linguística, não há um ponto de vista superior a outro. Na concepção de Saussure, pode haver tantos objetos quantos forem os pontos de vista assumidos pelo linguista. Assim, o mesmo gesto que permitiu a Saussure a criação da sua linguística, de seu ponto de vista, também resguardou a possibilidade de que outras linguísticas pudessem ser criadas.

Além disso, é importante lembrar que o linguista sempre assume um ponto de vista, mesmo quando pensa que está tão somente descrevendo de maneira "neutra" os fatos linguísticos. Não existe essa neutralidade. O que pode acontecer é que, em determinadas épocas do desenvolvimento da ciência linguística, normalmente em função da existência de um ponto de vista que seja, naquele momento, amplamente aceito por todos os cientistas, se pense que é "mais natural" estudar a língua de uma dada maneira. Ora, essa maneira é já um ponto de vista e adotá-la é tomar uma posição acerca do fazer científico. Em resumo, "é necessário, sobretudo, deixar de acreditar que o que se aprendeu a fazer é a única coisa que se deve fazer para ser linguista" (Normand, 2009: 38).

Na época de Saussure – final do século XIX e início do XX – havia nos centros de pesquisa linguística (especialmente Alemanha e França) três pontos de vista relativamente consolidados: a gramática tradicional, a gramática comparada (também chamada por Saussure de filologia comparativa) e a linguística histórica. Os três são comentados no "Capítulo I" da "Introdução" do CLG e deles Saussure se afasta em função de não reconhecer que tenham devidamente estabelecido um objeto próprio.

Quando dizemos que Saussure se afasta desses três campos não se deve, com isso, entender que Saussure recusa os saberes advindos dos estudos que o

88 Conceitos básicos de linguística

antecederam. Isso seria um contrassenso, pois Saussure é célebre em seu tempo graças, exatamente, aos seus trabalhos de linguista histórico e comparatista, como comprovam sua dissertação, defendida em 1878 em Leipzig, *Mémoire sur le système primitif des voyelles dans les langues indo-européenes* (*Dissertação sobre o sistema primitivo das vogais nas línguas indo-europeias*), e sua tese de doutorado, defendida em 1880 também em Leipzig, *De l'emploi du génitif absolu en sanscrit* (*Do emprego do genitivo absoluto em sanscrito*). Na verdade, para sermos corretos, Saussure recusa-os na condição de método científico e não de saber já constituído. Ou ainda, os estudos inaugurados por Saussure em seus cursos de linguística geral não invalidam os estudos anteriores, em especial, os comparativos e os históricos, apenas se distingue deles de modo profundo.

Na verdade, ao criticá-los, Saussure deixa claro que, em sua opinião, não é possível elaborar uma metodologia coerente sem apresentar uma teoria do objeto em estudo. Sobre esse período dos estudos linguísticos, Saussure se manifesta de maneira crítica, especialmente com relação à gramática comparada, mas com um argumento passível de ser estendido a todo o período que o antecede:

> teve o mérito incontestável de abrir um campo novo e fecundo, não chegou [porém] a constituir a verdadeira ciência linguística. Jamais se preocupou em determinar a natureza de seu objeto de estudo. Ora, sem essa operação elementar, uma ciência é incapaz de estabelecer um método para si própria. (Saussure, 1975: 10)

E qual é o ponto de vista assumido por Saussure? Ele tem relação com a questão do tempo. De um lado, pode-se estudar uma língua como um "estado de língua", quer dizer, considerada em um momento no tempo; de outro lado, pode-se estudá-la como transformação no tempo.

Há, então, para Saussure (Saussure, 1975: 96), "duas linguísticas", obtidas a partir de dois pontos de vista diferentes sobre a língua, ambos levando em consideração o tempo: a linguística evolutiva, também chamada de linguística diacrônica, e a linguística estática, também chamada de linguística sincrônica. Ou ainda, como está explícito no título do parágrafo 5 do "Capítulo III" da "Primeira parte" do CLG: "As duas linguísticas opostas em seus métodos e em seus princípios" (Saussure, 1975: 105). Observemos como essa explicação aparece no CLG:

> a antinomia radical entre o fato evolutivo e o fato estático tem por consequência fazer com que todas as noções relativas a um ou ao outro sejam, na mesma medida, irredutíveis entre si. Não importa qual dessas noções possa servir para demonstrar tal verdade. Assim é que o "fenômeno" sincrônico

A linguística saussuriana: o sistema **89**

nada tem em comum com o diacrônico [...], um é uma relação entre elementos simultâneos, o outro, a substituição de um elemento por outro no tempo, um acontecimento. Veremos também, [...], que as identidades sincrônicas e diacrônicas são duas coisas bastante diferentes: historicamente, a negação francesa *pas* é igual ao substantivo *pas*, "passo", enquanto que considerados na língua de hoje, esses dois elementos são perfeitamente distintos. Tais verificações bastariam para fazer-nos compreender a necessidade de não confundir os dois pontos de vista. (Saussure, 1975: 107 [itálicos do autor])

Pode-se dizer, então, que o ponto de vista a partir do qual Saussure olha os fatos linguísticos leva em consideração o tempo e, com base nesse critério, propõe a diferença entre as duas linguísticas. Há a linguística sincrônica, que se ocupa das relações que "unem termos coexistentes e que formam sistema, tais como são percebidos pela consciência coletiva" (Saussure, 1975: 116); há, também, a linguística diacrônica, que se ocupa das "relações que unem termos sucessivos não percebidos por uma mesma consciência coletiva e que subsistem uns aos outros sem formar sistema entre si" (Saussure, 1975: 116). Ou ainda: "a oposição entre os dois pontos de vista – sincrônico e diacrônico – é absoluta" (Saussure, 1975: 98). Enfim, duas linguísticas, obtidas a partir de dois pontos de vista acerca do fator tempo.

Leituras complementares: Bouquet (2004); Depecker (2012); Normand (2009).

Capítulos relacionados: Diacronia, sincronia e pancronia. Linguística sincrônica (estática). Linguística diacrônica (evolutiva). Mutabilidade e imutabilidade do signo.

Relações sintagmáticas e relações associativas

Os editores do *Curso de linguística geral* (CLG), de Ferdinand de Saussure, dedicam um capítulo às noções de relações sintagmáticas e relações associativas (cf. "Capítulo V" da "Segunda parte"). Tais noções são tão importantes que aparecem discutidas também em outras partes do livro, como, por exemplo, no "Capítulo VI" da "Segunda parte", "Mecanismo da língua".

Essas relações dizem respeito ao funcionamento do sistema linguístico em um dado estado de língua. Para Saussure, "as relações e as diferenças entre termos linguísticos se desenvolvem em duas esferas distintas, cada uma das quais é geradora de certa ordem de valores" (Saussure, 1975: 142). Por um lado, temos as relações sintagmáticas; por outro, as relações associativas.

As **relações sintagmáticas** estão ligadas à cadeia da fala, ao **caráter linear da língua**, ao encadeamento, enfim, ao discurso. As combinações de unidades que compõem as relações sintagmáticas são chamadas por Saussure de sintagmas: "o sintagma se compõe sempre de duas ou mais unidades consecutivas (por exemplo: *reler*; *contra todos*; *a vida humana*; *Deus é bom*; *se fizer bom tempo, sairemos* etc.)" (Saussure, 1975: 142 [itálicos do autor]). Quando se coloca um termo em um sintagma, ele adquire um valor em função do que o antecede e do que o segue.

Como se pode ver, a noção de sintagma não é aplicável apenas a palavras. Vemos nos exemplos acima palavras, palavras compostas, palavras derivadas, membros de frases, frases, períodos etc.

As **relações associativas** estão ligadas a grupos de elementos associados na memória em função de algo que têm em comum. Por exemplo, as palavras portuguesas "ensino" e "ensinamento" podem estar associadas a "ensinar", "armamento", "desfiguramento", "educação", "aprendizagem" etc., além de estarem associadas entre si. Essas associações se fazem em função de elementos comuns de forma (desinências, prefixos) ou de significado.

Esses grupos formados por associação mental não só aproximam elementos que têm algo em comum, mas também mostram o tipo de relações em comum que têm. Assim, na série "ensino", "ensinar" e "ensinemos", temos o radical como um elemento comum; na série "ensinamento", "armamento", "desfiguramento", temos o sufixo como elemento comum; na série "ensino", "instrução", "aprendizagem" e "educação", temos uma associação baseada no significado como elemento comum; na série "ensinamento" e "lento", temos o significante como elemento comum na associação. Ou seja, "uma palavra qualquer pode sempre evocar tudo quanto seja suscetível de ser-lhe associado de uma maneira ou de outra" (Saussure, 1975: 146).

Saussure considera que "um termo dado é como o centro de uma constelação, o ponto para onde convergem outros termos coordenados cuja soma é indefinida" (Saussure, 1975: 146) e ilustra isso com a Figura 10:

Figura 10 – O termo como centro de uma constelação.

Fonte: Saussure, 1975: 146.

Uma diferença importante entre as relações sintagmáticas e as relações associativas é o fato de que, nas primeiras, tem-se sempre a ideia de sucessão de um número determinado de elementos; já nas segundas, não há ordem determinada e, muitas vezes, também não há número determinado. Em casos de associação por flexão, declinação etc. pode-se considerar que há número determinado, mas em casos de associação por significado é mais difícil estabelecer esse limite.

Em síntese: "a relação sintagmática existe *in praesentia*; repousa em dois ou mais termos igualmente presentes numa série efetiva" (Saussure, 1975: 143 [itálicos do autor]); porém, "a relação associativa une termos *in absentia* numa série mnemônica virtual" (Saussure, 1975: 143 [itálicos do autor]).

Essa apresentação que fizemos, diferenciando as relações sintagmáticas das relações associativas, não deve levar a crer que elas operem separadamente na língua. Não. Uma língua é constituída pelo conjunto de ambas as relações; é assim que o sistema da língua funciona. Ambas, juntas, simultaneamente, constituem o mecanismo da língua.

Na organização da língua, temos solidariedades sintagmáticas, quer dizer, as unidades da língua dependem tanto do que as rodeia como daquilo do que elas próprias são feitas. Observemos o exemplo dado por Saussure do âmbito da formação de palavras:

Uma unidade como *desejoso* se decompõe em duas subunidades (*desej-oso*), mas não se trata de duas partes independentes simplesmente juntadas uma à outra (*desej + oso*). Trata-se de um produto, uma combinação de dois elementos solidários, que só têm valor pela sua ação recíproca numa unidade superior (*desej X oso*). O sufixo, considerado isoladamente, é inexistente; o que lhe confere seu lugar na língua é uma série de termos usuais tais como *calor-oso, duvid-oso* etc. Por sua vez, o radical não é autônomo; ele só existe pela combinação com um sufixo; no francês *roul-is,* o elemento *roul-* não é nada sem o sufixo que o segue. O todo vale pelas suas partes, as partes valem também em virtude de seu lugar no todo, e eis por que a relação sintagmática da parte com o todo é tão importante quanto a das partes entre si. (Saussure, 1975: 148-149 [itálicos do autor])

Essas relações solidárias no sintagma contribuem para criar associações que, por sua vez, são necessárias para analisar as partes do sintagma. Saussure explica isso com uma sucessão de figuras relativas à análise da palavra "desfazer".

Podemos, inicialmente, representá-la horizontalmente de maneira correspondente à cadeia falada, como na Figura 11, a seguir:

Figura 11 – Representação sintagmática.

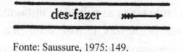

Fonte: Saussure, 1975: 149.

Simultaneamente – e essa palavra é muito importante aqui – há uma ou mais associações possíveis que compreendem unidades que têm algo em comum com o sintagma "des-fazer". Temos, então, as relações sintagmáticas e associativas juntas, operando simultaneamente no sistema da língua, conforme ilustra a Figura 12, a seguir.

Figura 12 – Relações sintagmáticas e associativas.

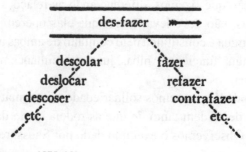

Fonte: Saussure, 1975: 150.

Ora, nesses termos, "*desfazer* não seria analisável se outras formas contendo *des* ou *fazer* desaparecessem da língua; não seria mais que uma unidade simples e suas partes não poderiam mais opor-se uma à outra" (Saussure, 1975: 150 [itálicos do autor]). As relações sintagmáticas e as relações associativas estão sempre em jogo no sistema de uma língua.

Até aqui, para ilustrar as relações em exame, apresentamos exemplos que tomam, digamos, a palavra como elemento de base. Mas como essa simultaneidade das relações apareceria em casos em que a frase é considerada? É Saussure quem responde essa questão: "nossa memória tem de reserva todos os tipos de sintagmas mais ou menos complexos, de qualquer espécie que possam ser, e, no momento de empregá-los, fazemos intervir os grupos associativos para fixar nossas escolhas" (Saussure, 1975: 150-1). Vamos à análise de Saussure:

> Esse princípio se aplica aos sintagmas e às frases de todos os tipos, mesmo os mais complexos. No momento em que pronunciamos a frase "que *lhe* disse?" (a você), fazemos variar um elemento num tipo sintagmático latente, por exemplo "que *te* disse?" – "que *nos* disse" etc., e é por isso que nossa escolha se fixa no pronome *lhe*. Assim, nessa operação, que consiste em eliminar mentalmente tudo quanto não conduza à diferenciação requerida no ponto requerido, os agrupamentos associativos e os tipos sintagmáticos estão ambos em jogo. (Saussure, 1975: 151)

E na fonologia? Tudo se passa da mesma forma? Saussure é claro em dizer que sim. Observemos a análise:

> Se, por exemplo, em grego *m*, *p*, *t* etc., não podem nunca figurar no fim de uma palavra, isso equivale a dizer que sua presença ou sua ausência em tal lugar conta na estrutura da palavra e na da frase. Ora, em todos os casos desse gênero, o som isolado, como todas as outras unidades, será escolhido ao cabo de uma oposição mental dupla: assim, no grupo imaginário *anma*, o som *m* está em oposição sintagmática com aqueles que o circundam e em oposição associativa com todos os que o espírito possa sugerir. Por exemplo:
>
> $$anma$$
> $$v$$
> $$d \quad \text{(Saussure, 1975: 151-2).}$$

Em resumo, independentemente do nível da análise linguística considerado, as relações sintagmáticas e associativas estão sempre, juntas, em jogo.

94 Conceitos básicos de linguística

ALGUMAS OBSERVAÇÕES

a. Conforme De Mauro (1976: 467, nota 246), o "Capítulo V" da "Segunda parte", "Relações sintagmáticas e relações associativas", reúne uma aula de janeiro de 1909 do segundo curso e duas aulas (23 e 30/06/1911) do terceiro curso; o "Capítulo VI" da "Segunda parte", "Mecanismo da língua", reúne múltiplas fontes: uma aula do primeiro curso, duas aulas do segundo curso (11 e 14/01/1909) e uma aula do terceiro curso.
Como se pode notar, os capítulos reúnem um conjunto de reflexões que foram elaboradas por Saussure em momentos diferentes de seu ensino.

b. A apresentação das relações sintagmáticas feita no CLG pode criar uma série de dúvidas quanto, em especial, a um ponto, objetado pelo próprio Saussure: trata-se do fato de as relações sintagmáticas encontrarem na frase – embora não somente – sua realização por excelência. Ora, o problema é que a frase "pertence à fala e não à língua" (Saussure, 1975: 144). Isso implica que o sintagma seja pertencente à fala? Se sim, há um contrassenso na teoria de Saussure, uma vez que ele mesmo fala da indissociabilidade entre as relações sintagmáticas e as associativas na língua. A conclusão de Saussure no CLG não resolve completamente essa questão. Observe-se o que está escrito no CLG sobre o tema:

> Cumpre reconhecer, porém, que no domínio do sintagma não há limite categórico entre o fato de língua, testemunho de uso coletivo, e o fato de fala, que depende da liberdade individual. Num grande número de casos, é difícil classificar uma combinação de unidades, porque ambos os fatores concorreram para produzi-la e em proporções impossíveis de determinar. (Saussure, 1975: 145)

> De Mauro (1976) explica, porém, que esse é um ponto "aberto" da concepção saussuriana que, inclusive, os editores do CLG optaram por não dissimular. De Mauro sugere que Saussure parece resolver esse problema ao considerar que "todos os sintagmas possíveis, aí incluídas as frases, parecem pertencer à língua" (De Mauro, 1976: 468, nota 251). Nesse sentido, as relações sintagmáticas pertenceriam à língua, embora sua realização esteja ligada à fala.

Leituras complementares: Bouquet (2004); Depecker (2012); Normand (2009).

Capítulos relacionados: Signo linguístico (significado e significante). Sistema da língua. Valor linguístico.

Semiologia

Robert Godel (1969: 275), a partir do exame das fontes manuscritas do *Curso de linguística geral* (CLG), registra dois sentidos do termo **semiologia**: teoria dos signos em geral e sistema de signos.

O primeiro sentido aparece logo no "Capítulo II" da "Introdução" (cf. parágrafo 3) do CLG: "*uma ciência que estude a vida dos signos no seio da vida social*. [...]. Chamá-la-emos de *Semiologia* (do grego *sēmeîon*, 'signo'). Ela nos ensinará em que consistem os signos, que leis os regem" (Saussure, 1975: 24 [itálicos do autor]). A isso é acrescentado em tom prospectivo: "como tal ciência não existe ainda, não se pode dizer o que será; ela tem direito, porém, à existência; seu lugar está determinado de antemão" (Saussure, 1975: 24).

Logo após essa definição, o CLG estabelece os termos das relações entre linguística e semiologia: "a linguística não é senão uma parte dessa ciência geral; as leis que a semiologia descobrir serão aplicáveis à linguística e esta se achará dessarte vinculada a um domínio bem definido no conjunto dos fatos humanos" (Saussure, 1975: 24). Finalmente, é determinada, quanto a esse ponto, a tarefa do linguista: "definir o que faz da língua um sistema especial no conjunto dos fatos semiológicos" (Saussure, 1975: 24).

Ora, o percurso adotado no CLG, nesse primeiro momento, é bem claro: definição de semiologia, da relação com a linguística e, enfim, do papel do linguista nesse contexto. No entanto, essa clareza não deve ofuscar o muito que há para ser considerado a partir disso.

Em primeiro lugar, chama a atenção o caráter prospectivo da formulação. Isto é, o CLG registra que Saussure é consciente de que se trata de projetar para o futuro a criação de uma ciência, a semiologia, que estudaria todos os sistemas de signos. Tal ciência não existe no tempo de Saussure; ela é, portanto, um olhar do mestre para o futuro.

Em segundo lugar, cabe destacar que, sendo a linguística "uma parte" da semiologia, conclui-se evidentemente que a linguística é uma semiologia de tipo específico: uma semiologia linguística. É isso que se encontra registrado mais adiante no CLG: "se, pela primeira vez, pudemos assinalar à linguística um

96 Conceitos básicos de linguística

lugar entre as ciências foi porque a relacionamos com a Semiologia" (Saussure, 1975: 24). A dedução aqui é evidente: há semiologias não linguísticas e há a semiologia linguística, chamada por Saussure de linguística. As primeiras são encarregadas de estudar outros sistemas de signos (ritos simbólicos, formas de polidez, sinais militares etc.); a segunda se encarrega apenas do sistema linguístico de signos.

Em terceiro lugar, conforme o que está posto no CLG, essa ciência futura permitirá atribuir à língua uma especificidade em relação aos demais sistemas, ou seja, "para compreender a sua [da língua] natureza cumpre fazer intervir uma nova ordem de fatos" (Saussure, 1975: 24). Essa "nova ordem" nada mais é que um ponto de vista – o ponto de vista semiológico – que se baseia no fato de a língua ser um sistema de signos, o que introduz o segundo sentido de "Semiologia" registrado por Godel (1969).

Esse segundo sentido – a semiologia como um sistema de signos – está ligado ao princípio do arbitrário do signo linguístico. É no capítulo dedicado a esse tema (cf. parágrafo 2 do "Capítulo I" da "Primeira parte") que a semiologia é retomada, desta vez, na relação com o arbitrário do signo linguístico:

> Uma observação de passagem: quando a Semiologia estiver organizada, deverá averiguar se os modos de expressivo que se baseiam em signos inteiramente naturais – como a pantomima – lhe pertencem de direito. Supondo que a Semiologia os acolha, seu principal objetivo não deixará de ser o conjunto de sistemas baseados na arbitrariedade do signo. Com efeito, todo meio de expressão aceito numa sociedade repousa em princípio num hábito coletivo ou, o que vem a dar na mesma, na convenção. Os signos de cortesia, por exemplo, dotados frequentemente de certa expressividade natural (lembremos os chineses, que saúdam seu imperador prosternando-se nove vezes até o chão) não estão menos fixados por uma regra; é essa regra que obriga a empregá-los, não seu valor intrínseco. Pode-se, pois, dizer que os signos inteiramente arbitrários realizam melhor que os outros o ideal do procedimento semiológico; eis porque a língua, o mais completo e o mais difundido sistema de expressão, é também o mais característico de todos; nesse sentido, a linguística pode erigir-se em padrão de toda Semiologia, se bem a língua não seja senão um sistema particular. (Saussure, 1975: 82)

Nessa passagem, embora se mantenha o caráter prospectivo da ciência – "quando a Semiologia estiver organizada" –, é operada quase que uma inversão relativamente ao que foi dito no começo. Aqui, é a linguística que pode "erigir-se como padrão" da semiologia e isso se deve à arbitrariedade do signo linguístico. Nesse caso, o semiológico está ligado à arbitrariedade.

Em outras palavras, é o signo linguístico, em função de sua arbitrariedade, que permite a Saussure argumentar que a linguística pode servir de modelo à semiologia. Os signos não linguísticos – "ritos simbólicos, formas de polidez, sinais militares etc." (Saussure, 1975: 24) – até poderiam parecer, aos olhos de muitos, naturais. No signo linguístico, porém, fica evidente a arbitrariedade. Logo, a semiologia tem como objetivo os sistemas de signos baseados na arbitrariedade do signo linguístico que, como se sabe, diz respeito à relação (arbitrária) entre significante e significado.

Assim, tomando-se a linguística como "padrão erigido", evita-se o equívoco de supor que signos não linguísticos possam ter um significado intrínseco, não decorrente do sistema do qual fazem parte. Um elemento é semiológico porque tanto sua forma como seu sentido têm a propriedade de ser considerados da perspectiva significativa em um dado sistema no qual encontram seu valor. Isso vale para todos os signos cujos sistemas são acolhidos pela semiologia.

ALGUMAS OBSERVAÇÕES

a. Não se deve confundir a semiologia com a semiótica. Evidentemente, não cabe aqui historiar as origens epistemológicas de cada um dos termos, no entanto, é importante que não se tome um pelo outro.

Normalmente, se considera que, na atualidade, a semiologia é a designação do estudo dos sistemas de signos no quadro da teoria de Ferdinand de Saussure. Esses estudos encontraram desenvolvimentos importantes, e distintos entre si, em autores como Roland Barthes (1915-1980), Algirdas Greimas (1917-1992) e Émile Benveniste (1902-1976). A **semiótica**, porém, está associada (cf. Nöth, 1995) aos estudos oriundos do filósofo inglês Charles Sanders Peirce (1839-1914).

b. As ocorrências de "semiologia" são escassas no CLG e não vão muito além do apresentado anteriormente. As fontes manuscritas de Saussure (cf. *Escritos de linguística geral*), porém, apresentam muitas outras ocorrências e com sentidos que ainda merecem ser investigados.

c. A semiologia projetada por Saussure não utiliza o termo "símbolo"; a preferência mesmo é pelo termo "signo". O CLG explica:

> Utilizou-se a palavra *símbolo* para designar o signo linguístico ou, mais exatamente, o que chamamos de significante. Há inconvenientes em admiti-lo, justamente por causa do nosso primeiro princípio

[a arbitrariedade do signo]. O símbolo tem como característica não ser jamais completamente arbitrário; ele não está vazio, existe um rudimento de vínculo natural entre o significante e o significado. O símbolo da justiça, a balança, não poderia ser substituído por um objeto qualquer, um carro, por exemplo. (Saussure, 1975: 82 [itálicos do autor])

Segundo De Mauro (1976: 445-446), o termo "símbolo" chegou a ser utilizado, em 1894, por Saussure, em uma comemoração em homenagem a Whitney e mesmo durante o primeiro dos cursos de linguística geral ministrados na Universidade de Genebra. No entanto, Saussure pretere o uso do termo em favor de "signo".

Leituras complementares: Bouissac (2012); Bouquet (2004); Depecker (2012); Normand (2009).

Capítulos relacionados: Arbitrário do signo linguístico. Signo linguístico (significado e significante). Sistema da língua.

Signo linguístico (significado e significante)

A noção de signo não é recente na história do conhecimento humano. Já é possível encontrá-la na filosofia antiga, em Platão, no diálogo *Crátilo*, por exemplo, e, posteriormente, em Aristóteles, em *Da interpretação*. Além da filosofia, também encontramos o termo em outras áreas tradicionalmente consideradas próximas aos estudos linguísticos: psicologia, semiótica, lógica etc. Porém, é com o suíço Ferdinand de Saussure que o termo adquiriu notoriedade no campo da linguística.

No *Curso de linguística geral* (CLG), o signo linguístico é apresentado logo na "Primeira parte" do livro (cf. "Capítulo 1", "Natureza do signo linguístico"). Nesse capítulo, na verdade, são fornecidas várias informações que recobrem aspectos distintos da noção de **signo linguístico** em geral.

Em primeiro lugar, é dito que "o signo linguístico une não uma coisa e uma palavra, mas um conceito e uma imagem acústica" (Saussure, 1975: 80).

Essa perspectiva tem dupla implicação. De um lado, mantém-se distância da ideia de que o signo – e, por conseguinte, a língua já que Saussure a entende como "um sistema de signos" (Saussure, 1975: 24) – une "coisa" e "palavra". Ou seja, mantém-se distância de uma discussão que coloca em relação língua e "mundo dos objetos", a realidade. Para o linguista, se não fosse assim, teríamos de considerar a língua uma simples nomenclatura superposta à realidade. De outro lado, concebe o signo como uma entidade de duas faces, neste momento, nomeadas "conceito" e "imagem acústica" (mais adiante, o CLG registra os termos "significado" e "significante").

Em seguida, lemos no CLG que "o signo linguístico é, pois, uma entidade psíquica de duas faces" (Saussure, 1975: 80). Essa ideia é representada no livro com a Figura 13, a seguir:

Figura 13 – O signo como entidade de dupla face.

Fonte: Saussure, 1975: 80.

100 Conceitos básicos de linguística

Essa definição acrescenta à anterior um ponto fundamental: o signo é de natureza psíquica. Sobre isso convém se deter um pouco, uma vez que a noção de psíquico não é algo evidente no CLG.

O termo aparece muitas vezes no livro e quase sempre associado ao signo linguístico. Observemos: "suponhamos que um dado conceito suscite no cérebro uma imagem acústica correspondente: é um fenômeno inteiramente *psíquico*" (Saussure, 1975: 19 [itálicos do autor]); "os signos linguísticos, embora sendo essencialmente psíquicos, não são abstrações" (Saussure, 1975: 23); "os termos implicados no signo linguístico são ambos psíquicos e estão unidos, em nosso cérebro por um vínculo de associação" (Saussure, 1975: 79-80).

O que as ocorrências acima de "psíquico" ajudam a compreender é que não só o signo é psíquico como também as próprias faces do signo são de natureza psíquica, o que implica aceitar que não são nem físicas nem fisiológicas. Isso fica muito claro no CLG, no "Capítulo III" da "Introdução" (parágrafo 2. "Lugar da língua nos fatos da linguagem"), quando é apresentado o esquema presente na Figura 14, em que é analisado o circuito da fala:

Figura 14 – Análise do circuito da fala.

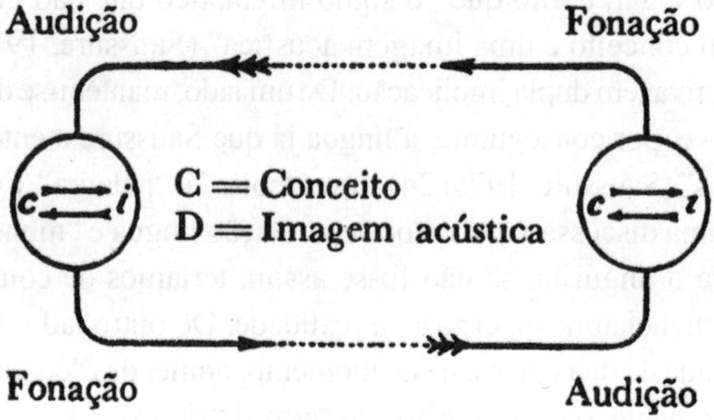

Fonte: Saussure, 1975: 20.

A esse esquema, é acrescentada a seguinte explicação:

> Esta análise não pretende ser completa; poder-se-iam distinguir ainda: a sensação acústica pura, a identificação desta sensação com a imagem acústica latente, a imagem muscular da fonação etc. Não levamos em conta senão os elementos julgados essenciais; mas nossa figura permite distinguir sem dificuldade as partes físicas (ondas sonoras) das fisiológicas (fonação e audição) e psíquicas (imagens verbais e conceitos). De fato, é fundamental observar que a imagem verbal não se confunde com o próprio som e que é psíquica, do mesmo modo que o conceito que lhe está associado.

O circuito, tal como o representamos, pode dividir-se ainda:

a. numa parte exterior (vibração dos sons indo da boca ao ouvido) e uma parte interior, que compreende todo o resto;
b. uma parte psíquica e outra não psíquica, incluindo a segunda também os fatos fisiológicos, dos quais os órgãos são a sede, e os fatos físicos exteriores ao indivíduo;
c. numa parte ativa e outra passiva; é ativo tudo o que vai do centro de associação duma das pessoas ao ouvido da outra, e passivo tudo que vai do ouvido desta ao seu centro de associação.

Finalmente, na parte psíquica localizada no cérebro, pode-se chamar executivo tudo o que é ativo ($c \rightarrow i$) e receptivo tudo o que é passivo ($c \rightarrow i$) (Saussure, 1975: 20-21).

O ponto de vista aqui assumido é evidente: a imagem acústica não é o som, mas a impressão psíquica desse som, o que será chamado mais adiante de **significante**; o conceito não é a "coisa", o "objeto real", mas "fatos de consciência" (Saussure, 1975: 19), o que será chamado mais adiante de **significado**. Saussure esforça-se, aqui, para mostrar o que é de ordem material – irrelevante do ponto de vista linguístico – e o que é de ordem psíquica – verdadeiramente importante para a sua linguística.

Assim, somente após ter afirmado a independência do linguístico relativamente à realidade e ter destacado que a língua não é uma nomenclatura é que o CLG explicita uma questão de terminologia que, como veremos (cf. "Algumas observações", a seguir), tem papel decisivo na compreensão da tese saussuriana. Diz Saussure:

> Esta definição suscita uma importante questão de terminologia. Chamamos *signo* a combinação do conceito e da imagem acústica: mas, no uso corrente, esse termo designa geralmente a imagem acústica apenas, por exemplo uma palavra (*arbor* etc.). Esquece-se que se chamamos a *arbor* signo, é somente porque exprime o conceito "árvore", de tal maneira que a ideia da parte sensorial implica a do total.
>
> A ambiguidade desapareceria se designássemos as três noções aqui presentes por nomes que se relacionem entre si, ao mesmo tempo que se opõem. Propomo-nos a conservar o termo *signo* para designar o total, e a substituir *conceito* e *imagem acústica* respectivamente por *significado* e *significante;* estes dois termos têm a vantagem de assinalar a oposição que

102 Conceitos básicos de linguística

os separa, quer entre si, quer do total de que fazem parte. Quanto a *signo,* se nos contentamos com ele, é porque não sabemos por que substituí-lo, visto não nos sugerir a língua usual nenhum outro. (Saussure, 1975: 81 [itálicos do autor])

É a partir daí que são apresentadas, no CLG, as duas características do signo as quais têm valor de princípio do estudo linguístico: a) a arbitrariedade do signo e b) o caráter linear do significante. A arbitrariedade diz respeito à ausência de motivação do laço que une significante e significado; a linearidade do significante diz respeito ao fato de os significantes, em função de sua natureza acústica (ou gráfica), se disporem um após o outro, em uma cadeia.

Na interpretação de Godel (1969: 190), o signo linguístico é a associação de dois elementos imateriais, absolutamente distintos, cuja relação entre si constitui um fato linguístico. É isso que estabelece o CLG ao enunciar de maneira clara e simples: "entendemos por signo o total resultante da associação de um significante com um significado" (Saussure, 1975: 81), definição esta que, sabemos, fez de uma parte da linguística a "teoria dos signos" (Saussure, 2004: 189).

ALGUMAS OBSERVAÇÕES

a. O termo "signo" é usado por Saussure, em seus cursos, em dois sentidos: 1) designando o conjunto formado pelo significante e pelo significado (tal como explicitado acima) e 2) designando apenas o que veio a ser chamado de "significante". Essa ambiguidade se deixa mostrar mesmo no CLG. Por exemplo, no parágrafo 2 do "Capítulo III", da "Introdução", lemos, em um primeiro momento, a propósito do circuito da fala, que "signo linguístico" é equivalente a "imagem acústica":

   o ponto de partida do circuito se situa no cérebro de uma delas [das pessoas do circuito], por exemplo A, onde os fatos de consciência, a que chamaremos conceitos, se acham associados às representações dos signos linguísticos ou imagens acústicas que servem para exprimi-los. (Saussure, 1975: 19)

   Em um segundo momento, lemos: "entre todos os indivíduos assim unidos pela linguagem, estabelecer-se-á uma espécie de meio-termo; todos reproduzirão – não exatamente, sem dúvida, mas aproximadamente – os mesmos signos unidos aos mesmos conceitos" (Saussure, 1975: 21). Também nessa ocorrência, "signo" é sinônimo de "imagem acústica".

Ora, a que se deve essa ambiguidade terminológica dentro do próprio CLG? Quem explica é De Mauro (1976: 438, nota 128) e Bouquet (2004). Durante o terceiro curso de linguística ministrado por Saussure na Universidade de Genebra, especificamente na aula de 2 de maio de 1911, o linguista oscila entre considerar o "signo" o total da associação entre a imagem acústica ou apenas a imagem acústica. Isso se estende à aula de 12 de maio de 1911. Porém, na aula de 19 de maio de 1911, é introduzido o par "significante/significado". Segundo De Mauro, "os editores misturam (por medo de perder alguma coisa) a velha e a nova terminologia" (De Mauro, 1976: 438, nota 128).

É por isso que vemos, no CLG, essa ambiguidade terminológica. O leitor deve ficar atento a isso sob pena de incorrer em sérios equívocos de interpretação da teoria saussuriana.

b. Os termos "signo", "significante" e "significado" não são a escolha imediata de Saussure para designar o conjunto e suas partes. Nos *Escritos de linguística geral* (Saussure, 2004: 91-106), em especial nos documentos denominados *Antigos Item*, ao lado de "signo", encontramos "sema" para o conjunto; "apossema" e "soma" para "significante"; "contrassoma", "antissoma", "parasoma" para "significado". Há outros termos que aparecem nas fontes manuscritas que podem ser aproximados aos três que ganharam notoriedade no século XX. Essa flutuação terminológica, em nossa opinião, mostra o quanto o pensamento de Saussure estava em formação, e é com esse espírito que sua obra deve ser lida.

c. Uma última observação vale ainda ser feita. Conforme lembra a linguista Claudine Normand, "a teoria saussuriana do signo não pode ser separada da que ocupa o lugar mais importante no *Curso*, a teoria do *valor*, ela mesma estreitamente ligada ao princípio do *arbitrário*" (Normand, 2009: 64 [itálicos do autor]). Ela tem absoluta razão quanto a isso e um bom exemplo é a noção de "signo *zero*" apresentada no CLG. Observe-se a análise de Saussure:

> Em páleo-eslavo *slovo*, "palavra", faz, no caso instrumental singular, *slovemъ*, no nominativo plural *slova*, no genitivo plural *slovъ* etc.; nessa declinação, cada casa tem sua desinência. Hoje, porém, as vogais "fracas" ь e ъ, [...], desapareceram; daí em tcheco, por exemplo, *slovo, slovem, slova, slov;* do mesmo modo, *žena*, "mulher", acusativo singular *zenu*, nominativo plural *ženy*, genitivo plural *en*. Aqui, o genitivo *(slov, žen)* tem expoente zero. Vê-se, pois, que um signo material não é necessário para reprimir uma ideia, a língua pode

contentar-se com a oposição de alguma coisa com nada; neste caso, por exemplo, reconhece-se o genitivo plural *žen* simplesmente pelo fato de não ser nem *žena* nem *ženu,* nem qualquer das outras formas. Parece estranho, à primeira vista, que uma ideia tão particular como a do genitivo plural tenha tomado o signo *zero.* (Saussure, 1975: 102 [itálicos do autor])

Essa análise é retomada no CLG, páginas depois, da seguinte maneira: "o genitivo plural tcheco *žen* não é caracterizado por nenhum signo positivo" (Saussure, 1975: 137). Bem entendida, essa análise mostra que um elemento da língua pode se opor à simples ausência, e é o valor que os elementos adquirem nas relações entre si que determina isso.

Leituras complementares: Bouquet (2004); Depecker (2012); Normand (2009).

Capítulos relacionados: Arbitrário do signo linguístico. Sistema da língua. Valor linguístico.

Sistema da língua

Conforme De Mauro (1976: 429, notas 90 e 91), a noção de "sistema da língua" está anunciada desde as partes iniciais do *Curso de linguística geral* (CLG) de Ferdinand de Saussure – por exemplo, no "Capítulo III" da "Introdução", "enquanto a linguagem é heterogênea, a língua assim delimitada é de natureza homogênea: constitui-se num sistema de signos" (Saussure, 1975: 23) –, mas é no "Capítulo V" da "Introdução" ("Elementos internos e elementos externos da língua") que encontramos essa noção mais detalhadamente explicada. Isso se dá a partir da célebre comparação da língua com o jogo de xadrez:

> a língua é um sistema que conhece somente sua ordem própria. Uma comparação com o jogo de xadrez fará compreendê-lo melhor. Nesse jogo, é relativamente fácil distinguir o externo do interno; o fato de ele ter passado da Pérsia para a Europa é de ordem externa; interno, ao contrário, é tudo quanto concerne ao sistema e às regras. Se eu substituir as peças de madeira por peças de marfim, a troca será indiferente para o sistema; mas se eu reduzir ou aumentar o número de peças, essa mudança atingirá profundamente a "gramática" do jogo. Não é menos verdade que certa atenção se faz necessária para estabelecer distinções dessa espécie. Assim, em cada caso, formular-se-á a questão da natureza do fenômeno, e para resolvê-la, observar-se-á esta regra: é interno tudo quanto provoca mudança do sistema em qualquer grau. (Saussure, 1975: 31-2)

Conforme De Mauro (1976: 429, nota 90), "trata-se de uma comparação que, sabemos, é cara a Saussure", uma vez que, além de apresentar o sistema linguístico – uma noção que é organizadora de todo o pensamento do genebrino – serve para colocar várias outras noções em relação. A prova disso é que, mais adiante, no CLG, a comparação será largamente utilizada. Vale a pena retomar essa passagem do CLG que, apesar de longa, tem alto valor explicativo:

> Mas de todas as comparações que se poderiam imaginar, a mais demons-trativa é a que se estabeleceria entre o jogo da língua e uma partida de xadrez. De um lado e de outro, estamos em presença de um sistema de

valores e assistimos às suas modificações. Uma partida de xadrez é como uma realização artificial daquilo que a língua nos apresenta sob forma natural. Vejamo-la de mais perto.

Primeiramente, uma posição de jogo corresponde de perto a um estado da língua. O valor respectivo das peças depende da sua posição no tabuleiro, do mesmo modo que na língua cada termo tem seu valor pela oposição aos outros termos.

Em segundo lugar, o sistema nunca é mais que momentâneo; varia de uma posição a outra. É bem verdade que os valores dependem também, e sobretudo, de uma convenção imutável: a regra do jogo, que existe antes do início da partida e persiste após cada lance. Essa regra, admitida de uma vez por todas, existe também em matéria de língua; são os princípios constantes da Semiologia.

Finalmente, para passar de um equilíbrio a outro, ou – segundo nossa terminologia – de uma sincronia a outra, o deslocamento de uma peça é suficiente; não ocorre mudança geral. Temos aí o paralelo do fato diacrônico, com todas as suas particularidades. Com efeito:

a. Cada lance do jogo de xadrez movimenta apenas uma peça; do mesmo modo, na língua, as mudanças não se aplicam senão a elementos isolados.

b. Apesar disso, o lance repercute sobre todo o sistema; é impossível ao jogador prever com exatidão os limites desse efeito. As mudanças de valores que disso resultem serão, conforme a ocorrência, ou nulas ou muito graves ou de importância média. Tal lance pode transtornar a partida em seu conjunto e ter consequências mesmo para as peças fora de cogitação no momento. Acabamos de ver que ocorre o mesmo com a língua.

c. O deslocamento de uma peça é um fato absolutamente distinto do equilíbrio precedente e do equilíbrio subsequente. A troca realizada não pertence a nenhum dos dois estados: ora, os estados são a única coisa importante.

Numa partida de xadrez, qualquer posição dada tem como característica singular estar libertada de seus antecedentes; é totalmente indiferente que se tenha chegado a ela por um caminho ou outro; o que acompanhou toda a partida não tem a menor vantagem sobre o curioso que vem espiar o estado do jogo no momento crítico; para descrever a posição, é perfeitamente inútil recordar o que ocorreu dez segundos antes. Tudo isso se aplica igualmente à língua e consagra a distinção radical do diacrônico e do sincrônico. A fala só opera sobre um estado de língua, e as mudanças que ocorrem entre os estados não têm nestes nenhum lugar. (Saussure, 1975: 104-5)

Como é possível ver na passagem citada, a comparação com o jogo de xadrez apresenta a noção de sistema da língua e a articula a um conjunto significativo de outros termos e noções (sistema de valores, valor, semiologia, sincronia, fato diacrônico, fala, estado de língua, entre outros). Isso conduz a uma conclusão importante: de um lado, temos o **sistema da língua** como o conjunto de elementos que fazem parte dessa língua; de outro lado, temos o sistema como uma noção que permite articular outras noções. No primeiro caso, trata-se de uma característica da língua – falamos em "sistema da língua" e "sistema de uma língua" –, no segundo caso, trata-se de uma característica da teoria de Saussure.

Quanto especificamente à língua, podemos considerar que a proposição saussuriana "a língua é um sistema" (Saussure, 1975: 31 e 102) indica que "todos os elementos de uma língua se articulam, determinam-se reciprocamente" (Normand, 2009: 50). Além disso, o termo "sistema" é aí tomado em uma acepção precisa, técnica:

> ele remete a uma característica fundamental das *unidades linguísticas*: a de que é impossível apreendê-las fora do sistema específico em que elas são tomadas, pois é nele que está seu modo de realidade; elas só possuem existência para um locutor nas relações recíprocas que mantêm e que lhes dão sentido. Abordadas fora dessas relações, as unidades linguísticas não passam de elementos materiais desprovidos de significação; em outras palavras, elas não são mais linguísticas. (Normand, 2009: 50 [itálicos do autor])

Partir da ideia de sistema é assumir metodologicamente um ponto de vista que é específico do linguista e não de outros profissionais também convocados pelo estudo da língua (psicólogos, filósofos, sociólogos etc.): "dizer *sistema* é definir um *interior,* uma ordem própria da língua" (Normand, 2009: 50 [itálicos do autor]).

Em resumo, o sistema de uma língua diz respeito às relações (associativas e sintagmáticas) – "num estado de língua, tudo se baseia em relações" (Saussure, 1975: 142) – que os elementos dessa língua mantêm entre si, no interior desse sistema, em um dado estado de língua (sincronia).

Leituras complementares: Bouquet (2004); Depecker (2012); Normand (2009).

Capítulos relacionados: Diacronia, sincronia e pancronia. Relações sintagmáticas e relações associativas. Valor linguístico.

Valor linguístico

O **valor linguístico** é o conceito mais importante do *Curso de linguística geral* (CLG), de Ferdinand de Saussure. Não seria exagero, inclusive, dizer que se trata do conceito que sustenta toda a reflexão saussuriana. Se quiséssemos atribuir a Saussure a autoria intelectual de uma teoria, seria justo considerar que a **teoria do valor** – tal como ficou conhecida entre os especialistas na obra saussuriana – foi a grande contribuição que o mestre legou à linguística moderna.

A história da linguística costuma dar a Saussure o lugar de fundador da versão europeia do estruturalismo linguístico. Tivemos a oportunidade de comentar a atribuição dessa pecha a Saussure, aqui mesmo, no capítulo intitulado "Estruturalismo". Ora, embora não se possa negar que o estruturalismo europeu é oriundo de uma leitura do CLG, seria errôneo impelir a Saussure o rótulo de "estruturalista". A única teoria efetivamente formulada por Saussure é a "teoria do valor"; esse é o legado do qual ainda não colhemos todos os frutos. É sobre o "valor linguístico" e a dita "teoria do valor" que passamos a discorrer a seguir.

No CLG, há um capítulo dedicado ao tema, o "Capítulo IV" da "Segunda parte" do livro, "o mais difícil do Curso, e, sem dúvida, também, o mais compósito" (Godel, 1969: 231). No entanto, a teoria do valor – tal como está formulada no CLG – apenas pode ser compreendida em seu conjunto se tomamos como base a integralidade da "Segunda parte" do livro, intitulada "Linguística sincrônica", e esta, por sua vez, apenas terá seu alcance devidamente colocado, quando relacionada com aquilo que o precede no CLG, em especial, os "Princípios gerais" (cf. "Primeira parte"), as distinções entre linguagem, língua e fala, entre linguística da língua e linguística da fala e entre os elementos internos e os elementos externos da língua (cf. "Introdução").

Nesse sentido, a teoria do valor – e o próprio termo "valor" – deve ser tomada sempre em relação aos outros termos e conceitos do CLG. Neste capítulo, porém, em função de objetivos didáticos, estaremos limitados, predominantemente, à "Segunda parte" do CLG, uma vez que os demais temas foram tratados, neste livro, em capítulos específicos.

Na Figura 15, a seguir, como forma de localizar o contexto mais imediato da teoria do valor, no CLG, reproduzimos a organização dada pelos editores do livro ao conteúdo que a fundamenta:

Figura 15 – A teoria do valor no CLG.

SEGUNDA PARTE
LINGUÍSTICA SINCRÔNICA

Capítulo I – *Generalidades.*

Capítulo II – *As entidades concretas da língua.*

§ 1. Entidades e unidades. Definições.

§ 2. Métodos de delimitação.

§ 3. Dificuldades práticas da delimitação.

§ 4. Conclusão.

Capítulo III – *Identidade, realidades, valores.*

Capítulo IV – *O valor linguístico.*

§ 1. A língua como pensamento organizado na matéria fônica.

§ 2. O valor linguístico considerado em seu aspecto conceitual.

§ 3. O valor linguístico considerado em seu aspecto material.

§ 4. O signo considerado na sua totalidade.

Capítulo V – *Relações sintagmáticas e relações associativas.*

§ 1. Definições.

§ 2. Relações sintagmáticas.

§ 3. As relações associativas.

Capítulo VI – *Mecanismo da língua.*

§ 1. As solidariedades sintagmáticas.

§ 2. Funcionamento simultâneo de duas formas de agrupamento.

§ 3. O arbitrário absoluto e o arbitrário relativo.

Capítulo VII – *A Gramática e suas subdivisões.*

§ 1. Definições: divisões tradicionais.

§ 2. Divisões racionais.

Capítulo VIII – *Papel das entidades abstratas em Gramática.*

Fonte: adaptado de Saussure, 1975.

Como se pode ver, o capítulo dedicado ao valor (cf. "Capítulo IV") está localizado exatamente no centro da "Segunda parte", o que obedece a uma lógica justificável. Vamos segui-la de perto.

Comecemos com o "Capítulo II" (cf. "Entidades concretas da língua"). Nele, os editores do CLG reúnem as indagações em torno das entidades concretas da língua, o que equivale a querer determinar a unidade sobre a qual o linguista deve operar para fazer a sua análise. Em seguida, é proposto um método para delimitar tal unidade. Observe-se que, nesse capítulo, Saussure começa utilizando o termo "signo", depois utiliza o termo "entidade concreta", em seguida "entidade linguística" e também "unidade". Finalmente, o capítulo é concluído comparando-se a língua ao jogo de xadrez – metáfora recorrente no CLG – para afirmar que "a língua tem o caráter de um sistema baseado completamente na oposição de suas unidades concretas" (Saussure, 1975: 124). Em suma, a definição da unidade não é algo que pode ser feito *a priori*; a unidade depende do sistema, especialmente das relações de oposição no sistema.

Um exemplo muito simples pode ilustrar o que Saussure quer dizer com isso: considere-se o "s" final em "casas". Tem-se a mesma realização fônica independentemente de se considerar "casas" o indicador do plural de "casa" ou a desinência número pessoal do verbo "casar" ("tu casas"). Em outras palavras, "s", em si, isoladamente, não tem sentido algum; sua distintividade – seu valor, dirá Saussure no próximo capítulo do livro – decorre das relações de oposição que tem no sistema linguístico: plural dos nomes, em um caso; plural (e indicador de pessoa) dos verbos em outro. Consideremos outro exemplo, vindo, desta vez, de Normand:

> Tomemos o enunciado *ande!*: em si, ele não significa, e sim em relação a *andem!, andemos!, eu ando...* A relação se/ so que constitui a palavra *ande* e que chamamos em geral "significação" não é suficiente para dar conta do sentido empregado; este depende das escolhas que o sistema irá permitir, cada uma delas associando forma e sentido de modo específico: se *ande!* indica uma ordem dirigida a um "você" é porque se opõe implicitamente a um *você anda* (simples constatação), a *eu ando* (constatação referente a "eu") a *andemos!* (ordem dirigida a "nós") etc. Tal é o mecanismo da língua, que intervém tão necessariamente na significação de uma sequência quanto a relação particular se/so que distingue *ande* de signos tais como *pare!*, ou *continue!* (Normand, 2009: 75 [itálicos do autor])

Como se pode ver com o exemplo de Normand (2009), é o sistema e suas relações que estão em análise para Saussure. Portanto, ao linguista não cabe analisar formas isoladas que são observáveis em si, mas as relações. O linguista saussuriano não estuda as unidades, mas as relações entre as unidades e estas, por sua vez, são determinadas pelas relações.

Passemos, agora, ao "Capítulo III" (cf. "Identidades, realidades, valores") da "Segunda parte" do CLG. Nele, Saussure alarga a discussão das entidades concretas da língua, incluindo três termos os quais, inclusive, intitulam o capítulo. O capítulo é dividido em três partes (A, B e C); as duas primeiras iniciam com uma pergunta: "Que é uma identidade sincrônica?" (Saussure, 1975: 125) e "Que é uma realidade sincrônica?" (Saussure, 1975: 127). A última parte inicia com uma declaração – "todas as noções versadas neste parágrafo não diferem essencialmente daquilo que chamamos *valores*" (Saussure, 1975: 128 [itálicos do autor]).

Essa diferença de formulação textual tem um importante significado no CLG, uma vez que as perguntas A e B cumprem, inicialmente, a função retórica de problematizar o assunto; elas apenas encontrarão resposta efetiva na declaração presente na última parte – a C – do capítulo.

Comecemos com a pergunta "o que é uma identidade sincrônica?". Ela equivale a: quando sabemos que estamos frente a uma mesma unidade, a uma identidade? Indagações de difícil resposta.

Saussure questiona: é suficiente dizer que se tem uma identidade quando há a mesma porção de sonoridade e o mesmo significado? As dúvidas de Saussure a respeito disso são muitas. Vamos parafraseá-las: a) quando ouvimos, em uma conferência, a repetição de *Senhores!*, estamos frente a mesma expressão? Quando usamos "adotar" em "*adotar* uma criança" e "*adotar* uma moda", estamos frente a uma identidade? Para Saussure, "o mecanismo linguístico gira todo ele sobre identidades e diferenças, não sendo estas mais que a contraparte daquelas" (Saussure, 1975: 126). Esse posicionamento, embora não responda integralmente as questões, encaminha uma possibilidade de entendimento: para Saussure, a língua é um jogo de formas que são significantes a partir desse próprio jogo (cf. a seguir, o jogo do xadrez).

Isso posto, vejamos a segunda pergunta, ou seja, "que é uma realidade sincrônica?". Nesse caso, a resposta é aparentemente mais simples que a anterior: uma realidade sincrônica "corresponde a algo que tenha seu lugar no sistema da língua e que seja condicionada por ela" (Saussure, 1975: 127).

O capítulo finda dando a mesma resposta tanto para a primeira pergunta quanto para a segunda. Encontramos na terceira parte do "Capítulo III" a declaração já lembrada anteriormente. Vamos repeti-la: "todas as noções versadas neste parágrafo não diferem essencialmente daquilo que chamamos de *valores*" (Saussure, 1975: 128 [itálicos do autor]). Em outras palavras, há equivalência entre "todas as noções" – "signo", "unidade", "entidade" etc. – e "valores". Na opinião de Normand (2009: 79), "ao termo *unidade* – que implica sempre a possibilidade de isolar elementos – e ao termo *entidade* – que denota uma interrogação filosófica –, preferir-se-á, pois, *valor*, que supõe a existência de uma relação".

Nesse ponto, mais uma vez, a comparação com o jogo de xadrez é esclarecedora:

> Uma nova comparação com o jogo de xadrez no-lo fará compreender (ver p. 104 *s.*). Tomemos um cavalo; será por si só um elemento do jogo? Certamente que não, pois, na sua materialidade pura, fora de sua casa e das outras condições do jogo, não representa nada para o jogador e não se torna elemento real e concreto senão quando revestido de seu valor e fazendo corpo com ele. Suponhamos que, no decorrer de uma partida, essa peça venha a ser destruída ou extraviada: pode-se substituí-la por outra

112 Conceitos básicos de linguística

equivalente? Decerto: não somente um cavalo, mas uma figura desprovida de qualquer parecença com ele será declarada idêntica, contanto que se lhe atribua o mesmo valor. Vê-se, pois, que nos sistemas semiológicos, como a língua, nos quais os elementos se mantêm reciprocamente em equilíbrio de acordo com regras determinadas, a noção de identidade se confunde com a de valor, e reciprocamente. (Saussure, 1975: 128)

É esse raciocínio que leva Saussure a afirmar que "a noção de valor recobre as de unidade, de entidade concreta e de realidade" (Saussure, 1975: 128).

Somente após esse introito, formado pelo "Capítulo II" e pelo "Capítulo III" da "Segunda parte" do CLG, é que chegamos ao célebre "Capítulo IV" (cf. "O valor linguístico"). Ele está dividido em quatro partes. São elas:

(1) "A língua como pensamento organizado na matéria fônica";
(2) "O valor linguístico considerado em seu aspecto conceitual";
(3) "O valor linguístico considerado em seu aspecto material";
(4) "O signo considerado na sua totalidade".

A simples enumeração dos títulos, certamente, chamará a atenção do leitor em dois pontos: a) o título da parte (1) diz respeito à língua em seu conjunto enquanto os demais dizem respeito apenas ao signo linguístico, e b) os títulos das partes (2), (3) e (4) levam em conta a estrutura do signo linguístico, o que permite ver o valor em relação a três objetos que se distinguem entre si ao mesmo tempo em que se relacionam – o significado, o significante e o signo em sua totalidade.

O título da parte (1), de certa forma, pode ser visto como uma outra definição de língua presente no CLG, o seja, "língua como pensamento organizado na matéria fônica". Para ilustrar essa perspectiva, o CLG apresenta, nessa parte, uma metáfora e um esquema.

A metáfora é a da folha de papel: "a língua é também comparável a uma folha de papel: o pensamento é o anverso e o som é o verso; não se pode cortar um sem cortar, ao mesmo tempo, o outro" (Saussure, 1975: 131). Essa metáfora possibilita ilustrar a inseparabilidade entre as duas faces da língua: a face dos significantes e a face dos significados. Importante observar que Saussure chama de "pensamento", neste momento, algo equivalente ao que chamou, em outros momentos, de "plano das ideias", de "conceito", de "significado" entre outras denominações. O mesmo se dá com o dito "plano dos sons", que recebe denominação variada em outros momentos do CLG – "significante", "aspecto material", "imagem acústica" etc.

O esquema, por sua vez, ficou conhecido sob a denominação de "Esquema das massas amorfas" (cf. Figura 16, a seguir):

Figura 16 – Esquema das massas amorfas.

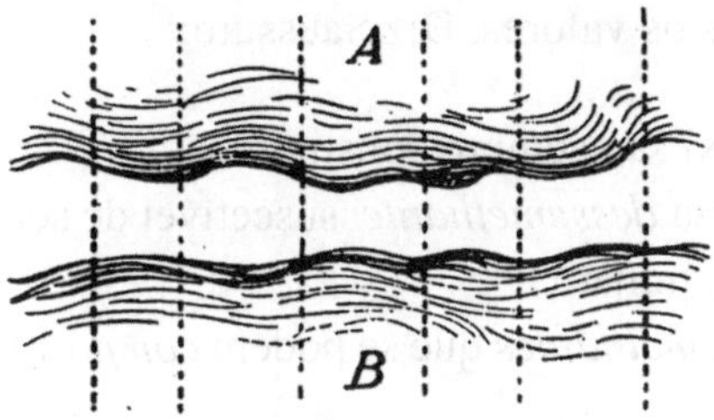

Fonte: Saussure, 1975: 131.

Nesse esquema, vemos representada a língua, constituída simultaneamente por dois planos – A e B; ideias e sons – considerados indefinidos antes de sua união. Esse é o ponto principal: antes da união entre A e B, há apenas uma "nebulosa" de "ideias confusas" e uma indeterminação dos sons. Não se pode pensar A e B separadamente, não se "poderia isolar o som do pensamento, ou o pensamento do som; só se chegaria a isso por uma abstração cujo resultado seria fazer Psicologia pura ou Fonologia pura" (Saussure, 1975: 131), portanto, sem relevância linguística.

No esquema, vemos também as linhas pontilhadas que, nessa representação, delimitam os signos linguísticos, "cada termo linguístico é um pequeno membro, um *articulus*, em que uma ideia se fixa num som" (Saussure, 1975: 131 [itálicos do autor]) e vice-versa. Os signos, no esquema, estão definidos pelas relações de oposição e diferença do sistema do qual fazem parte, ou seja, pelo valor:

> a ideia de valor, assim determinada, nos mostra que é uma grande ilusão considerar um termo simplesmente como a união de certo som com um certo conceito. Defini-lo assim seria isolá-lo do sistema do qual faz parte; seria acreditar que é possível começar pelos termos e construir o sistema fazendo a soma deles, quando, pelo contrário, cumpre· partir da totalidade solidária para obter, por análise, os elementos que encerra. (Saussure, 1975: 132)

Temos, nessa passagem, um princípio de análise: é o conjunto da língua que determina a unidade do sistema; nunca o contrário.

Uma última observação, ainda, sobre a parte (1): o esquema ilustra, também, a radicalidade do arbitrário do signo linguístico (ver, aqui mesmo, o capítulo "Arbitrário do signo linguístico"), pois, "a escolha que decide por tal porção acústica para tal ideia é perfeitamente arbitrária" (Saussure, 1975: 132).

A parte (2) é dedicada ao aspecto conceitual do signo, chamado também de significado. A complexidade dessa parte é enorme. Nela, Saussure apresenta pontos fundamentais de sua teoria do valor. Para compreendê-la, é bom começar pelo que o mestre diz no final da parte (2), na qual estabelece o "princípio paradoxal" que, segundo ele, rege todos os valores. Diz Saussure:

> Eles [os valores] são sempre constituídos:
> 1.º por uma coisa *dessemelhante,* suscetível de ser *trocada* por outra cujo valor resta determinar;
> 2.º por coisas *semelhantes* que se podem *comparar* com aquela cujo valor está em causa.
> Esses dois fatores são necessários para a existência de um valor (Saussure, 1975: 134 [itálicos do autor]).

O que isso quer dizer? Que um signo, um elemento qualquer da língua, apenas pode ter seu valor determinado quando se sabe pelo que pode ser *trocado* – um outro elemento com outro significado – e com o que pode ser *comparado* – outros elementos com significados semelhantes ao quais se opõe. Assim, um signo apenas pode ser determinado em função do que não é ele. Qualquer unidade linguística "fazendo parte de um sistema, está revestida não só de uma significação como também, e sobretudo, de um valor" (Saussure, 1975: 134).

Isso impõe ver que há diferença entre o valor e o significado (nesta parte do CLG, denominado "significação") de um signo linguístico. Para isso, observemos os dois esquemas (cf. Figura 17 e Figura 18), a seguir:

Figura 17 – Esquema do signo linguístico.

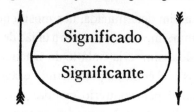

Fonte: Saussure, 1975: 133.

Figura 18 – Esquema do valor linguístico.

Fonte: Saussure, 1975: 133.

Saussure utiliza esses esquemas para ilustrar – com a passagem da Figura 16 à Figura 17 – que a língua é um sistema no qual os termos, os signos, as unidades,

A linguística saussuriana: o sistema **115**

são solidários e o valor de um depende da presença simultânea de outros. Dessa forma, o genebrino deixa claro que o significado de um signo linguístico se estabelece a partir da relação que mantém com os demais signos da língua. Vejamos os exemplos presentes no CLG.

O primeiro exemplo aborda duas línguas: "*mouton*" (carneiro), em francês, tem a mesma significação (significado) que "*sheep*" (carneiro), em inglês, mas não o mesmo valor. E isso, ao menos, por um motivo: ao falar da carne preparada para comer, o inglês usa "*mutton*" e não "*sheep*". Conclusão: a diferença de valor entre "*sheep*" (inglês) e "*mouton*" (francês) se deve ao fato de que, em inglês, o valor se reparte em outra unidade, "*mutton*", o que não ocorre em francês.

O segundo exemplo aborda uma mesma língua. Termos considerados, tradicionalmente, sinônimos, na verdade se delimitam reciprocamente. Em "recear", "temer" e "ter medo", o valor de cada um decorre da oposição que mantém com os demais, "assim, o valor de qualquer termo que seja está determinado por aquilo que o rodeia" (Saussure, 1975: 135).

O terceiro exemplo aborda as entidades gramaticais de uma ou mais línguas:

> o valor de um plural português ou francês não corresponde ao de um plural sânscrito, mesmo que a significação seja as mais das vezes idêntica: é que o sânscrito possui três números em lugar de dois (*meus olhos, minhas orelhas, meus braços, minhas pernas* etc. estariam no dual); seria inexato atribuir o mesmo valor ao plural em sânscrito e em português ou francês, pois o sânscrito não pode empregar o plural em todos os casos em que seria de regra em português ou francês; seu valor, pois, depende do que está fora e em redor dele. (Saussure, 1975: 135 [itálicos do autor])

Nesse ponto, Saussure vai mais longe e oferece uma enorme variedade de exemplos:

> A distinção dos tempos, que nos é tão familiar, é estranha a certas línguas; o hebraico não conhece sequer a distinção, tão fundamental, entre o passado, o presente e o futuro. O protogermânico não tem forma própria para o futuro; quando se diz que o exprime pelo presente, fala-se impropriamente, pois o valor de um presente não é o mesmo em germânico e nas línguas que têm um futuro a par do presente. As línguas eslavas distinguem regularmente dois aspectos do verbo: o perfectivo representa a ação na sua totalidade, como um ponto, fora de todo devir; o imperfectivo mostra a ação no seu desenvolvimento e na linha do tempo. (Saussure, 1975: 135-6)

116 Conceitos básicos de linguística

Com esses exemplos Saussure consegue demonstrar dois pontos caros à sua teoria: de um lado, o fato de o valor depender das relações entre os elementos que constituem o sistema da língua; de outro lado, o fato de não haver um conteúdo, um significado dado de antemão – lembramos que estamos estudando a parte (2) do capítulo, dedicada ao valor no aspecto conceitual do signo:

> Se as palavras estivessem encarregadas de representar os conceitos dados de antemão, cada uma delas teria, de uma língua para a outra, correspondentes exatos para o sentido; mas não ocorre assim. O francês diz indiferentemente *louer (une maison)* e o português *alugar*, para significar dar ou tomar em aluguel, enquanto o alemão emprega dois termos *mieten* e *vermieten*; não há, pois, correspondência exata de valores. Os verbos *schätzen* e *urteilen* apresentam um conjunto de significações que correspondem, *grosso modo,* às palavras francesas *estimer* e *juger* ("avaliar" e "julgar"); portanto, sob vários aspectos, essa correspondência falha. (Saussure, 1975: 135 [itálicos do autor])

Em outras palavras, os casos apresentados demonstram que não há ideias dadas de antemão, mas, sim, valores que emanam do sistema. O próprio sistema gramatical de cada língua é muito singular.

Então, quando dizemos que os valores correspondem a conceitos, devemos entender que esses conceitos não são definidos positivamente por um conteúdo qualquer, mas negativamente em função das relações mantidas com outros termos, outros signos, outras unidades.

Podemos, agora, voltar ao esquema da Figura 17 para recolocá-lo de outra maneira (cf. Figura 19, a seguir):

Figura 19 – O esquema do signo linguístico recolocado.

Fonte: Saussure, 1975: 136.

Esse esquema indica, sim, que o conceito "julgar" está unido à imagem acústica "julgar", no entanto, a interpretação do esquema não está completa se não se diz que esse conceito não existe de antemão; ele é "um valor determinado por suas relações com valores semelhantes" (Saussure, 1975: 136) e sem essas relações a tais valores o conceito "julgar" não existiria.

A linguística saussuriana: o sistema **117**

Enfim, quando dizemos que uma palavra significa algo ou que uma imagem acústica (um significante) está ligada a um conceito (um significado) não podemos esquecer que isso é apenas a face aparente da grande complexidade das relações de valores que constituem um sistema linguístico.

Na parte (3) do capítulo que estamos examinando – "O valor linguístico considerado em seu aspecto material" –, Saussure aplica à face material do signo, ou seja, ao significante, os mesmos princípios antes apresentados. Diz ele:

> Se a parte conceitual do valor é constituída unicamente por relações e diferenças com os outros termos da língua, pode-se dizer o mesmo de sua parte material. O que importa na palavra não é o som em si, mas as diferenças fônicas que permitem distinguir essa palavra de todas as outras, pois são elas que levam a significação. (Saussure, 1975: 136-7)

Nesse sentido, Saussure estabelece que o valor do significante depende da posição que este tem em relação aos demais. Observe-se a explicação de Saussure que antecipa toda a fonologia do século XX:

> Esse princípio é tão essencial que se aplica a todos os elementos materiais da língua, inclusive os fonemas. Cada idioma compõe suas palavras com base num sistema de elementos sonoros cada um dos quais forma uma unidade claramente delimitada e cujo número está perfeitamente determinado. Mas o que os caracteriza não é, como se poderia crer, sua qualidade própria e positiva, mas simplesmente o fato de não se confundirem entre si. Os fonemas são, antes de tudo, entidades opositivas, relativas e negativas. (Saussure, 1975: 138)

Ora, fica muito claro aqui que não é o som em si que vale, ele é apenas um suporte para que se estabeleçam as relações. O exemplo dado por Saussure é bastante didático e vale a pena ser retomado na íntegra:

> em francês, o uso geral do *r* uvular *(grasseyé)* não impede que muitas pessoas usem o *r* ápico-alveolar *(roulé);* a língua não fica por isso prejudicada; ela não pede mais que a diferença e só exige, ao contrário do que se poderia imaginar, que o som tenha uma qualidade invariável. Posso até mesmo pronunciar o *r* francês como o *ch* alemão de *Bach, doch* etc., enquanto em alemão não poderia empregar o *ch* como r, pois esta língua reconhece os dois elementos e deve distingui-los. Do mesmo modo, em russo, não haveria margem para *t* ao lado de *t'* (*t* molhado), pois o resultado seria confundir dois sons diferenciados pela língua (cf. *govorit'*, "falar", e *govorit,* "ele fala"), mas em troca haverá uma liberdade maior do *th* (*t* aspirado), pois esse som não está previsto no sistema de fonemas do russo. (Saussure: 1975: 138)

118   Conceitos básicos de linguística

Parece claro que vemos aqui a ideia – inicial, sem dúvida – de que um som é, na verdade, uma unidade sonora que se diferencia funcionalmente dentro do sistema da língua devido às relações de oposição e contraste. São, na verdade, sons diferentes em um mesmo contexto e em palavras cujos significados são distintos (cf. *govorit'* e *govorit,* supra).

Finalmente, chegamos à parte (4) do capítulo. Nela, Saussure trata do valor do signo linguístico, visto como a entidade de dupla face, constituída de significante e significado (o signo em sua totalidade).

Nessa parte, Saussure estabelece uma distinção fundamental para o seu raciocínio entre **relações de diferença** e **relações de oposição**. Comecemos pelas primeiras.

> Tudo o que precede equivale a dizer que *na língua só existem diferenças.* E mais ainda: uma diferença supõe em geral termos positivos entre os quais ela se estabelece; mas na língua há apenas diferenças *sem termos positivos.* Quer se considere o significado, quer o significante, a língua não comporta nem ideias nem sons preexistentes ao sistema linguístico, mas somente diferenças conceituais e diferenças fônicas resultantes deste sistema. O que haja de ideia ou de matéria fônica num signo importa menos que o que existe ao redor dele nos outros signos. A prova disso é que o valor de um termo pode modificar-se sem que se lhe toque quer no sentido quer nos sons, unicamente pelo fato de um termo vizinho ter sofrido uma modificação. (Saussure, 1975: 139 [itálicos do autor])

Isso quer dizer que o valor de um elemento qualquer da língua apenas pode ser estabelecido em função das diferenças que se estabelecem no sistema, o que implica ver que são as diferenças que dão valor à unidade e não o contrário. Por isso não há nem ideias nem sons "preexistentes ao sistema linguístico". Em outras palavras, a análise saussuriana supõe que se parta do conjunto, no caso o sistema, para se chegar à unidade; nunca o contrário. Nesse sentido, a diferença não pode supor uma positividade, mas apenas a negatividade.

Tomemos, inicialmente, a explicação dada por Normand (2009: 81): "a palavra (a unidade) não tem existência enquanto elemento positivo, isolável e diretamente observável. O que significa não é uma forma particular – no sentido em que *sou* é uma forma e *era* uma outra –, mas uma relação de formas". Mais adiante, exemplifica Normand (2009: 81): "tomemos uma palavra qualquer – *roux* [ruivo], por exemplo. Ela não significa em si, mas pelas diferenças: diferenças conceituais (*roux/blond/brun...*) [ruivo/loiro/moreno...] e diferenças fônicas (*roux/loup*; *roux/ rue* etc.)". Nesse primeiro momento, diremos, sintetizando o raciocínio do genebrino, que na língua há diferenças sem termos positivos.

A isso, cabe acrescentar o que afirma Saussure no CLG, a seguir:

> Mas dizer que na língua tudo é negativo só é verdade em relação ao significante e ao significado tomados separadamente: desde que consideremos o signo em sua totalidade, achamo-nos perante uma coisa positiva em sua ordem. Um sistema linguístico é uma série de diferenças de sons combinadas com uma série de diferenças de ideias; mas essa confrontação de um certo número de signos acústicos com outras tantas divisões feitas na massa do pensamento engendra um sistema de valores; e é tal sistema que constitui o vínculo efetivo entre os elementos fônicos e psíquicos no interior de cada signo. Conquanto o significado e o significante sejam considerados, cada qual à parte, puramente diferenciais e negativos, sua combinação é um fato positivo; é mesmo a única espécie de fatos que a língua comporta, pois o próprio da instituição linguística é justamente manter o paralelismo entre essas duas ordens de diferenças [...].
> Quando se comparam os signos entre si – termos positivos – não se pode mais falar de diferença; a expressão seria imprópria, pois só se aplica bem à comparação de duas imagens acústicas, por exemplo *pai* e *mãe,* ou de duas ideias, por exemplo a ideia de "pai" e a ideia de "mãe"; dois signos que comportam cada qual um significado e um significante não são diferentes, são somente distintos. Entre eles existe apenas *oposição.* (Saussure, 1975: 139-40 [itálicos do autor])

Nesse segundo momento, temos em destaque a ideia de que o sistema comporta além de diferenças, oposições. Quer dizer, há, simultaneamente, no sistema linguístico, relações de diferença e de oposição, e são essas relações – que ocorrem nos eixos sintagmático e associativo – que determinam o valor de qualquer unidade pertencente a esse sistema.

Enfim, uma ideia que pode sintetizar tudo o que dissemos aqui é a seguinte: tudo o que tem sentido em matéria de língua tem valor. Nessa perspectiva, a teoria linguística de Saussure, muito especialmente na versão da teoria do valor, é, antes de tudo, uma teoria do sentido.

Saussure elaborou uma teoria do valor que é semântica, embora não possa ser considerada *uma* "semântica" *stricto sensu.*

Essa interpretação que fazemos tem apoio em vários autores da enorme fortuna crítica em torno de Saussure. Todos afirmam que a reflexão do genebrino comporta uma teoria do sentido. Lembremos aqui apenas Claudine Normand, uma das maiores intérpretes de Saussure. Normand (1990), em um texto cujo título é revelador – "Le CLG: une théorie de la signification?" [O CLG: uma teoria da significação?] –,

120   Conceitos básicos de linguística

assim se manifesta sobre o tema: "nossa hipótese é que, na medida em que o *CLG* é uma epistemologia, podemos ver nela os elementos de uma abordagem semântica linguística ou, ao menos, a indicação de seus limites" (Normand, 1990: 36-7). E acrescenta: "para o *CLG, a linguística* nova é uma *semântica*, a única possível" (Normand, 1990: 40). Isso se revela, por exemplo, no entendimento de que, de fato, não há separação entre o léxico e a gramática: "o estudo morfológico e semântico das unidades e sua colocação em relação são, portanto, recusados: léxico, morfologia, sintaxe levam em conta o mesmo funcionamento, portanto, o mesmo tipo de análise" (Normand, 1990: 37). Ora, os efeitos de uma teoria dessa natureza ainda estão por ser avaliados em toda a sua amplitude.

ALGUMAS OBSERVAÇÕES

a. O capítulo "O valor linguístico" do CLG é composto, basicamente, pelo grupo das últimas aulas do terceiro curso de Saussure ministrado em Genebra, em especial, as aulas de 30 de junho a 4 de julho de 1911 (cf. De Mauro, 1976). No entanto, o tema já é abordado no segundo curso de linguística geral, desenvolvido entre novembro de 1908 e julho de 1909.

b. A chamada "teoria do valor" de Ferdinand de Saussure recebe, na atualidade, contornos muito específicos e mesmo contrários em relação ao que estabelece o CLG; e isso em função, principalmente, dos estudos da gênese do pensamento saussuriano a partir de fontes manuscritas (cf. por exemplo, os *Escritos de linguística geral*). Na abordagem que fizemos, estivemos limitados ao tratamento dado ao assunto no CLG, em função da importância que tem a obra na história das ideias linguísticas. Porém, cabem maiores aprofundamentos sobre o tema. Um ponto de partida para tanto é o excelente trabalho de Simon Bouquet (2004), *Introdução à leitura de Saussure*.

Leituras complementares: Bouquet (2004); Depecker (2012); Normand (2009).

Capítulos relacionados: Arbitrário do signo linguístico. Linguagem, língua e fala. Linguística sincrônica (estática). Relações sintagmáticas e relações associativas. Sistema da língua.

PARTE II
A LINGUÍSTICA DISTRIBUCIONAL: A ESTRUTURA

Constituinte

Constituinte é o nome que se dá a uma unidade de análise linguística. Como explica Crystal (2000: 62), constituinte é o "termo básico da análise gramatical para indicar uma unidade linguística componente de uma construção maior". Nesse sentido, são constituintes, por exemplo, o fonema e a sílaba, o morfema, o sintagma.

Identificar constituintes e seus arranjos possíveis é procedimento fundamental do **Estruturalismo norte-americano** (Lepschy, 1975; Ilari, 2007). Como os estruturalistas saussurianos, os norte-americanos investigam o sistema ou gramática (estrutura) das línguas naturais. Mas a maior influência intelectual dos estruturalistas norte-americanos não é Saussure, é Leonard Bloomfield e sua obra *Language,* publicada em 1933.

> A importância essencial das teorias de Bloomfield consiste não tanto em sustentar princípios metodológicos abstratos quanto em apresentar uma descrição rigorosa e coerentemente formalista e não-psicológica dos fatos gramaticais. Distingue as *formas* linguísticas *ligadas* [presas] das *livres* (estas últimas podem apresentar-se isoladas); uma forma *componente* ou *constituinte* pode *entrar* (ou estar *contida*) numa forma *complexa*. Uma forma que não seja ulteriormente analisável é *simples*, isto é, um *morfema*, apresentando vários *alternantes*, um dos quais é *básico*. Os morfemas são os constituintes *últimos*; mas a análise é feita pouco a pouco em *constituintes imediatos*. (Lepschy, 1975: 93 [itálicos do autor])

Os projetos de pesquisa dos estruturalistas norte-americanos envolvem investigar línguas indígenas, que os linguistas em geral desconhecem. Eles desenvolvem procedimentos metodológicos para realizar a descrição exaustiva dessas línguas, denominados **procedimentos de descoberta** (Harris, 1963). Primeiramente, formam um *corpus* representativo da língua desconhecida: uma lista de vocábulos (léxico) da língua investigada, de preferência transcritos foneticamente e com seus significados básicos indicados, além de exemplos de enunciados em que os vocábulos ocorram. Depois, examinam esse *corpus*, buscando identificar sequências fonéticas recorrentes e os elementos com que se combinam entre si na formação de sílabas ou morfemas (que constituem as palavras da língua); e buscam identificar

124 Conceitos básicos de linguística

agrupamentos de palavras que funcionam como constituintes de mesma natureza. Trata-se de um exame de **distribuição** das sequências. Se as sequências recorrentes mantêm seu significado ou função gramatical nas diferentes formações de que fazem parte, são consideradas **morfemas** da língua. Como os morfemas são unidades menores dentro de formações maiores, são denominados **constituintes internos** dessas formações.

Rocha (2014) traz os resultados de uma análise descritiva da língua karitiana, falada pelo povo de etnia homônima que habita a área a 95 km ao sul de Porto Velho, capital de Rondônia, Brasil. O pesquisador constata o aumento de valência dos verbos intransitivos e a causativização de verbos monoargumentais e biargumentais por meio de um morfema causativo {m-}. Observem-se os pares de enunciados em (1) e (2), ambos de Rocha (2014: 185). São construções assertivas que, em karitiana, ocorrem na ordem verbo inicial (VOS ou VSO). No contraste entre os enunciados em cada par, verifica-se que {m-}, ao ocorrer em distintas construções, tem o mesmo efeito de significado, a causativização.

(1) a. *pyke'onyn ti'y*
Ø -py -ke'on -n ti'y
3 -assert -esfriar -nfut comida
'A comida esfriou'

    b. *py**m**ke'onyn ti'y jõnso*
Ø -py **-m** -ke'on -n ti'y jõnso
3 -assert -caus -esfriar -nfut comida mulher
'A mulher fez a comida esfriar'

(2) a. *pypikowogngan õwã*
Ø-py-pikowogng-a-n õwã
3-assert-deslizar-vt-nfut criança
'A criança deslizou'

    b. *py**m**pikowogngan õwã taso*
Ø-py-**m**-pikowogng-a-n õwã taso
3-assert-caus-deslizar-vt-nfut criança homem
'O homem fez a criança deslizar'

Foi em **sintaxe**, com a decomposição de sentenças em busca de constituintes mínimos e de princípios de organização, que a **análise em constituintes imediatos** (CIs) ganhou corpo. Primeiramente mencionada por Bloomfield, a análise em CIs foi desenvolvida por Wells (1947). De acordo com Riegel (1981), norteiam essa linha de análise as ideias de que (a) as sentenças de línguas naturais são construções que combinam hierárquica ou não linearmente unidades definidas por suas propriedades formais; (b) as unidades combinadas/combináveis hierarquicamente nas sentenças são palavras que se unem mais estreitamente do que outras na sentença. Agrupamentos de palavras como esses recebem o nome de **sintagma**. Considere-se a sentença em (3), usada por Perini (2006: 46) para ilustrar, em termos de interpretação da sentença, a unidade dos elementos dentro de um sintagma.

(3)   A casa de Sandrinha é verde.

Há uma primeira grande segmentação em (3): [a casa de Sandrinha] e [é verde]. Isso porque, segundo Perini,

> *a casa de Sandrinha* recebe um significado (uma interpretação), e o mesmo ocorre com *é verde*. Já as sequências *casa de* ou *Sandrinha é* não recebem interpretação como unidades, mas dão antes a impressão de serem compostas de pedaços desconexos da frase. [...] a sequência *Sandrinha é verde* não recebe interpretação nenhuma [...] entendemos que a casa é de Sandrinha; que essa casa é verde; mas não entendemos que Sandrinha é verde. (Perini, 2006: 46 [itálicos do autor])

Além da interpretação, é evidência da unidade das palavras no sintagma o fato de elas se deslocarem conjuntamente por efeito, por exemplo, de topicalização, ou algum outro tipo de operação de movimento. Em (4), o sintagma [é verde] se desloca por inteiro, não apenas *é* ou *verde*:

(4)   É verde a casa da Sandrinha.

No interior das sentenças, os sintagmas se organizam em camadas sucessivas, "cada camada resultando da decomposição da que lhe é imediatamente superior" (Riegel, 1981: 129), como ilustra (5):

(5)   [[a casa [de Sandrinha]] [é verde]]

A segmentação em (5) mostra que os sintagmas se organizam em camadas imediatas ou sucessivas. Um sintagma pode, ele mesmo, conter subunidades. Por exemplo, dentro do sintagma [a casa de Sandrinha] há um subgrupo de palavras, reunidas no sintagma [de Sandrinha]. Prova disso é que [de Sandrinha] pode ou ser suprimido da sentença (*A casa é verde*), ou ser substituído integralmente (*A casa alugada é verde*).

A ideia norteadora da análise em CIs é, portanto, a de que:

> toda frase representa, na realidade, o nível superior de uma construção hierárquica que se decompõe, por sua vez, em elementos de nível imediatamente inferior, e assim por diante, até que a análise termine nos constituintes últimos, não decomponíveis [...] o processo de análise em CIs consiste em identificar todos os sintagmas da frase e lhes atribuir lugares de constituintes na estrutura hierárquica da frase. (Riegel, 1981: 129-30)

126 Conceitos básicos de linguística

O advento da linguística gerativa a partir de Chomsky (1957), com seu foco na competência linguística, mostrou as limitações da análise em CIs. Centrada nos enunciados produzidos, a análise em CIs não consegue explicar a capacidade do falante-ouvinte de gerar e interpretar sentenças potencialmente infinitas a partir de um conjunto finito de constituintes e regras. No entanto, o empreendimento da análise em CIs não foi em vão. A ideia de constituinte e de sua organização em estruturas hierárquicas segue sendo explorada em linguística.

ALGUMAS OBSERVAÇÕES

a. Apesar de, em geral, o **constituinte sintático** não ser reconhecido pela tradição gramatical, são eles que desempenham as funções sintáticas determinadas pela Nomenclatura Gramatical Brasileira (NGB), tais como sujeito, predicado, complemento verbal etc. O sujeito do exemplo (3), *A casa de Sandrinha é verde*, não é uma palavra, mas o conjunto de palavras [a casa de Sandrinha]. Tal conjunto de palavras forma um constituinte ou sintagma. Esse mesmo sintagma pode desempenhar outras funções, como a de objeto direto (Comprei [a casa verde de Sandrinha]), complemento nominal (A destruição d[a casa verde de Sandrinha]) etc.

b. Sendo "conjuntos", os constituintes sintáticos podem ser compostos por uma sequência de palavras (como [a casa verde de Sandrinha]), por uma única palavra (como [verde], no exemplo (3)) ou podem ser conjuntos vazios, como o sujeito oculto do exemplo [Ø] *comprei a casa verde de Sandrinha.*

c. Segundo Kenedy e Othero (2018: 27-28),

> mais do que apenas ser uma "noção gramatical", os constituintes sintáticos são fenômenos gramaticais que têm sua realidade psicológica atestada. Isso quer dizer que os falantes reconhecem, intuitiva e inconscientemente, um constituinte e sabem manipulá-lo. [...]
> Outra evidência empírica sobre a existência dos constituintes sintáticos foi apresentada nos trabalhos clássicos de Fodor e Bever (1965) e Garret, Bever e Fodor (1966). Os autores apresentaram frases com sequências de palavras idênticas, como *eu lia um livro do José de Alencar*, a diversos informantes. Em algumas frases, essa sequência de palavras formava um constituinte – como em (i) –, em outras não – como em (ii).
> i. Enquanto [eu lia um livro do José de Alencar] minha irmã telefonou.
> ii. Enquanto [eu lia] [um livro do José de Alencar caiu da estante].

Os informantes ouviam frases como essas usando um fone de ouvido. Num dado momento, os pesquisadores "disparavam" um ruído de "clique", no meio da frase. Quando o clique era ouvido no interior de um constituinte, muitos informantes ficavam com a impressão de terem ouvido o ruído na fronteira do constituinte (e não dentro dele). O experimento mostrou que ruídos externos à comunicação costumam ser interpretados nas fronteiras dos constituintes sintáticos, atestando a existência de um constituinte em sua unidade e atestando a percepção, ainda que inconsciente, que os ouvintes têm de constituintes sintáticos formando uma frase.

Leituras complementares: Ilari (2007); Kenedy e Othero (2018); Lepschy (1975); Othero (2014).

Capítulos relacionados: Distribuição. Estrutura. Morfema. Vocábulo formal.

Distribuição

Definir a distribuição das formas da língua é uma das etapas da análise linguística praticada pelos linguistas norte-americanos na primeira metade do século XX. A **análise distribucional** ou **distribucionismo** tem em Leonard Bloomfield (1887-1949) seu principal expoente.

Distribuição é o conjunto de contextos, ambientes ou posições (na cadeia segmental, morfológica, sintática) em que uma forma ou unidade linguística (fonema, morfema, palavra) ocorre em uma dada língua. A distribuição instancia-se na série de unidades que precedem e seguem a unidade linguística de interesse, como veremos nos exemplos de (1) a (10) neste capítulo. Antes, é preciso justificar a análise distribucional.

A busca por regularidades no *corpus* (conjunto de dados – unidades, palavras e enunciados variados – efetivamente produzidos por falantes da língua) é o que motiva verificar a distribuição de uma unidade. Nessa busca, verifica-se também a expansão da unidade em formações mais complexas e na estruturação de novos enunciados.

Formas simples (por exemplo, *sol*) abrigam um constituinte, **formas complexas** (por exemplo, *solar*) abrigam dois ou mais constituintes (*sol* + *ar*), que se articulam hierarquicamente. Na análise distribucional de formas complexas, comparam-se formas similares para identificar constituintes, o que implica decompor as formas e examinar se, em sua recorrência no *corpus*, sua carga semântica se mantém. São exemplos de **constituintes morfológicos** em português as unidades *sol* e *-ar*, como se vê (destacadas em negrito) nos exemplos em (1a) e (1b). Os constituintes recorrem com manutenção de significado: *sol* = estrela que faz parte da Via Láctea, centro do sistema planetário do qual participa a Terra; *-ar* = relativo a.

(1)   a. radical *sol*   b. sufixo *-ar*
       sol   sol**ar**
       solar   pol**ar**
       en**sol**arado   lun**ar**

Na análise distribucional de línguas ainda desconhecidas ao pesquisador, consideram-se a carga semântica e a similaridade formal para identificar constituintes. Examina-se a recorrência de formas estruturalmente muito similares em certos contextos

A linguística distribucional: a estrutura   129

ou ambientes, verificando-se se o significado permanece essencialmente o mesmo. Observem-se os exemplos em (2), da língua banto suaíli (Halle e Clements, 1994: 133).

(2)   a. singular   b. plural
        [ubale]   [m̩bale]   'pedaço, peça'
        [udago]   [n̩dago]   'gramado da noz'
        [ugimbi]   [ŋgimbi]   'cerveja'
        [ud͡ʒia]   [ɲd͡ʒia]   'passagem'
        [ufuko]   [fuko]   'beira da praia'
        [uvumbi]   [vumbi]   'partícula de poeira'
        [usira]   [sira]   '(tipo de) pó'

O conjunto de dados em (2a) permite ver que o morfema {singular} se realiza no prefixo *u-*, que não ocorre nas formas {plural} em (2b). As formas em (2b) revelam, além disso, que, se a consoante após *u-* for uma oclusiva vozeada, uma nasal silábica com o mesmo ponto de articulação da oclusiva ocorrerá no lugar do prefixo. Se, no entanto, a consoante após *u-* for uma fricativa, nenhum fone ocorrerá no lugar do prefixo. A análise distribucional dos dados em (2) esclarece, portanto, que *u-* e a nasal silábica em início de palavra são constituintes do suaíli.

Já formas similares sem manutenção de significado em sua recorrência no *corpus* não são constituintes em algumas formações. Por exemplo, os vocábulos em português reunidos em (3) permitem ver que *des-* é um prefixo (um constituinte) nas formações em (3a), mas não nos vocábulos em (3b). Isso porque, em (3a), *des-* veicula a ideia de oposição/negação (*fazer* x *desfazer*, por exemplo) em todas as formas, ao passo que, em (3b), a sequência *des-* não veicula essa oposição semântica (não temos **maiar* x *desmaiar*).

(3)   a. *des-* prefixo   b. [des] parte do radical
        desfazer   desmaiar
        desrespeitar   destinar
        desmotivar   desejar
        desconstruir   desenhar
        desaparecer   descer

Na análise de formas similares, o **critério semântico** pode obscurecer-se em certas formações, mesmo em línguas conhecidas. Nesse caso, a recorrência de efeitos das combinações pode revelar se a unidade é, ou não, um constituinte. Por exemplo, em inglês, a raiz latina [mit] é um constituinte. Observe-se o conjunto de vocábulos em (4).

(4) a. bases com [mit]   b. [miʃ] antes de -*ion*   c. [mis] antes de -*ive, -ory*
   *per**mit*** 'permitir'   *per**mission*** 'permissão'   *per**missive*** 'permissivo'
   *sub**mit*** 'submeter'   *sub**mission*** 'submissão'   *sub**missive*** 'submisso'
   *ad**mit*** 'admitir'   *ad**mission*** 'admissão'   *ad**missive*** 'admissivo'
   *re**mit*** 'remeter'   *re**mission*** 'remissão'   *re**missory*** 'remissório'

As formações em (4b) e (4c) mostram que, quando as bases em (4a) são derivadas com os sufixos -*ion* e -*ive*, a consoante oclusiva final da raiz [mit] realiza-se como fricativa [ʃ] e [s], respectivamente. Entretanto, o mesmo não ocorre com os vocábulos *dormitory* ('dormitório') e *vomitory* ('entrada para os primeiros assentos de um teatro ou estádio'). Embora contenham a sequência [mit], possivelmente eles não são formações com a raiz latina porque, se essa raiz estivesse presente nos vocábulos, sua consoante final teria se realizado como fricativa diante de vogal.

Além do nível morfofonológico, como nos exemplos de (1) a (4), a distribuição das formas linguísticas é analisada nos níveis fonológico e sintático. A análise distribucional revela quais são os constituintes linguísticos, as combinações possíveis e a ordem dos elementos nessas combinações. Vejam-se exemplos do português (5) e do inglês (6) sobre regularidades distribucionais no nível fonológico.

Em português, em início de sílaba (*onset* silábico), a distribuição dos segmentos está limitada a sequências de no máximo duas unidades, a primeira das quais uma oclusiva (/p/, /b/, /t/, /d/, /k/, /g/) ou uma fricativa labial (/f/, /v/), a segunda, uma líquida (lateral alveolar /l/ ou tepe alveolar /ɾ/) ou *glide* (ou semivogal na literatura gramatical, representada pelos símbolos fonéticos [j] e [w]), como mostram os exemplos em (5).

(5)   a. oclusiva+líquida   b. fricativa+líquida   c. oclusiva/fricativa+glide
      tro.te   **fr**as.co   á.**gu**a
      dra.ma   li.**vr**o   có.**pi**a
      pla.ca   **fl**o.co   má.**fi**a
      blo.co   só.**ci**o

Em inglês, no início da primeira sílaba das palavras, a distribuição dos segmentos está limitada a três consoantes em sequência, no máximo. Essa sequência deve ser de /s/+oclusiva desvozeada+/r/, como nos exemplos em (6).

(6)   [spr], como em *spring, spread*   'primavera, espraiar'
      [str], como em *string, stress*   'sequência, estresse'
      [skr], como em *scream, script*   'grito, roteiro'

Agora, vejam-se exemplos do português (7) e do inglês (8) sobre regularidades de distribuição no nível sintático.

A linguística distribucional: a estrutura **131**

Em português, em sintagmas preposicionais com um pronome possessivo, o possessivo será contíguo ao núcleo nominal (7b) apenas se adjetivos não estiverem presentes (7c).

(7) a. de casa   b. da minha casa   c. desta minha primeira casa
            desta minha casa   desta minha boa casa
                                     daquela minha boa e velha casa

Em inglês, na análise da distribuição do artigo *the* ('o, a, os, as') e dos pronomes possessivos, verifica-se sua ocorrência no início de alguns sintagmas nominais, como em (8a) e (8b). Contudo, o artigo e o possessivo não podem, ambos ao mesmo tempo, encabeçar um sintagma nominal, como se vê em (8c), em que temos sequências agramaticais em inglês (ainda que sejam gramaticais em português).

(8) a. *the name*   'o nome'
        the beautiful name   'o belo nome'
        the name of Maria   'o nome da Maria'
     b. *my name*   'meu nome'
        my beautiful name   'meu lindo nome'
     c. **the my name*
        *the Maria's name

Na teoria fonológica, **distribuição complementar** refere-se a unidades de som relacionadas (**alofones**) que ocorrem em contextos ou ambientes mutuamente exclusivos (Cristófaro-Silva, 2011; Crystal, 2000). Se duas unidades de som estão em distribuição complementar, uma nunca ocorre em ambientes onde a outra ocorre, de acordo com Hayes (2009). Por exemplo, nas variedades de português brasileiro que produzem [ʧ] antes de [i], tais como a fala típica nas capitais Porto Alegre e Rio de Janeiro, os fones [t] e [ʧ] são alofones de /t/ e estão em distribuição complementar. Em outras palavras: [t] ocorre diante de todas as vogais exceto /i/, como em (9a); o fone [ʧ] ocorre apenas diante da vogal /i/, como em (9b).

(9) a. [t]exto, [t]este, [t]apa, [t]oca, [t]odo, [t]udo
     b. [ʧ]ipo

Em inglês, estão em distribuição complementar, por exemplo, os alofones nasal alveolar [n] e nasal alveolar dental [n̪] do fonema nasal /n/: [n̪] ocorre apenas antes da fricativa interdental [θ], como se vê em (10a), ao passo que a consoante nasal [n] ocorre em todos os demais ambientes, como se vê em (10b).

132 Conceitos básicos de linguística

(10) a. *tenth* 'décimo' [ˈtɛnθ]
      month 'mês' [ˈmʌnθ]
   b. *name* 'nome' [ˈneɪm]
      nun 'freira' [ˈnʌn]

Vale destacar que a análise distribucional, procedimento de descoberta do estruturalismo norte-americano, aplica-se especialmente ao estudo de línguas desconhecidas aos linguistas. No apogeu do paradigma (primeira metade do século XX), os linguistas desconheciam as línguas indígenas norte-americanas que queriam descrever. Nesse tipo de estudo, então, o linguista não conta com informações históricas (diacrônicas) em que se basear para decompor as formas linguísticas e apreender seus constituintes mínimos. Por essa razão, pode-se afirmar que a análise distribucional é essencialmente sincrônica.

A análise distribucional não está mais no centro da investigação linguística. No entanto, examinar a distribuição das formas em questão segue sendo uma das etapas das análises, sejam elas formais ou funcionais.

Leituras complementares: Costa (2008); Cristófaro-Silva (2002); Ducrot e Todorov (2001); Trask (2004).

Capítulos relacionados: Estrutura. Fonemização.

Estrutura

Estrutura é o foco de atenção da **linguística estrutural**. Corresponde à hipótese de que a língua se constitui de elementos relacionados: os elementos da língua adquirem valor na relação que estabelecem uns com os outros no sistema da língua. Nesse sentido, as vertentes estruturalistas de análise linguística, surgidas a partir do século XX, especialmente as formais, por se ocuparem da estrutura das línguas naturais, contrastam com os estudos de caráter histórico realizados sobretudo até o século XIX, ainda centrados na "palavra" e em seu percurso de mudanças ao longo do tempo.

Embora se atribua a Saussure a ideia do caráter estrutural das línguas naturais, apenas o termo **sistema** aparece em seu *Curso de linguística geral*. Como observa Rocha (2003: 27), *estrutura* foi "usado pela primeira vez por Jakobson. Na verdade, Saussure só tinha feito uso do termo *sistema*, que usou 138 vezes nas 300 páginas de seu *Cours de Linguistique Générale*" (grifos do autor). A vinculação de Saussure à noção de estrutura encontra razões na caracterização de linguística interna feita pelo linguista suíço, com base na concepção de língua como um sistema de ordem particular: "No que concerne à Linguística interna, as coisas se passam de modo diferente: ela não admite uma disposição qualquer; a língua é um sistema que conhece somente sua ordem própria" (Saussure, 1975: 31). Saussure ilustra essa afirmação comparando língua com um jogo de xadrez: o material de que são feitas as peças, assim como as peças em isolado, não têm valor. As peças adquirem valor só uma em relação às outras, durante o jogo.

> Nesse jogo [o xadrez], é relativamente fácil distinguir o externo do interno; o fato de ele ter passado da Pérsia para a Europa é de ordem externa; interno, ao contrário, é tudo quanto concerne ao sistema e às regras. Se eu substituir as peças de madeira por peças de marfim, a troca será indiferente para o sistema; mas se eu reduzir ou aumentar o número de peças, essa mudança atingirá profundamente a "gramática" do jogo. (Saussure, 1975: 31)

Assim é com os elementos da língua. Na análise da estrutura linguística, o papel (valor) de um item só pode ser descoberto examinando-se os itens que

134 Conceitos básicos de linguística

ocorrem juntamente com ele e os itens que podem ser substituídos por ele. Essa linha de análise linguística é amplamente explorada pelos estruturalistas norte-americanos na primeira metade do século XX, na vertente distribucionista de investigação.

Os estruturalistas norte-americanos, entre os quais se destaca Leonard Bloomfield, desenvolvem rigorosa metodologia para depreender e catalogar os elementos da língua e as posições em que podem ocorrer. Nessa análise, o significado dos elementos não ocupa posição central: é usado como critério para se chegar a unidades mínimas de análise como o **morfema**, por exemplo, definido como "uma forma linguística que não apresenta qualquer semelhança fonético-semântica com qualquer outra forma" (Bloomfield, 1933: 161).

Na **análise morfológica**, pode-se afirmar, seguindo Rocha (2003: 28), que os estruturalistas norte-americanos desenvolveram "com bastante rigor as técnicas de depreensão dos morfemas e essa foi sua preocupação básica como movimento linguístico". Em sintaxe, os estruturalistas norte-americanos alcançam expressivo desenvolvimento. O bloomfieldiano Zellig Harris (1909-1992) aplica os princípios de análise e descrição estrutural ao inglês e outras línguas, com que contribui para desenvolver a análise da estrutura sintagmática das sentenças.

No final dos anos 1950, os linguistas americanos, especialmente a partir da **gramática gerativo-transformacional** de Chomsky (1957) – que foi aluno de Harris –, reconhecem limitações teóricas no estruturalismo. Para os gerativistas, a pesquisa linguística deve ir além da mera descrição das línguas. Deve explicar a gramática e o processamento das línguas naturais, assim contemplando a intuição dos falantes acerca de suas próprias línguas. Ou seja, os gerativistas não negam o empreendimento estruturalista, mas advogam por outro programa de investigação, programa esse que, eventualmente, pode se beneficiar dos procedimentos metodológicos da análise estrutural, desenvolvida, em especial, na primeira metade do século XX.

De qualquer modo, o olhar do pesquisador na estrutura das línguas, não na sua materialidade histórica, é o que confere à linguística o estatuto de ciência. É também o que confere unidade às diferentes linhas de investigação linguística, particularmente às que tomam a língua como "um sistema de valores, de oposições e de elementos que formam uma estrutura [...] essa estrutura é válida em si mesma, ou seja, pode se constituir em um objeto da ciência independentemente de sua origem, de sua história e mesmo de seus sujeitos falantes" (Rocha, 2003: 28).

Nessa perspectiva, como explica Riegel (1981: 112),

o termo estrutura, por vezes preferido ao de sistema, define uma totalidade em cujo interior cada elemento ocupa um determinado lugar. Um exemplo concreto: um relógio deve ser descrito como uma estrutura, um monte de areia não. Para se convencer disso, basta decompor esses dois objetos em seus elementos últimos e tentar reconstituí-los! Evidencia-se imediatamente que, diferentemente dos grãos de areia, que basta reunir para formar um monte, o lugar de cada peça do relógio está em função dos lugares das outras – o que explica que somente saibam desmontar e montar relógios aqueles que conhecem todos os princípios do conjunto. Não é outra coisa o que ocorre com os elementos (fonemas, morfemas, palavras, construções) que constituem uma língua.

Assim, em português, por exemplo, nem toda a combinação de palavras forma uma sentença gramatical, nem toda a combinação de morfemas e fonemas dá origem a vocábulos bem-formados. Cada um dos subsistemas da língua contém elementos cuja organização é regida por princípios e restrições. O português autoriza a combinação de vocábulos na sentença (1), mas não nas sentenças de (2) a (5), e pode autorizar a sentença (6) sob certas condições.

(1)   Gosto de dançar.
(2)   * Gosto dançar de.
(3)   * Dançar gosto de.
(4)   * Dançar de gosto.
(5)   * De gosto dançar.
(6)   ? De dançar gosto.

Os 19 fonemas consonantais do português combinam-se com os 7 fonemas vocálicos no começo de sílabas que ocorram no início e em meio de palavra, exceto pela nasal palatal /ɲ/, que ocorre apenas no começo de sílabas mediais, como em *vinho*. O sufixo *-ção* se adiciona a bases verbais para formar substantivos (*destruição, salvação, competição, execução*), já *-vel* se adiciona a bases verbais para formar adjetivos (*louvável, compreensível, abominável*). Descrever a estrutura de uma língua natural pode não ser o cerne da análise linguística voltada à compreensão da faculdade da linguagem humana, mas é etapa relevante nesse percurso de investigação.

ALGUMAS OBSERVAÇÕES

a. Os termos **estrutura subjacente** (ou **estrutura profunda**) e **estrutura de superfície** passaram a ser empregados nas análises gerativas a partir do estudo pioneiro de Chomsky (1965), para representar o funcionamento das gramáticas naturais como dispositivos de mapeamento de formas finitas a um conjunto potencialmente infinito de realizações linguísticas, via atuação de regras e/ou restrições.

b. A ideia de que o exercício da linguagem implica identificar a estrutura interna das formações linguísticas ganha expressão formal, por exemplo, em morfologia na proposta de Basílio (1980), que defende existirem na competência linguística do falante-ouvinte não só **Regras de Formação de Palavras** (RFPs) (Aronoff, 1976), mas a contraparte dessas regras, que a autora chama de **Regras de Análise Estrutural** (RAEs). São exemplos dessas regras, conforme Rosa (2000: 90), a RFP e a RAE de formações vocabulares em *-ção* em português (*educação, fabricação, geração* etc.), onde X representa a base (*educar, fabricar, gerar* etc.):

RFP: $[X]_V \rightarrow [[X]v\text{-}ção]_N$
RAE: $[[X]_V\text{-}ção]_N$

A RFP, um processo de sufixação, pode ser lida assim: de uma base verbal X deriva-se uma forma nominal pela adição de *-ção* à direita da base. Uma RFP, portanto, apoia a formação vocabular na produção da fala.

A RAE representa o fato de que o falante-ouvinte reconhece a estrutura interna de vocábulos formados pela adição de *-ção*, nesse caso de que as formas em *-ção* derivam de bases verbais. Uma RAE, portanto, apoia a interpretação da formação vocabular em sua realização linguística.

c. A operação com sistemas fonológicos e com a estrutura fonológica das línguas naturais é prática corrente na área de Fonologia. Concebe-se haver **estrutura interna** inclusive em algumas de suas subunidades, como a **sílaba** (Selkirk, 1982) e o **segmento** (Clements e Hume, 1995).

Em (7.a) está um exemplo de estrutura interna da sílaba, onde σ = sílaba, A = ataque (*onset* ou início), R = rima, Nu = núcleo, Co = coda.

Em (7.b) está um exemplo de estrutura interna (representação geométrica parcial) do segmento /l/, onde X marca uma posição na camada esqueletal, abaixo de que vem o nó de raiz, depois o nó PC (pontos de consoante), a que se filia o traço [coronal] e, imediatamente abaixo, o traço [+anterior].

(7)   a. estrutura interna da sílaba   b. estrutura interna do segmento

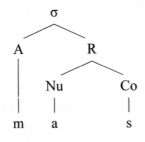
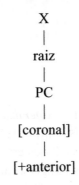

Fonte: Battisti (2014a: 92)   Fonte: Monaretto et al. (2010: 222)

Leituras complementares: Lepschy (1975); Sapir (1980); Camara Jr. (2020).

Capítulos relacionados: Constituinte. Distribuição. Fonemização. Paradigma e sintagma.

Fonemização

O termo *fonemização*, do estruturalismo norte-americano identificado com Leonard Bloomfield (1887-1949), relaciona-se à tarefa de descrever línguas desconhecidas. Essas eram, nos Estados Unidos, na primeira metade do século XX, as línguas indígenas americanas. Desde então, **fonemização** é o nome que se dá ao corpo de conhecimentos e técnicas empregadas para descobrir o sistema fonêmico de uma língua, isto é, seus contrastes sonoros, representados por **fonemas**.

Fonemas distinguem-se de unidades sonoras não contrastivas, mas a eles relacionadas, chamadas **alofones**. Esse tipo de estudo fonológico, conhecido como **análise fonêmica** (Bloch, 1948), se faz a partir do levantamento, transcrição, descrição fonética e exame de distribuição de todas as unidades realizadas foneticamente (sons da fala), denominadas **fones**.

Em qualquer língua natural, fonemas são unidades mínimas capazes de produzir diferença de significado, o que se comprova na comparação de sequências sonoras muito similares. Por exemplo, em (1), vê-se que /t/ e /d/ são fonemas do português porque sua realização como [t] e [d] em sequências sonoras similares, em palavras tais quais *nada/nata,* implica significados distintos: [t] e [d] são os únicos fones diferentes, o restante das unidades fônicas é igual. Um par de palavras como *nada/nata* é, por essa razão, chamado **par mínimo distintivo**.

Formar pares mínimos distintivos é procedimento da análise fonêmica para verificar se certas diferenças fonéticas produzem contrastes de significado. Pode-se efetuar, em pares como *nada/nata*, a troca de um fone por outro similar e examinar se, dessa troca, decorre mudança de significado. Em caso positivo, o fone em questão tem estatuto de fonema na língua investigada. Tal técnica chama-se **teste de comutação.**

(1)   /nata/   /nada/   Fonemas (nível da língua)

        | |

    ['natɐ] ['nadɐ]   Fones (nível da fala)

Já **alofones** são realizações fonéticas levemente diferentes, mas interpretadas intuitivamente pelos falantes-ouvintes de uma língua como "o mesmo som". Determinados pelo **ambiente linguístico** – diante ou depois de certos segmentos, ou em certas posições na cadeia da fala (sílaba, palavra ou frase) –, os alofones não implicam mudança de significado. Por isso, se entende que correspondam ao mesmo fonema. É o que se vê em (2), com exemplos de certas variedades de português brasileiro: nelas, os fonemas /t/ e /d/ podem realizar-se, respectivamente, como [tʃ] e [dʒ] quando seguidos de vogal [i] ou semivogal [j]. Assim, o fonema /t/ tem duas realizações, os alofones [t] e [tʃ], e o fonema /d/, os alofones [d] e [dʒ].

(2)   /tipo/   /dica/   /patio/   /radio/   Fonemas

['tipʊ] ['tʃipʊ] ['dikɐ] ['dʒikɐ] ['patjʊ] ['patʃjʊ] ['hadjʊ] ['hadʒjʊ] Fones

Alofones como [tʃ] e [dʒ], nas variedades de português brasileiro em que se realizam, ocorrem em ambientes específicos: [t] ocorre diante de todas as vogais exceto [i]. Já [tʃ] ocorre apenas diante de [i], como ilustram os vocábulos em (3).

(3)   *[t]exto, [t]este, [t]apa, [t]oca, [t]odo, [t]udo*, mas *[tʃ]ipo*

Parecem contrariar a generalização em (3) palavras incorporadas ao português, como *tchau* (possivelmente oriunda do italiano *ciao* – 'oi') e *tcheco* (adjetivo gentílico relacionado ao país República Tcheca). No entanto, a contradição é apenas aparente, motivada pelo registro ortográfico. Uma semivogal [j] realiza-se na pronúncia dessas palavras: ['tʃjaw] e ['tʃjɛko], mesmo na ausência de letra *i* na escrita.

A exclusividade de ambiente na distribuição dos alofones, ilustrada em (3), é o que se chama **distribuição complementar**. E os alofones em distribuição complementar são denominados **variantes contextuais** ou **combinatórias**. Já segmentos em relação alofônica que ocorrem no mesmo ambiente instanciam **variação livre** e são chamados **variantes livres**. Em (4), há exemplos de variantes livres de /r/ em coda silábica (final de sílaba) em português brasileiro.

(4)   /mar/   Fonemas

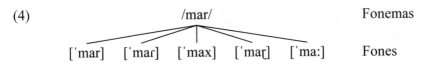

['mar] ['maɾ] ['max] ['maɽ] ['ma:]   Fones

As línguas do mundo diferem no número de fonemas em seu inventário. Conforme Hayes (2009), a língua rotokas, falada na Nova Guiné, possui o menor número de fonemas, apenas 11. Já a língua xóõ, da Namíbia, apresenta 160 fonemas. Não importa o total de fones verificados na fala de uma língua: toda língua terá mais fonemas do que alofones, garantindo-se, assim, a existência dos contrastes necessários à veiculação de significados pelas palavras. Em português, há 19 fonemas consonantais (Tabela 1) e 7 fonemas vocálicos (Tabela 2).

Fonemas como os nasais /m/ e /n/ do português são muito similares em termos articulatórios. Mesmo assim, têm valor distintivo (*mão* é diferente de *não*, por exemplo). Isso evidencia que algum aspecto articulatório é percebido/interpretado como uma diferença significativa pelo falante ouvinte. Como uma dessas nasais é bilabial e a outra, alveolar, entende-se que a bilabialidade de /m/ e alveolaridade de /n/ sejam tomadas como propriedades distintivas, ou traços distintivos desses fonemas em português. Com traços, representam-se as propriedades contrastivas dos fonemas e também as propriedades que classes de unidades fonêmicas têm em comum. No caso de /m/ e /n/, ambos os fonemas caracterizam-se pelo traço [+nasal] (traços são registrados entre colchetes; as valências + e - antes de um traço indicam 'tem a propriedade', 'não tem a propriedade', respectivamente), mas /m/ é [+labial] e /n/ é [-labial].

Tabela 1 – Fonemas consonantais do português.

		Bilabial	Labiodental	Alveolar	Palatoalveolar	Palatal	Velar
Oclusivo	Desvozeado	/p/ pata		/t/ teu			/k/ calo
	Vozeado	/b/ bata		/d/ deu			/g/ galo
Fricativo	Desvozeado		/f/ faca	/s/ assa	/ʃ/ chá		
	Vozeado		/v/ vaca	/z/ asa	/ʒ/ já		
Nasal		/m/ soma		/n/ sono		/ɲ/ sonho	
Vibrante		/r/ murro					
Tepe		/ɾ/ muro					
Aproximante	Lateral			/l/ fala		/ʎ/ falha	

Fonte: elaborada pelos autores.

Tabela 2 – Fonemas vocálicos do português.

		Anterior	*Posterior*
Alto		/i/	/u/
		<u>i</u>lha	<u>u</u>va
Médio	*Fechado*	/e/	/o/
		<u>e</u>le	av<u>ô</u>
	Aberto	/ɛ/	/ɔ/
		<u>e</u>la	av<u>ó</u>
Baixo		/a/	
		<u>a</u>ve	

Fonte: elaborada pelos autores.

Os traços distintivos necessários para representar os contrastes fonêmicos de uma língua é um dos aspectos que o linguista necessita descobrir na fonemização. Hoje, a Teoria Fonológica fornece ao linguista um conjunto total de traços de que ele poderá se valer para cumprir essa tarefa. A depender do modelo teórico, esse conjunto apresenta algumas diferenças. Nos Quadros 1 e 2 a seguir, representam-se as propriedades contrastivas dos fonemas do português com traços fonológicos propostos por Chomsky e Halle (1968) e, no Quadro 3, apresenta-se uma breve descrição desses traços. São sombreadas as células de traço dispensável na representação dos fonemas.

Quadro 1 – Representação por traços das propriedades distintivas dos fonemas consonantais do português.

	p	b	t	d	k	g	f	v	s	z	ʃ	ʒ	m	n	ɲ	l	ʎ	r	ɾ
[soante]	-	-	-	-	-	-	-	-	-	-	-	-	+	+	+	+	+	+	+
[contínuo]	-	-	-	-	-	-	+	+	+	+	+	+	-	-	-	+	+	+	+
[vibrante]	-	-	-	-	-	-	-	-	-	-	-	-	-	-	-	-	-	+	-
[nasal]	-	-	-	-	-	-	-	-	-	-	-	-	+	+	+	-	-	-	-
[labial]	+	+	-	-	-	-	+	+	-	-	-	-	+	-	-	-	-	-	-
[coronal]	-	-	+	+	-	-	-	-	+	+	+	+	-	+	+	+	+	+	+
[anterior]			+	+					+	+	-	-		+	-	+	-	+	+
[lateral]	-	-	-	-	-	-	-	-	-	-	-	-	-	-	-	+	+	-	-
[vozeado]	-	+	-	+	-	+	-	+	-	+	-	+	+	+	+	+	+	+	+

Fonte: elaborado pelos autores.

142 Conceitos básicos de linguística

Quadro 2 – Representação por traços das propriedades distintivas
dos fonemas vocálicos do português.

	i	e	ɛ	a	ɔ	o	u
[alto]	+	-	-	-	-	-	+
[baixo]	-	-	+	+	+	-	-
[posterior]	-	-	-	+	+	+	+
[arredondado]	-	-	-	-	+	+	+

Fonte: elaborado pelos autores.

Além de representar as propriedades contrastivas dos sistemas fonológicos, os traços são usados para descrever a ação de regras fonológicas, isto é, de modificações sistemáticas nos segmentos devidas ao ambiente em que esses ocorrem. Por exemplo, a regra de nasalização vocálica afeta, em português, as vogais em sílabas fechadas por consoante nasal, conforme ilustram os pares em (5). Com traço, essa regra é descrita como assimilação, pela vogal, do traço [+nasal] da consoante seguinte, não importando, especificamente, que ponto de articulação tem essa consoante nasal, se alveolar ou bilabial.

(5) *r[e].de - r[ẽ]n.de*
  l[o].bo - l[õ]m.bo

A fonemização conforme descrita neste capítulo envolve, então, as seguintes etapas de análise:

(i) examar a distribuição dos fones, para esclarecer as sequências segmentais e a posição na sílaba/palavra em que ocorrem;

(ii) identificar fonemas e eventuais alofones, mediante formação de pares mínimos e realização de teste de comutação;

(iii) verificar se os alofones estão em distribuição complementar (se ocorrem em ambientes exclusivos) ou em variação livre (ocorrem no mesmo ambiente);

(iv) formular regras fonológicas em que se representam as modificações segmentais envolvidas na alofonia e também o ambiente em que as modificações ocorrem.

A linguística distribucional: a estrutura 143

Quadro 3 – Descrição de traços distintivos de fonemas consonantais e vocálicos.

Traço distintivo de **consoante**	*Aspecto articulatório a que se refere o traço*
[soante]	Vozeamento na produção do fonema, se espontâneo/obrigatório (+) ou não (-)
[contínuo]	Fechamento da porção oral do trato vocal, se incompleto (+) ou (-) completo
[vibrante]	Resultado do toque do articulador ativo no passivo, se (+) múltiplo com vibração ou (-) não
[nasal]	Percurso da corrente de ar nas cavidades supraglotais, se nasal (+) ou (-) não
[labial]	Articulador ativo do fone que realiza o fonema, se (+) os lábios ou (-) não
[coronal]	Articulador ativo do fone que realiza o fonema, se (+) a ponta/lâmina da língua ou (-) não
[anterior]	Em fonemas coronais, apenas, se produzidos com movimento da língua para frente (+) ou não (-)
[lateral]	Contato das bordas da língua, se comprimido lateralmente (+) ou não (-)
[vozeado]	Vibração (+) ou não (-) das pregas vogais
Traço distintivo de **vogal**	*Aspecto articulatório a que se refere o traço*
[alto]	Distância do corpo da língua em relação ao palato duro, na dimensão vertical, pela ação do maxilar inferior, se próximo (+) ou não (-)
[baixo]	Distância do corpo da língua em relação ao palato duro, na dimensão vertical, pela ação do maxilar inferior, se distante (+) ou não (-)
[posterior]	Movimento do corpo da língua na dimensão horizontal, se recuado (+) ou não (-)
[arredondado]	Formato dos lábios, se arredondados (+) ou não (-)

Fonte: elaborado pelos autores.

Leituras complementares: Callou e Leite (1990); Cavaliere (2005); Cristófaro-Silva (2001); Matzenauer (2010).

Capítulos relacionados: Distribuição. Estrutura.

Morfema

Para a tradição estruturalista norte-americana, o morfema é entendido como a menor unidade linguística portadora de significado. A noção de morfema surgiu a partir de estudos estruturalistas que logo descobriram ser difícil trabalhar com a noção de **palavra**. De acordo com Basílio (2009: 1-2),

> no século XIX, a palavra deixa de ser a unidade mínima de análise linguística; a comparação de elementos gramaticais como suporte a hipóteses de relação genética entre línguas favorece a adoção de um modelo de descrição que reconhece formativos como raiz e desinência. O estruturalismo herda esta situação de desmembramento da palavra, sendo, portanto, natural o estabelecimento do morfema como unidade básica da morfologia. O objeto de estudo da morfologia no estruturalismo é, portanto, o morfema, e seus padrões de combinação [...]. Em consequência, a palavra passa a ser menos relevante, ou mesmo questionável como unidade estrutural, ainda que Bloomfield proponha uma definição de palavra de crucial relevância na metodologia de análise descritiva.

A tradição gramatical do século XX herdou muito da Morfologia estruturalista; por isso, podemos encontrar, em geral, seções relativamente bem detalhadas sobre a morfologia do português em gramáticas normativas da língua portuguesa (cf. Cunha e Cintra, 2013, por exemplo). Um tipo de classificação herdada pelo estruturalismo foi, por exemplo, a distinção entre **morfemas lexicais** e **morfemas gramaticais**. O primeiro tipo é por vezes chamado de "lexema" (seguindo a tradição europeia de André Martinet) ou "raiz" e guarda a essência do significado da palavra que vai formar (para Saussure, 1975[1916]: 216, "chama-se *raiz* a esse elemento irredutível e comum a todas as palavras de uma mesma família", grifo do autor); o segundo tipo tem função essencialmente gramatical e funciona de modo a "classificar" a palavra dentro do sistema da língua. Como explica Camara Jr. (2019: 43 [grifos do autor]):

> Os morfemas, que na primeira articulação são os constituintes últimos de um vocábulo, podem ser de duas naturezas. Uma, **lexical**, associa o

morfema com uma coisa do mundo biossocial que nos envolve e recebe expressão na língua. Os morfemas *estrel-*, de *estrela*, e *com-*, de *comer*, são **morfemas lexicais**, que constituem o cerne do vocábulo. Outros são os **morfemas gramaticais**, que entram na configuração formal da gramática da língua, como *-a*, da classe nominal de *estrela*, ou *-e-*, indicativo da 2ª conjugação de *comer*, oposto à 1ª conjugação de *amar* e à 3ª de *partir*, ou *-r*, que indica em português uma forma verbal determinada, dita "infinitivo", a qual só se emprega em condições específicas dentro da sentença.

Os morfemas (como as demais unidades "êmicas" no estruturalismo) são entidades abstratas que se realizam através de **morfes**. Assim, temos, por exemplo, o morfema lexical *estrel-* (uma unidade de significado lexical) e os morfemas gramaticais *-a* e *-s* (ambas unidades de "classificação" gramatical), que se realizam em morfes para formar a palavra (ou **forma livre**, na terminologia estruturalista) *estrelas*. A cada forma corresponde uma função, seja ela de significado lexical (*estrel-*), seja de função gramatical, como acontece com as vogais temáticas, as desinências de gênero e os morfemas indicativos de número, por exemplo.

Quando os morfemas são de fato usados para a formação de palavras e concretizados como morfes, eventualmente eles podem sofrer variações de forma. Esse fenômeno recebe o nome de **alomorfia**. Por isso, encontramos, por exemplo, morfemas como *pedr-* formando palavras como *pedra*, *pedreira*, *pedreiro* etc., mas também palavras como *petrificar*, *petrificado* etc. Dizemos que, nesses casos, o morfema é realizado por **alomorfes**. Nas palavras de Crystal (2000: 175),

> a relação entre os dois [morfemas e morfes] em geral recebe o nome de EXPOENTE ou REALIZAÇÃO. A maioria dos morfemas são realizados por morfes únicos [...]. Alguns morfemas, porém, são realizados por mais de um morfe, de acordo com sua posição na palavra ou na sentença – estes morfes alternativos são chamados de ALOmorfes ou "variantes morfêmicas".

Além de o fenômeno da alomorfia acontecer com morfemas lexicais (como se viu com o exemplo *pedr-* acima), ele também ocorre com morfemas gramaticais, tal como é o caso da alomorfia condicionada fonologicamente do morfema de número *-s* em português (tal alomorfia acontece também pela posição da palavra na sentença, como destacou Crystal no trecho anterior). O morfema de formação de plural pode ser realizado (ou exponenciado) como [s] ou como [z] (ou ainda como [ʃ] ou como [ʒ], a depender do dialeto).

(1)	Livros gastos. Livros empoeirados.
(2)	Livros caros. Livros pequenos. Livros.

Em (1), o morfema de plural nas duas ocorrências da palavra *livros* é realizado como [z]; em (2), o mesmo morfema é realizado como [s]. Tal alomorfia depende do contexto fonético em que o morfema se encontra: se a palavra seguinte iniciar por um fone vozeado ([g] e [e] no exemplo), o morfema *-s* será realizado pela fricativa vozeada ([z]); caso contrário, será realizado pela fricativa desvozeada ([s]).

Leituras complementares: Camara Jr. (2019, 2020); Figueiredo Silva e Medeiros (2016); Gonçalves (2016, 2019).

Capítulos relacionados: Estrutura. Fonemização. Vocábulo formal.

Paradigma e sintagma

Costuma-se atribuir a Ferdinand de Saussure o estabelecimento de que a língua pode ser analisada em termos de paradigma e sintagma. Em tese, essa interpretação não pode ser considerada integralmente falsa, uma vez que os termos paradigma/sintagma têm largo uso a partir da linguística saussuriana. No entanto, é justo dizer que Saussure não falava em paradigma e sintagma, mas em "relações associativas" e "relações sintagmáticas", o que não equivale *pari passu* aos termos aqui examinados.

Na verdade, o uso que a linguística pós-saussuriana fez desses termos decorre de uma interpretação, no âmago no estruturalismo, das relações preconizadas no estudo saussuriano. No entanto, a dupla paradigma/sintagma não pode ser diretamente imputada ao genebrino. O mais correto, então, seria dizer: paradigma/sintagma derivam de uma interpretação estruturalista feita da linguística saussuriana, mas não podem ser diretamente associadas ao nome de Saussure.

Falemos, então, em paradigma e sintagma.

Ora, normalmente se considera que as unidades da língua (fonológicas, morfológicas, sintáticas etc.) estão organizadas e estruturadas de acordo com dois princípios: **seleção** e **combinação**. Ou, como explica Jakobson (1974: 37): "falar implica a seleção de certas entidades linguísticas e sua combinação em unidades linguísticas de mais alto grau de complexidade". Há, portanto, dois modos de arranjo na língua.

A seleção se dá entre termos alternativos e "implica a possibilidade de substituir um pelo outro, equivalente ao primeiro em um aspecto e diferente em outro" (Jakobson, 1974: 40). Quer dizer, a seleção diz respeito ao paradigma, ou seja, ao conjunto de unidades que mantêm entre si relações virtuais de **substituição**. Em outras palavras, no paradigma, há seleção e substituição simultaneamente.

A combinação se dá entre termos linearmente articulados na cadeia da fala (sintagmática) e implica que um elemento apareça "em combinação com outro" (Jakobson, 1974: 39). Dito de outro modo, a combinação diz respeito ao sintagma, ou seja, a uma cadeia de elementos em relação de **contextura**. Essa mesma cadeia pode ser, ela mesma, constituinte de uma unidade maior, o que "significa que qualquer unidade linguística serve, ao mesmo tempo, de contexto para unidades mais simples e/ou encontra seu próprio contexto em uma unidade linguística mais complexa" (Jakobson, 1974: 39).

148 Conceitos básicos de linguística

Em resumo, temos o Quadro 4:

Quadro 4 – Paradigma e sintagma.

Paradigma	Sintagma
Conjunto de unidades virtualmente substituíveis em um dado contexto	Sequência de unidades de dimensões variáveis que estão combinadas hierarquicamente
Relação de seleção	Relação de combinação
Relação de substituição	Relação de contextura

Fonte: elaborado pelos autores.

O **paradigma** e o **sintagma** organizam todas as unidades da língua e em seus diferentes níveis. Por exemplo, podemos pensar em paradigma e em sintagma na fonologia. Observe-se o exemplo extraído da obra de Jakobson cuja explicação é notavelmente clara:

"Você disse *pig* [porco] ou *fig* [figo]?" disse o Gato. "Eu disse *pig* [porco]" respondeu Alice. Nesse enunciado peculiar, o destinatário felino tenta recapturar uma escolha linguística feita pelo destinador. No código comum de Gato e Alice, isto é, em inglês falado, a diferença entre uma oclusiva e uma contínua, outras coisas mantendo-se iguais, pode mudar o significado da mensagem. Alice usou o traço distintivo oclusivo *versus* contínuo, rejeitando o último e escolhendo o primeiro dos dois opostos; e no mesmo ato de fala, ela combinou essa solução com outros traços simultâneos, usando a gravidade e a tensão de /p/, em contraste com a intensidade de /t/ e a frouxidão de /b/. Assim, todos esses atributos foram combinados em um feixe de traços distintivos, o chamado fonema. O fonema /p/ foi seguido pelos fonemas /i/ e /g/, feixes de traços distintivos produzidos simultaneamente. Portanto, a coocorrência de entidades simultâneas e a concatenação de entidades sucessivas são as duas maneiras pelas quais nós, falantes, combinamos constituintes linguísticos.
Nem feixes de traços como /p/ ou /f/ nem tais sequências de feixes como /pig/ ou /fig/ são inventados pelo falante que os utiliza. Nem podem o traço distintivo oclusivo *versus* contínuo nem o fonema /p/ ocorrer fora de contexto. O traço oclusivo aparece em combinação com certos outros traços coocorrentes, e o repertório de combinações desses traços em fonemas como /p/, /b/, /t/, /d/, /k/, /g/ é limitado pelo código da língua dada. O código estabelece limitações às combinações possíveis do fonema

/p/ com outros fonemas seguintes e/ou precedentes; e apenas parte das sequências permitidas de fonemas é realmente utilizada no estoque lexical de uma determinada língua. (Jakobson e Halle, 2002: 72-3)

Em outras palavras, /p/ e /f/ estão em relação de paradigma um em relação ao outro e em relação de sintagma no contexto em que ocorrem (/pig/ e /fig/). Ou, como explica Lyons (1987: 97):

> os sistemas linguísticos podem diferenciar-se uns dos outros fonologicamente, não apenas quanto ao número de elementos fonológicos de seus inventários (e a atualização fonética destes), mas também em termos *das* relações sintagmáticas que determinam a boa formação fonológica de combinações possíveis: isto é, sintagmas fonológicos. Falamos, a título de simplicidade, como se os sintagmas fonológicos pudessem ser satisfatoriamente definidos como sequências de fonemas: sabemos que nem todos os fonemas podem preceder ou suceder qualquer outro fonema. Há restrições de sequência que proíbem a ocorrência dos membros de um conjunto de fonemas ao lado dos membros de um outro conjunto. As regras determinantes da boa formação fonológica em determinadas línguas devem especificar quais sejam estas restrições: mais especificamente devem explicitar que elementos podem ser colocados juntos em sintagmas bem formados, e de que forma se processa essa combinação.

O mesmo pode ocorrer com os demais níveis da análise linguística. Observe-se o fragmento de uma entrevista de Benveniste e a análise que faz para o léxico:

> Nós fazemos duas coisas quando falamos: agenciamos palavras, todos os elementos destes agenciamentos representam cada um uma escolha entre várias possibilidades; quando digo "eu sou", eliminei "você é", "eu era", "eu serei" etc. E, pois, numa série que se chama *paradigma*, uma forma que escolhi, e assim para cada porção de um enunciado que se constitui em *sintagma*. O senhor tem aí o princípio e a chave do que se chama a estrutura. Para atingi-la é necessário: 1º isolar os elementos distintivos de um conjunto finito; 2º estabelecer as leis de combinação destes elementos. Todas as vezes que o senhor tem estas possibilidades, o senhor constrói uma estrutura. (Benveniste, 1989: 33)

Por fim, ainda, a título de ilustração, leia-se o exemplo apresentado por Crystal (1991: 201):

150 Conceitos básicos de linguística

Ele --------------- pode --------- ir --------------- amanhã --------- relações
Sintagmáticas
Ela   deve   vir   em breve

Eu   quero   perguntar   depois   relações
Tu   poderias   dormir   agora   paradigmáticas

Acrescenta o autor ao esquema: "cada um dos signos que constituem uma frase tem uma função sintagmática e paradigmática (a função de *ele*, por exemplo, advém, em parte, das relações que estabelece com outros substitutos pessoais e, em parte, das relações que estabelece com os outros signos da frase em que está integrado)" (Crystal, 1991: 202).

Além das orientações gerais pós-saussurianas acima apresentadas, cabe destacar uma perspectiva de abordagem de paradigma/sintagma que obteve forte repercussão na linguística do século XX: o distribucionalismo.

Harris (1963: 15-6) explica que

> o ambiente ou a posição de um elemento consiste na vizinhança, dentro de uma expressão, de elementos que foram estabelecidos sobre a base dos mesmos procedimentos fundamentais utilizados para estabelecer o elemento em questão. "Vizinhança" refere-se à posição de elementos anteriores, posteriores e coincidentes com o elemento em questão. Portanto, em *I tried /ay # traid/*, o ambiente do fonema /a/ é constituído pelos /tr-yd/; o do morfema *try* /try/, pelo contrário, são os morfemas *I–ed*. Ou, se entonações morfêmicas estão envolvidas na discussão, *I–ed* com a entonação de asserção.
>
> A distribuição de um elemento é o total de todos os ambientes em que esse elemento ocorre, isto é, a soma de todas as (diferentes) posições (ou colocações) de um elemento relativamente ao aparecimento de outros elementos.

Fica bem claro que, deste ponto de vista, cabe à análise distribucional determinar nos dados (*corpus*) como se distribuem as diferentes unidades (fonológicas, morfológicas etc.) e como podem ser classificadas, de acordo com a maior ou menor similaridade de distribuição, obedecidas as posições sintagmáticas e paradigmáticas.

Leituras complementares: Crystal (1991); Lyons (1979, 1987).

Capítulos relacionados: Constituinte. Distribuição. Relações sintagmáticas e relações associativas.

Vocábulo formal

O vocábulo formal (ou vocábulo mórfico) é uma noção morfológica cara ao estruturalismo norte-americano. O vocábulo formal é adotado em detrimento do termo **palavra**, de significação imprecisa, cuja definição depende, entre outros aspectos, do sistema de escrita que se segue. Por exemplo, em *guarda-costas*, temos uma palavra ou duas? E em *Rio de Janeiro*, uma palavra ou três? E em contrações como *pelo* (por+o) ou *da* (de+a), quantas palavras temos aí? **Vocábulo formal** é um termo técnico, de definição única e precisa, que as noções de **forma livre** e **forma presa** ajudam a esclarecer. Por isso, para melhor compreendê-lo, é aconselhável retomar a conceituação proposta por Bloomfield (1933: 160), quando classifica as unidades morfológicas da língua em **formas livres** e **formas presas**.

As formas livres são formas morfológicas que podem ser utilizadas isoladamente em situações comunicativas, funcionando, por si mesmas, como resposta a uma pergunta.

(1)   A: O que o João fez?
       B: Saiu.
(2)   A: O que você tem nessa sacola?
       B: Livros.
(3)   A: Você viu a Maria ontem?
       B: Sim.

As respostas de (b) nos diálogos acima são exemplos de formas livres, que, em português, podem ser verbos (1), substantivos (2), advérbios (3) etc. Essas formas podem ser monomorfêmicas (como (3)) ou ser constituídas por mais de um morfema (como (1) e (2)). As formas livres contrastam com as formas presas, que são utilizadas apenas quando ligadas a outras formas presas (4) ou a formas livres (5); do contrário, não podem ser usadas de maneira isolada na comunicação (6).

(4)   A: O que você fez ontem à noite?
       B: Estudei. *(estud+e+i)*
(5)   A: Como você está se sentindo?
       B: Infeliz. *(in+feliz)*

152 Conceitos básicos de linguística

(6) A: Como você está se sentindo?
     B: *In.

O vocábulo formal, para Bloomfield, é "a unidade a que se chega, quando não é possível nova divisão em duas ou mais formas livres" (Camara Jr., 2019: 106). Dito de outra maneira, o vocábulo formal é sempre uma forma livre da língua, que pode ser constituída de uma única forma livre monomorfêmica ou de uma forma livre composta por várias formas presas.

Às formas livres e presas bloomfieldianas, Camara Jr. acrescenta a noção de **forma dependente**. "A razão para isso é que certas formas, embora não possam aparecer sozinhas como as formas livres, podem mudar de lugar no vocábulo ou então aceitam intercalação de outras formas livres entre ela e a forma com a qual se associam", como explicam Figueiredo Silva e Medeiros (2016: 35). Nas palavras do próprio Camara Jr. (2019: 106),

> conceitua-se assim uma forma que não é livre, porque não pode funcionar isoladamente como comunicação suficiente; mas também não é presa, porque é suscetível de duas possibilidades para se disjungir da forma livre a que se acha ligada: de um lado, entre ela e essa forma livre pode-se intercalar uma, duas ou mais formas livres *ad libitum*.

E ainda:

> A forma dependente é, portanto, o primeiro exemplo em português da falta de coincidência absoluta entre vocábulo fonológico e vocábulo formal. Trata-se de um vocábulo formal que não é vocábulo fonológico, senão parte de um vocábulo fonológico, a que se acha ligado pelo acento que domina várias sílabas átonas. (Camara Jr., 2019: 107)

Em português, são formas dependentes os artigos, as preposições, as partículas proclíticas átonas, as conjunções integrantes etc.

Leituras complementares: Camara Jr. (2019); Figueiredo Silva e Medeiros (2016); Souza-e-Silva e Koch (2002).

Capítulos relacionados: Morfema.

PARTE III
A LINGUÍSTICA GERATIVA: A GRAMÁTICA

Aceitabilidade e gramaticalidade

Na década de 1960, em especial no livro *Aspectos da teoria da sintaxe*, de 1965, Chomsky discute as noções de **aceitabilidade** (e **inaceitabilidade**) e de **gramaticalidade** (e **agramaticalidade**) para lidar com o fato de que, constantemente, os falantes (e os linguistas) julgam frases ou sequências de itens lexicais como "boas", "marginais", "ruins", "estranhas" etc. Tomem-se as frases (1), (2), (3), (4) e (5) a seguir, por exemplo:

(1)   O João gosta de estudar francês.
(2)   Meu peixe gosta de estudar francês.
(3)   Tu gosta de estudar francês.
(4)   *A João gosto de estudar francês.
(5)   *francês João estudar de o gosta.

Os três primeiros exemplos são considerados frases *aceitáveis* em português brasileiro (PB), ainda que (2) seja semanticamente anômala (afinal, peixes não costumam *estudar francês* e tampouco costumam *gostar* de atividades intelectuais). Ainda assim, é possível pensarmos em algum contexto em que (2) seja perfeitamente coerente – talvez alguma fábula em que os animais sejam dotados de inteligência e capacidade de linguagem, por exemplo. De qualquer forma, aceitamos a frase (2) como sendo uma frase gramaticalmente bem formada da língua portuguesa, porque ela respeita as regras de boa formação sintática da língua.

Em (3), temos uma frase com um possível problema de concordância verbal, em que o pronome de 2ª pessoa do singular (*tu*) flexiona o verbo como se fosse um pronome de 3ª pessoa do singular. Esse é um desvio meramente normativo, ou seja, um desvio das normas prescritivas encontradas em uma gramática normativa típica. Em muitos dialetos do PB em que os falantes empregam a forma pronominal *tu* de maneira frequente (como na região Sul, por exemplo), a regra de concordância com esse pronome é exatamente essa, independentemente, via de regra, de fatores sociais (cf. Monteiro, 1994; Duarte, 2018). Isso significa que uma frase pode ser aceitável, na língua, sem que ela seja, necessariamente, correta do ponto de vista da prescrição gramatical. A frase (3) é aceitável na medida em que é uma frase legítima e produzida, de fato, por falantes do português brasileiro,

156 Conceitos básicos de linguística

independentemente de sua obediência ou desobediência às regras de concordância verbal prescritas nas gramáticas normativas.

Por outro lado, as sequências de palavras em (4) e (5) não são aceitáveis como frases bem formadas que sejam atestadas em qualquer variedade linguística do PB. São meras sequências de palavras que não são reconhecidas como pertencentes a nenhum dialeto ou variedade já atestados. Mais do que inaceitáveis, são sequências agramaticais em PB; daí levarem um asterisco (*). Essas sequências são consideradas inaceitáveis justamente por não serem representativas de nenhuma variedade linguística reconhecida da língua e agramaticais por não respeitarem regras sintáticas de formação de sintagmas e frases em português.

No entanto, existem sequências aceitáveis que não são necessariamente gramaticais (ou que nos fazem, pelo menos, repensar o conceito de gramaticalidade), como aquelas que vemos em (6) e (7), por exemplo:

(6)   Tem um cara que ele é muito meu amigo.
(7)   Meu computador cai a internet a toda hora.

Em (6), temos dois sujeitos na oração subordinada [que ele é muito meu amigo]: o pronome relativo *que* e o pronome reto *ele*. Essa é uma frase aceitável e atestada em PB (cf. Tarallo, 1983), mas com uma estrutura sintática estranha, justamente porque a oração subordinada apresenta dois elementos que poderiam atuar como sujeito ([que] e [ele]), ao invés de apenas um único constituinte que seja o sujeito. Em (7), vemos novamente uma frase aceitável que desafia a regência canônica do verbo *cair*. Não obstante, trata-se de uma frase aceitável, ainda que sua gramaticalidade possa ser contestada, por conta dessa regência verbal não usual. Isso acontece aqui porque estamos diante de uma estrutura topicalizada, muito recorrente em PB (cf. Pontes, 1986, 1987, por exemplo). A versão gramaticalmente "comportada" de (7) seria algo como "A internet do meu computador cai a toda hora", em que *cair* é usado como um verbo intransitivo. Entretanto, em (7), o constituinte de papel genitivo [do meu computador] é alçado à posição frontal da frase, resultando uma frase bem formada em português (outros exemplos desse tipo são *Meu carro furou o pneu* vs *O pneu do meu carro furou* ou *O livro rasgou a capa* vs *A capa do livro rasgou*).

Por outro lado, existem frases perfeitamente gramaticais que seguem os princípios e regras gramaticais da língua à risca, mas que são inaceitáveis em português, como (8):

(8)   O rato que o gato que meu cachorro detesta pegou morreu.

Essa frase é de difícil processamento e, por isso, não é aceitável em PB (nem em qualquer outra língua conhecida). Isso acontece porque a aceitabilidade está relacionada a "uma reação concreta e observável do falante-ouvinte a um arranjo particular" de palavras da língua (Guimarães, 2017: 32), ao passo que a gramaticalidade está relacionada a uma concepção teórica acerca daquilo em que consiste o funcionamento estrito da gramática da língua. A noção de aceitável, portanto, "não deve ser confundida com a de 'gramatical'. A aceitabilidade é um conceito que pertence ao estudo da performance, enquanto a gramaticalidade pertence ao estudo da competência" (Chomsky, 1975a: 92). A interpretação de (8) não é trivial apenas em termos de "performance" (ou desempenho). Vejamos.

Há um princípio gramatical que subjaz à gramática das línguas, conhecido como o princípio da subordinação: "[e]le estabelece que, em qualquer língua humana, uma oração sempre poderá ser inserida como constituinte de outra oração, subordinando-se a ela" (Kenedy, 2015: 100). Isso significa que podemos ter a oração [O rato morreu] e subordinar outra oração [o gato pegou o rato] a ela, gerando a frase complexa [O rato [que o gato pegou] morreu]. Pelo mesmo procedimento gramatical, pode-se subordinar uma nova oração à oração subordinada [o gato pegou o rato]. Pode-se, portanto, subordinar a oração [meu cachorro detesta o gato] à oração [o gato pegou o rato]. Como resultado, obtem-se a frase complexa [o gato [que meu cachorro detesta] pegou o rato]. Dois níveis desse tipo de subordinação central resultam, comumente, em frases gramaticais e aceitáveis. Entretanto, frases com três níveis de encaixamento, como (8) [O rato que o gato que meu cachorro detesta pegou morreu], em geral são consideradas inaceitáveis, apesar de serem, estritamente falando, gramaticais (cf. Karlsson, 2009). Para Chomsky (1975: 92), "as frases gramaticais não aceitáveis muitas vezes não podem ser usadas, por razões que têm a ver não com a gramática, mas antes com limitações de memória, com fatores estilísticos e de entoação, etc.". É o que acontece com a frase (8), por exemplo.

Leituras complementares: Chomsky (1975); Guimarães (2017); Maia (2015a,b).

Capítulos relacionados: Aspecto criativo da linguagem. Falante-ouvinte ideal. Gramática. Recursividade.

Aquisição da linguagem

Em linguística, costuma-se chamar de **aquisição da linguagem** a área que investiga como as crianças desenvolvem a linguagem durante seus primeiros anos de vida. A própria designação da área ("aquisição da linguagem") não deixa de transparecer um viés teórico, uma vez que se fala "aquisição" e não "ensino/aprendizagem" e uma vez que se fala "linguagem" e não "língua".

Adquirir um conhecimento é diferente de *aprender* um conhecimento em um ambiente de ensino. Quando se usa o termo "aquisição", está se referindo ao fato de que todas as crianças (à exceção de crianças com alguma peculiaridade neurocognitiva ou problemas graves de saúde) irão, em um período relativamente curto de sua vida (em cerca de 3 a 5 anos), dominar a língua (ou as línguas) falada\ gesticulada em seu ambiente linguístico. Esse domínio acontecerá sem um ensino formalizado e sem as etapas tradicionais da aprendizagem de outras habilidades. Da mesma forma, quando se usa o termo "linguagem" (em "aquisição da linguagem"), ao invés de "língua", esta-se referindo ao fato de que todas as crianças, independentemente da língua (ou das línguas) que as cercam, desenvolvem não só o domínio de uma língua específica (ou mais de uma) de maneira regular e uniforme, mas também os modos de usar e interpretar a linguagem. Isso significa que a aquisição da linguagem acontece seguindo mais ou menos as mesmas etapas, independentemente se em crianças brasileiras aprendendo português, banawá, tikuna ou talian, ou se em crianças chinesas aprendendo mandarim, cantonês ou xangainês. Em outras palavras, a aquisição da linguagem acontece de maneira uniforme – e previsível – independentemente da língua específica que faz parte do ambiente linguístico da criança e independentemente do meio sociocultural em que a criança está inserida.

Scarpa (2001: 216-7) narra um choque cultural interessante nos estudos de aquisição:

> Trabalhos de campo realizados com comunidades outras que não a branca, classe média ocidental, mostram diferentes características na interação adulto-bebê que as até então reportadas na literatura. Os trabalhos mais famosos nesta direção são com os maias do grupo quiché da Guatemala

A linguística gerativa: a gramática **159**

(Pye, 1992), com os kaluli, povo de Paupa-Nova Guiné (Schieffelin, 1990), e com os samoanos da Samoa Ocidental, na Polinésia (Ochs, 1988). Nessas comunidades, a interação verbal entre crianças e adultos é mínima, isto porque a criança não tem o papel de destinatário até que consiga pronunciar palavras reconhecíveis pela língua. As vocalizações do bebê são ignoradas pelos adultos e não há intenção atribuída a elas. Segundo Ochs e Shieffelin (1997), os kaluli adultos ficaram surpresos com o fato de os pais americanos (presentes na comunidade) utilizarem *baby talk* (fala infantilizada) para as crianças pequenas e se espantaram com o fato de as crianças americanas conseguirem aprender adequadamente uma língua sendo expostas a amostras "deturpadas" de fala segundo a visão de sua cultura.

Para a surpresa dos ocidentais, mesmo que as crianças não mantenham um papel de interlocutor ativo na interação verbal com os adultos de sua comunidade até que atinjam determinada idade, ainda assim, elas adquirem e dominam a língua da comunidade antes dos 6 anos de idade. E para a surpresa dos kaluli, mesmo que as crianças sejam interlocutoras de adultos que dirigem a elas uma fala "deturpada", muito diferente da fala adulta (compare "Você está com fome, bebê? Você gostaria de comer?" com uma possível versão em *baby talk* "Bebê tá fominha? Bebé qué papazinho?"), ainda assim elas, igualmente, dominam a língua falada pelos pais e comunidade antes de completar 6 anos de idade.

Como o processo de aquisição da linguagem parece acontecer independentemente de cultura ou de língua específica, a hipótese gerativista para responder à questão "como as crianças adquirem a linguagem?" está baseada grandemente em evidências biológicas. A capacidade de aquisição da linguagem é universal e uniforme; por isso deve estar inscrita, de alguma maneira, em nosso código genético e deve se refletir, em última análise, na configuração funcional de nosso cérebro. Essa é uma postura chamada **inatista**, por considerar que "a linguagem, específica da espécie, dotação genética e não um conjunto de comportamentos verbais, seria adquirida como resultado do desencadear de um dispositivo inato, inscrito na mente" (Scarpa, 2001: 206).

Como um de nós afirmou em outro lugar (Othero, 2003: 33 [grifos do autor])

> [...] o estímulo linguístico do ambiente da criança é apenas uma *parte* do processo de aquisição da linguagem. Sendo a linguagem [...] uma capacidade inata, é possível pensar que, a partir do estímulo, a criança desenvolve sua linguagem, cujas bases e estruturas gramaticais já estão inscritas em sua mente. O ambiente serviria como um gatilho que disparasse a aquisição da linguagem.

Se consideramos a faculdade da linguagem como uma habilidade inata, específica e uniforme a toda espécie humana, teremos também de aceitar que os princípios genéticos da linguagem não podem ser específicos a uma língua X ou Y. Em outras palavras, a propriedade inata da linguagem prevê que a criança irá desenvolver *uma linguagem natural humana* e não a língua X ou Y.

Para a hipótese gerativista, nascemos pré-programados para desenvolver uma língua, independe de qual língua (ou línguas) faz parte de nosso ambiente linguístico. Estudar a aquisição da linguagem, no quadro gerativista, significa estudar como as crianças (com ou sem distúrbios linguísticos) desenvolvem sua gramática e se apropriam do léxico nas línguas particulares e o que isso pode dizer sobre a natureza da linguagem humana de maneira geral.

ALGUMAS OBSERVAÇÕES

a. O estudo da aquisição da linguagem é tema central para a os estudos da linguagem de maneira geral. Apresentamos aqui apenas o ponto de vista gerativista sobre a aquisição. Entretanto, todas as teorias linguísticas se preocupam, em maior ou menor medida, com o processo de aquisição.

b. Como um de nós escreveu em outro lugar (Flores, 2019: 20-1),

> creio que todas as teorias linguísticas – e quando digo "todas" estou, ao mesmo tempo, referindo as que conheço e estendendo a afirmação, em forma de hipótese, às que não conheço –, em algum momento de seu desenvolvimento, tiveram de dizer algo sobre o "problema" da aquisição da língua/linguagem. O fato de o homem passar da condição de *infans* a falante não é trivial, e duvido que algum linguista ou estudioso da linguagem não se deixe tocar pelo tema.

Leituras complementares: Grolla e Figueiredo Silva (2014); Karnopp (2005); Kenedy (2013); Lopes (2019); Pinker (2004); Scarpa (2001).

Capítulos relacionados: Competência. Gramática. Gramática Universal. Inatismo. Língua-I. Problema de Platão.

Aspecto criativo da linguagem

Um dos pontos centrais do debate que cercou a corrente psicológica (e linguística) conhecida como **comportamentalismo** nas décadas de 1950 e 1960 envolveu justamente o conceito que conhecemos por **aspecto criativo (ou criador) da linguagem**. Esse conceito foi explorado por Chomsky em diversos trabalhos influentes dessa época, em especial para desafiar o paradigma comportamentalista. E continua sendo parte central do entendimento do que vem a ser a linguagem para o programa gerativista – e, na verdade, para qualquer investigação linguística contemporânea, nos arriscaríamos a afirmar.

Para Chomsky (1973: 18), o aspecto criativo da linguagem é

> a capacidade, exclusivamente humana, de exprimir novos pensamentos e entender expressões de pensamento inteiramente novas dentro do arcabouço "de uma linguagem instituída", linguagem que é um produto cultural sujeito a leis e princípios, em parte pertencentes unicamente a ele e em parte reflexos das propriedades gerais do espírito.

Essa capacidade está relacionada com o fato de que não há limites para a criação de novas frases e expressões, em qualquer língua natural humana. Em outras palavras, podemos formar frases sempre novas e inéditas, usando para isso um conjunto finito e limitado de palavras organizadas de acordo com um conjunto de regras ou princípios gramaticais também limitado. Tal conjunto contém não apenas regras e princípios específicos de cada língua, como também regras e princípios universais e condicionados biologicamente. De acordo Chomsky (1972: 40),

> as possibilidades ilimitadas do pensamento e da imaginação refletem-se no aspecto criador do uso da linguagem. A linguagem oferece meios finitos mas possibilidades infinitas de expressão, coagidas unicamente pelas regras de formação do conceito e de formação das frases, sendo estas parcialmente particulares e idiossincráticas, mas também parcialmente universais, um dote humano comum. A forma finitamente especificável de cada língua – em termos modernos, sua gramática gerativa – fornece uma "unidade orgânica" que inter-relaciona seus elementos básicos e é subjacente a cada uma de suas manifestações individuais, potencialmente infinitas em número.

162 Conceitos básicos de linguística

A psicologia comportamentalista aplicada à linguagem pelo psicólogo norte-americano B. F. Skinner nas décadas de 1950 e 1960 entendia a linguagem como espécie de "repositório" de palavras ou frases. Esse repositório estava à disposição do falante, que deveria usar a palavra ou frase adequada (ou seja: a resposta verbal adequada) a determinado estímulo externo:

> De uma maneira geral, o modelo skinneriano assume que o ambiente que circunda um bebê ou um adulto exige um comportamento verbal específico em certos tipos de contexto, como dizer uma determinada palavra ou uma determinada frase diante de uma dada situação, ou ainda exibir compreensão de determinado enunciado linguístico, por exemplo desencadeando o comportamento não verbal veiculado a um ato de fala presente no contexto imediato. O ambiente linguístico de um indivíduo apresentaria, à vista disso, os fatores condicionantes de um dado comportamento verbal operante – por exemplo, dizer "bola" quando se vê uma bola ou enunciar uma sequência de números quando alguém pergunta "qual seu CPF?". (Kenedy e Guesser, 2019: 56)

Entretanto, Chomsky argumenta que a linguagem não é um conjunto de frases ou palavras inertes que estão, de alguma maneira, armazenadas na memória de um falante. Para Chomsky, "uma propriedade essencial da linguagem consiste em fornecer os meios para exprimir um número indefinido de pensamentos e para reagir apropriadamente num conjunto indefinido de novas situações" (Chomsky, 1975a: 86). Uma língua, portanto, não tem restrições para a formação de novos enunciados, desde que respeitado o conjunto de regras e princípios gramaticais que regem a formação de novas frases e orações na língua. Não há, dessa forma, como prever o que um falante dirá quando for exposto a um determinado estímulo, uma vez que o falante tem a capacidade criativa de criar frases inéditas, combinando palavras e sintagmas diferentes para formar, a cada vez, combinações inovadoras. O aspecto criativo da linguagem, para Chomsky,

> está ao centro do que torna uma língua um sistema gerativo. Na argumentação chomskyana, tal noção é por definição incompatível com um circuito de formação de comportamentos operantes baseado em recompensa para respostas, afinal uma língua não é uma longa lista de frases selecionadas por reforços porque tal lista, por mais extensa que fosse, não poderia ser infinita, não poderia ser criativa. Com efeito, no mundo real, crianças e adultos compreendem a todo momento frases que nunca ouviram antes em sua história, assim como produzem a todo instante frases inéditas, nunca

antes proferidas em seu ambiente – ou na verdade em qualquer ambiente. Chomsky indaga: de que maneira cada um desses comportamentos específicos poderia ter sido selecionado num dado momento no curso da história de um indivíduo particular? (Kenedy e Guesser, 2019: 61)

Pense nas frases que compõem este capítulo. Muitas delas são formações inéditas, jamais imaginadas ou enunciadas por outro falante de língua portuguesa. Por isso, quase a totalidade dessas frases está sendo lida e interpretada pela primeira vez. Elas não vêm de um "repositório de frases prontas", mas são formadas pelo locutor e interpretadas pelo interlocutor (em grande parte) graças ao conhecimento gramatical interiorizado da língua que permite a formação e a compreensão de frases novas, formadas por palavras conhecidas, seguindo regras gramaticais que fazem parte da gramática da língua que compartilhamos.

Essa propriedade de formar novas frases a cada instante – e de interpretar novas frases a cada instante – já havia sido percebida por linguistas anteriores ao programa gerativista. Conforme Trask (2004: 15 [grifos do autor]):

A capacidade de produzir e compreender enunciados totalmente novos é chamada de *abertura* (***open-endedness***) [...], sem ela, nossas línguas e até mesmo nossas vidas seriam diferentes do que são, irreconhecíveis. Provavelmente, nenhuma outra característica da língua ilustra de maneira tão espetacular a distância insuperável que separa a língua humana dos sistemas de sinalização de outras espécies.

A importância da abertura foi percebida por linguistas há várias décadas; o termo ***open-endedness*** foi criado pelo linguista americano Charles Hockett na década de 1960, mas outros preferiram às vezes os rótulos ***produtividade*** ou ***criatividade***.

Sendo uma propriedade central da linguagem, qualquer programa de investigação linguística deve buscar compreendê-la.

Leituras complementares: Chomsky (1972, 1973, 2010); Gonçalves (2007); Kenedy e Guesser (2019).

Capítulos relacionados: Competência. Problema de Descartes. Problema de Humboldt.

Competência

O conceito de **competência** aparece depois da primeira grande revisão da teoria gerativista, com a publicação, em 1965, de *Aspectos da teoria da sintaxe*. Para Chomsky (1975a: 84), a competência é "o conhecimento que o falante-ouvinte possui da sua língua". Ela designa o conhecimento mental, interiorizado, que o falante tem de sua língua materna, permitindo que ele use a língua em situações comunicativas concretas.

Chomsky fez um recorte metodológico entre competência e **desempenho** ("o uso efectivo da língua em situações concretas", Chomsky, 1975a: 84) para mostrar que o desempenho gramatical de um falante (i.e., as produções linguísticas produzidas efetivamente pelo falante) é repleto de hesitações, falsos começos, repetições indevidas de palavras etc. e, por isso, não reflete diretamente seu conhecimento gramatical. Daí a importância do estudo da competência linguística do **falante-ouvinte ideal**, uma vez que ela reflete o conhecimento gramatical interiorizado – e inacessível explicitamente – que um falante (idealizado) domina.

Em paralelo com outras ciências, a distinção fica clara: quando um estudante de Medicina estuda um órgão do corpo, como o coração humano, por exemplo, ele não estuda somente *um*, *dois*, *três* ou *quatro* exemplares de corações, físicos. A anatomia do coração de cada pessoa é – nos detalhes – única, o que faz com que cada pessoa possua um órgão que seja ligeiramente diferente do de outra pessoa. O tamanho e o peso do coração variam de indivíduo para indivíduo, de acordo com o tamanho e o peso de cada pessoa; para muitos, a artéria coronária direita irriga o sangue para o nódulo atrioventricular, mas para outros, ela irriga o sangue para o nódulo sinusal; o ritmo sinusal (a frequência cardíaca considerada "normal" quando a pessoa está em repouso) varia entre crianças, adultos e idosos e também entre pessoas da mesma faixa etária, dependendo do nível de seu condicionamento físico, por exemplo. Em resumo, um estudo sobre a anatomia e sobre o funcionamento do coração não pode se basear exclusivamente nos exemplares físicos desse órgão que o pesquisador encontra durante sua investigação empírica; antes, deve se basear numa idealização do coração, que seja representativa de uma pessoa ideal ou idealizada. Esse coração abstrato, idealizado, é o objeto real de estudo da Medicina. A partir dele, estabelece-se o que é normal e o que é desviante em sua estrutura e em seu funcionamento.

A linguística gerativa: a gramática **165**

Em linguística, a competência de um falante-ouvinte ideal representa essa idealização do conhecimento gramatical de uma língua, objeto de estudo da linguística gerativa. Nas palavras de Chomsky (1975a: 4), uma vez mais:

> Para o linguista, assim como para a criança que aprende a língua, o problema consiste em determinar, a partir dos dados da performance [=desempenho], o sistema subjacente de regras que foi dominado pelo falante-ouvinte e que ele põe a uso na performance efectiva. Logo, no sentido técnico, a teoria linguística é mentalista, na medida em que tem como objetivo descobrir uma realidade mental subjacente ao comportamento efectivo. [...] Uma gramática de uma língua pretende ser uma descrição da competência intrínseca do falante-ouvinte ideal.

Uma das grandes questões propostas por Chomsky para o programa gerativo diz respeito justamente à investigação da natureza da competência linguística do falante-ouvinte ideal. Essa questão é conhecida na literatura como o **Problema de Humboldt** (cf. Chomsky, 1988, 1991): de que se constitui o conhecimento gramatical interiorizado de uma pessoa?

Leituras complementares: Chomsky (1975a, 1994); Guimarães (2017); Kenedy (2013); Lunguinho e Teixeira (2019); Negrão, Scher e Viotti (2003).

Capítulos relacionados: Desempenho. Falante-ouvinte ideal. Língua-E. Língua-I.

Desafio de Galileu

A teoria gerativa centra grande parte de sua agenda de investigação na resolução de cinco problemas centrais, cada um homenageando um pensador da tradição filosófica ou científica ocidental (ou mais de um, no caso do Problema de Wallace-Darwin). São eles:

1. Problema de Humboldt: de que se constitui o conhecimento gramatical de um falante?
2. Problema de Platão: como esse conhecimento gramatical é adquirido e desenvolvido?
3. Problema de Descartes: como esse conhecimento é posto em uso em situações comunicativas?
4. Problema de Broca: como esse conhecimento está relacionado com o funcionamento cerebral?
5. Problema de Wallace-Darwin: como esse conhecimento (e o aparato neurofisiológico relacionado a ele) surgiu na espécie humana?

Adicionalmente a esses problemas, Chomsky recentemente (cf. Chomsky, 2017) tem se referido a um desafio para o campo de estudos da linguagem: o **Desafio de Galileu** (ou Desafio de Galileu/Port Royal), em homenatem ao cientista italiano Galileu Galilei (1564-1642). Como se sabe, Galileu revolucionou a ciência em sua época. Para Chomsky (2018a: 37),

> por milênios, os cientistas ficaram satisfeitos com explicações simples para fenômenos costumeiros: rochas caem e vapor sobe porque estão buscando seu lugar natural; objetos interagem por simpatias e antipatias; percebemos um triângulo porque sua forma voa pelo ar e se implanta em nossos cérebros; e assim por diante. Quando Galileu e outros se permitiram ficar intrigados com os fenômenos da natureza, a ciência moderna começou – e rapidamente se descobriu que muitas de nossas crenças não fazem o menor sentido e que nossas intuições constantemente estão enganadas. A vontade de ficar intrigado com o mundo é algo muito valioso e deve ser cultivado, desde a infância até as pesquisas mais avançadas.

Essa "vontade de ficar intrigado", essa atitude de "admiração e assombro" frente ao fenômeno da linguagem resume o Desafio de Descartes. Ainda nas palavras de Chomsky (2019: 7-8):

> No início da revolução científica moderna, Galileu e, logo depois, os lógico-gramáticos de Port-Royal expressaram admiração e assombro com relação à "sublimidade da mente", que possibilitou "uma das grandes vantagens espirituais dos seres humanos em comparação com outros animais, [...] a invenção maravilhosa pela qual, usando vinte e cinco ou trinta sons, podemos criar a infinita variedade de expressões que, não tendo nada em comum com o que está se passando em nossas mentes, nos permitem expressar, ainda assim, todos os nossos segredos e entender o que não está presente à consciência e, na verdade, tudo o que podemos conceber e os mais diversos movimentos de nossa alma".
>
> O desafio de Galileu/Port-Royal é realmente inspirador em muitos aspectos, incluindo os problemas associados aos grandes pensadores [elencados acima] [...]. Em meados do século XX, graças ao trabalho de Alan Turing e de outros matemáticos proeminentes que estabeleceram a teoria da computação sobre uma base sólida, tornou-se possível abordar alguns desses desafios de maneira eficaz [...]. Esse empreendimento tem sido frequentemente abordado dentro do "modelo biolinguístico", que reconhece a faculdade da linguagem humana como um componente da mente e, em última instância, do cérebro. Ficou claramente entendido, pela década de 1950, como um objeto finito (o cérebro) poderia, em princípio, gerar o conjunto infinito de pensamentos linguisticamente expressáveis e externalizá-los via algum sistema sensório-motor, tipicamente a fala, embora outras modalidades também sejam usadas, como no caso das línguas gestuais.

O Desafio de Galileu pode ser entendido, portanto, como o próprio desafio de compreender o que é a linguagem, qual é sua natureza, como ela é adquirida, como ela surgiu em nossa espécie e quais são suas propriedades exclusivas. "A falha de chegar a essa compreensão exemplifica a falta de vontade de se sentir perplexo diante das coisas – [...] o primeiro passo na investigação científica séria, tal como é reconhecido nas ciências duras pelo menos desde Galileu" (Chomsky, 2018a: 40).

Todas essas questões avançaram, segundo Chomsky, com o desenvolvimento do programa gerativo de investigação linguística, em especial desde o advento da teoria de Princípios e Parâmetros e do **Programa Minimalista** de investigação linguística, iniciados a partir da década de 1980 (cf. Chomsky, 2017, 2020; Negrão, 2013), como Chomsky (2018a: 54) afirma:

168 Conceitos básicos de linguística

Um projeto de pesquisa mais amplo, chamado nos últimos anos de *Programa Minimalista*, começa com essa suposição ideal – a chamada *Tese Minimalista Forte*, TMF – e pergunta até que ponto ela pode ser mantida tendo em vista a variedade e as complexidades observadas nas línguas do mundo. Onde uma lacuna é encontrada, a tarefa é verificar se os dados podem ser reinterpretados, ou se os princípios de computação ótima podem ser revistos, para que os quebra-cabeças encontrados possam ser solucionados dentro do modelo da TMF, dando, dessa forma, algum suporte (em um domínio interessante e inesperado) para o preceito de Galileu de que a natureza é simples, e é tarefa do cientista provar isso. A tarefa é, obviamente, desafiadora. Mas é justo dizer, eu acredito, que hoje ela parece muito mais realista do que há alguns anos, embora alguns problemas enormes ainda persistam.

Entre os problemas, estão os cinco grandes problemas elencados no início deste capítulo.

Leituras complementares: Berwick e Chomsky (2017); Chomsky (2014, 2018b, 2019); Rodrigues (2019).

Capítulos relacionados: Problema de Humboldt. Problema de Wallace-Darwin.

Desempenho

O conceito de *desempenho* aparece em *Aspectos da teoria da sintaxe* (Chomsky, 1965), em um recorte metodológico que Chomsky estabelece entre **competência** e **desempenho** (ou *performance*, como consta em algumas traduções, tal como na tradução portuguesa de onde tomamos o trecho abaixo). Nas palavras de Chomsky (1975a: 83-4 [grifos do autor]):

> A teoria linguística tem antes de mais como objecto um falante-ouvinte ideal, situado numa comunidade linguística completamente homogénea, que conhece a sua língua perfeitamente, e que, ao aplicar o seu conhecimento da língua numa performance efectiva, não é afectado por condições gramaticalmente irrelevantes tais como limitações de memória, distracções, desvios de atenção e de interesse, e erros (casuais ou característicos). Esta parece-me ter sido a posição dos fundadores da moderna linguística geral, e nenhuma razão convincente foi alguma vez proposta para a modificar. Para estudarmos a performance efectiva, tem que se considerar a interacção de uma variedade de factores, entre os quais a competência subjacente do falante-ouvinte é apenas um deles. Deste ponto de vista, o estudo da linguagem não é diferente da investigação empírica de outros fatores complexos. Fazemos, portanto, uma distinção fundamental entre *competência* (o conhecimento que o falante-ouvinte possui da sua língua) e *performance* (o uso efectivo da língua em situações concretas). A performance só é um reflexo directo da competência no caso de vigorarem as condições ideais estabelecidas no parágrafo anterior. Na realidade dos factos, é óbvio que ela não pode reflectir diretamente a competência. Uma gravação da fala natural mostrará numerosos arranques em falso, desvios das regras, mudanças de intenção a meio caminho, e assim por diante.

O desempenho linguístico se materializa, portanto, nas enunciações produzidas por um falante numa situação comunicativa concreta. Normalmente, a fala espontânea é fragmentada e está sujeita a pressões externas ou não linguísticas (tais como o cansaço, o nervosismo, a limitação de memória e o estado emocional do falante, por exemplo). Por isso, ela não é o objeto de estudo *par excellence* de

170 Conceitos básicos de linguística

uma linguística preocupada em estudar o sistema gramatical subjacente inscrito na mente/cérebro de um falante.

Veja-se este excerto extraído de um *corpus* de fala espontâneo (*corpus* LínguaPOA, cf. Battisti et al., 2017):

> E: então eu não fumo, sabe, eu não:, tenho pavor de fuma(r), assim, quando eu vo(u), porque eu acho, assim, muita falta de respeito, assim... Ã: o meu marido sempre fala, porque o meu marido ele fuma: onde ele tá, ele é, o meu marido é viciado em cigarro... Então ele fuma onde ele tá, se ele tive(r) na casa de alguém que não fuma, ele vai pedi(r) pra i(r) até a rua... E ele vai fuma(r), pode tá caindo granizo e ele vai da(r) um jeito de fuma(r), sabe? Eu não, eu... Não fumo de jeito nenhum, eu tenho PAVOR de entra(r) num lugar... E... E senti(r) que eu estou che(i)rando a cigarro, então, assim, eu fumo quando eu tenho a oportunidade de tá em casa, de pode(r) toma(r) um banho depois na hora de sai(r) ... E não tá fedendo a cigarro, assim, sabe?

Os dados de fala espontânea são representativos do desempenho linguístico do falante, e, para um gerativista, são um dos meios de chegar ao conhecimento linguístico presente na gramática mental e interiorizada do falante (sua competência). No trecho acima, há hesitações ("Ã:", "Eu não, eu.."), falsos começos ("eu não:, tenho pavor de fuma(r)") e até mesmo construções agramaticais, que poderiam ser reconhecidas como tais pelo próprio falante, caso essas construções lhe fossem apresentadas fora de contexto (como "onde ele tá, ele é, o meu marido é viciado em cigarro"). Por isso, argumenta Chomsky, o desempenho linguístico do falante não pode ser o real objeto de estudo da linguística (de base racionalista, mentalista ou cognitivista).

Entretanto, o desempenho linguístico recebeu atenção da investigação gerativista desde os primeiros trabalhos de Chomsky (cf. Miller e Chomsky, 1963, por exemplo) e recebe ainda hoje, em especial em trabalhos sobre processamento sintático (cf. Corrêa, 2015; Kenedy, 2015; Maia, 2015a,b). A investigação do desempenho linguístico dos falantes revela muito sobre a interface linguagem x processamento cerebral e, por isso, não pode ser ignorada. Chomsky é bastante claro neste ponto:

> Tem havido um certo número de críticas ao trabalho da gramática generativa com base na acusação de descuidar o estudo da performance em favor do estudo da competência subjacente. Os fatos, contudo, parecem mostrar que os únicos estudos da performance, fora do domínio da fonética

[...], são aqueles levados a cabo como produto acessório do trabalho em gramática generativa. [...] Consequentemente, esta crítica não se justifica, e, mais ainda, tem um alvo completamente errado. Pelo contrário, aquilo que impede o desenvolvimento duma teoria efectiva da performance é a limitação-de-princípio dos descritivistas à classificação e à organização dos dados, à "extrações de padrões" dum corpus de fala observado, à descrição de "hábitos de fala" ou de "estruturas habituais" (e ainda no caso de tudo isso existir), etc. (Chomsky, 1975a: 96-7)

O objeto de estudo gerativista, em especial à época da distinção feita por Chomsky, em 1965, é a competência linguística do falante-ouvinte ideal. Contudo, investigações acerca do desempenho linguístico de falantes revelam muitos *insights* sobre a organização e as propriedades da competência. Por isso, o estudo do desempenho, ainda que "acessório", nunca foi ignorado pela tradição gerativista.

Leituras complementares: Chomsky (1975a, 1994); Guimarães (2017); Kenedy (2013); Negrão, Scher e Viotti (2002).

Capítulos relacionados: Competência. Competência comunicativa. Gramática. Falante-ouvinte ideal. Língua-E. Língua-I.

Falante-ouvinte ideal

O **falante-ouvinte** ideal aparece explicitado em Chomsky (1965: 3), na seguinte passagem (a citação vem da edição portuguesa, cf. Chomsky, 1975a: 83):

> A teoria linguística tem antes de mais como objeto um falante-ouvinte ideal, situado numa comunidade linguística completamente homogénea, que conhece a sua língua perfeitamente, e que, ao aplicar o seu conhecimento da língua numa performance efectiva, não é afectado por condições gramaticalmente irrelevantes tais como limitações de memória, distrações, desvios de atenção e de interesse, e erros (casuais ou característicos).

A esse trecho, segue-se imediatamente a definição de outros dois conceitos caros à linguística gerativa: as noções de **competência** e **desempenho**. A abstração do objeto de estudo é (ou deveria ser) algo trivial nas ciências, e a ideia por trás da noção de falante-ouvinte ideal é justamente abstrair o conhecimento linguístico que um falante tem de sua língua materna, no sentido de que o falante possa, por exemplo, emitir julgamentos sobre construções possíveis, impossíveis e marginais em sua língua. Não se nega que um falante é um ser sócio-histórico imerso na cultura de sua comunidade; antes, abstraem-se as propriedades externas à linguagem para que a competência gramatical de um falante idealizado sirva como objeto de estudo. O falante-ouvinte ideal é entendido, portanto, como uma entidade abstrata, uma suposição teórica do linguista, correspondente à soma dos falantes/ouvintes de uma dada língua natural; todos eles potenciais portadores do conhecimento (**competência**) que lhes permite produzir e compreender as frases e enunciados da língua.

Nas palavras de Guimarães (2017: 56),

> Chomsky não ignorou a importância de se considerar também o desempenho, posto que ele mesmo reconhece uma conexão entre as duas coisas, tanto que admite que os dados do desempenho são as fontes observáveis a partir das quais se pode inferir indiretamente as propriedades da competência. Ele explicitamente admite que uma teoria geral da linguagem

investigue o desempenho linguístico real. Não há qualquer desprezo ao sujeito real e suas circunstâncias mentais e sociais. Há apenas um recorte de objeto de estudo, reconhecendo-se que a teoria gramatical não abarca o grande fenômeno da linguagem como um todo.

Segue-se disso que o objeto de estudo da linguística gerativista é o conhecimento gramatical de um falante-ouvinte ideal, e "[d]izer que o objeto de estudo é o *falante-ouvinte ideal* equivale a dizer que o objeto de estudo é a *competência* do falante, sua gramática mental, enquanto *conhecimento* de um sistema de regras combinatórias, uma *capacidade*, uma *potencialidade* [...]" (Guimarães, 2017: 57 [grifos do autor]).

Leituras complementares: Chomsky (1975a, 1994); Kenedy (2013); Guimarães (2017); Maia (2019); Othero e Menuzzi (2019).

Capítulos relacionados: Competência. Desempenho. Língua-I. Gramática Universal.

Gramática

Gramática, nos estudos da linguagem, é um termo polissêmico.

Na acepção geralmente mais difundida, *gramática* é um livro que contém as regras do bem falar e escrever de determinada língua. Um dos papéis sociais que a gramática – nesse sentido – cumpre é servir de modelo para o ensino da língua oficial de um determinado país. Por muito tempo, *gramática*, nessa acepção, foi usada como uma importante baliza nas aulas de Língua Portuguesa por todo o território nacional. Até hoje, ela é usada como material de apoio ao livro didático, tanto em aulas de língua materna como em aulas de língua adicional. "Gramática normativa", "prescritiva" ou "tradicional" são outras denominações que o termo *gramática*, nessa acepção, pode receber.

Entretanto, a acepção do termo em **linguística gerativa** é diferente dessa. Aqui, uma primeira aproximação ao termo pode aproximá-lo ao *conhecimento gramatical* que um falante intuitivamente possui sobre o funcionamento formal de sua língua (nos níveis morfológico, sintático, semântico e fonético-fonológico). Todos os falantes têm conhecimentos profundos sobre a estrutura gramatical de sua língua, isto é, sobre a gramática da língua. Esse conhecimento, no entanto, é implícito e, no mais das vezes, inconsciente. Um dos trabalhos do linguista é, justamente, desvendar, descrever e compreender esse conhecimento gramatical. Esse entendimento do termo *gramática* ganha força com os trabalhos do linguista norte-americano Noam Chomsky, no desenvolvimento do **programa gerativista**. Em uma das obras seminais do programa gerativista, *Estruturas sintáticas*, de 1957, Chomsky já afirma nas primeiras linhas da "Introdução":

> O estudo sintático de uma determinada língua tem como objetivo a construção de uma gramática que pode ser encarada como algum tipo de mecanismo de produção das sentenças da língua sob análise. De maneira mais geral, os linguistas devem se dedicar à tarefa de determinar quais as propriedades básicas fundamentais de gramáticas adequadas. O resultado final destas investigações deveria ser uma teoria da estrutura linguística em que os recursos descritivos utilizados em gramáticas particulares são apresentados e estudados abstratamente, sem que se faça referência específica a línguas particulares. (Chomsky, 2015: 15)

À época, Chomsky estava especialmente interessado no estudo das propriedades sintáticas das línguas e, por isso, a ênfase na sintaxe do excerto anterior. Contudo, entendemos uma gramática hoje com uma arquitetura mais complexa, em que estão envolvidos, pelo menos, um "módulo" semântico, um fonético-fonológico, um morfológico e um sintático.

Nesse trecho de Chomsky, aparece outra acepção do termo *gramática*, relacionada tanto com aquela primeira acepção (de livro de regras) como com o entendimento de gramática como conhecimento intuitivo e inconsciente do funcionamento formal da língua. A gramática, nesse terceiro sentido, pode ser entendida como o resultado das investigações de um linguista sobre o funcionamento gramatical da língua. Dito de outra forma, o linguista busca entender como funciona a gramática de uma língua na mente dos falantes, isto é, busca descrever e explicar a **competência** gramatical de um falante. A partir de sua investigação, ele ou ela descreve o funcionamento sintático, morfológico, semântico ou fonético-fonológico da língua em questão, desenvolvendo uma gramática dessa língua. Em *Aspectos da teoria da sintaxe* (1965), Chomsky afirma:

> Uma gramática de uma língua pretende ser uma descrição da competência intrínseca do falante-ouvinte ideal. Se a gramática for, além disso, perfeitamente explícita – por outras palavras, se não se apoiar na inteligência do leitor compreensivo, mas se, em vez disso, fornecer uma análise explícita do seu contributo – podemos chamar-lhe (de um modo um tanto ou quanto redundante) uma *gramática generativa*. (1975a: 84 [grifos do autor])

Sistematizamos essas três diferentes acepções do temo *gramática* no seguinte esquema da Figura 20:

Figura 20 – Gramática, em três acepções do termo.

GRAMÁTICA	i. Conjunto de regras do "bem falar e escrever", elaborado por gramáticos a partir de modelos da "grande literatura"; prescreve regras do "certo" ou "errado" na língua escrita ou na fala monitorada.
	ii. Conhecimento interiorizado e, em grande medida, inconsciente que o falante tem sobre a estrutura e o funcionamento de sua língua.
	iii. Resultado da descrição e da análise gramaticais de uma língua.

Fonte: elaborada pelos autores.

176 Conceitos básicos de linguística

Para que as acepções (ii) e (iii) fiquem claras, é interessante vermos alguns exemplos do conhecimento gramatical dos falantes e propostas de descrição desse conhecimento. Considere os seguintes exemplos:

(1)   O João abriu a porta.
(2)   A porta abriu.

(3)   O João quebrou um vaso.
(4)   Um vaso quebrou.

O conhecimento gramatical que temos do português nos permite formar as frases (1) a (4) e, ao mesmo tempo, reconhecê-las como frases bem formadas na língua. Uma tentativa de descrição dessas frases poderia ser a seguinte:

(5)   Frases que apresentam, em sua estrutura, um sujeito e um predicado com verbo transitivo direto seguido de objeto direto, como (1) e (3), podem ser manipuladas para formarem frases em que o objeto direto aparece na função de sujeito e o verbo é empregado de maneira intransitiva, tal como (2) e (4).

Repare que as frases (1) a (4) são *produzidas* e *reconhecidas* como frases do português por qualquer falante nativo dessa língua, sem que haja qualquer tipo de reflexão metalinguística sobre elas. Pode-se dizer que o conhecimento intuitivo e inconsciente do funcionamento da gramática da língua permite aos falantes formarem tais frases e identificá-las como sequências gramaticais bem formadas da língua.

A descrição gramatical esboçada em (5), por outro lado, requer reflexão metalinguística e uso de termos técnicos embasados e definidos dentro de um modelo teórico determinado (tais como os termos "sujeito", "predicado", "objeto direto" etc.). Como qualquer proposta de análise dos dados, (5) está sujeita a falsificação e possíveis reformulações. Ao tentarmos aplicar (5) a outras frases do português, como (6) e (8), obtêm-se, como resultado, sequências agramaticais, ou seja, sequências malformadas na língua (assinaladas com um asterisco, seguindo uso corrente), como qualquer falante pode reconhecer.

(6)   O João leu o livro.
(7)   *O livro leu.

(8)   O João comeu um sanduíche.
(9)   *Um sanduíche comeu.

Aqui, nosso conhecimento gramatical nos informa que (7) e (9) estão malformadas, ainda que sejam previstas pela análise em (5). Isso significa que (5) deve ser reformulada para que consiga descrever corretamente tanto os dados de (1) a

A linguística gerativa: a gramática **177**

(4) como os novos dados de (6) a (9). Aparentemente, uma descrição bem-sucedida dessas frases não pode levar em consideração apenas sua estrutura sintática superficial, uma vez que todas elas têm a mesma estrutura sintática superficial:

[Frase[sujeito] [predicado[verbo] [objeto direto]]]

(10) $[_{Frase}[_{suj}$ O João] $[_{predicado}[_{verbo}$abriu] $[_{OD}$a porta]]]

(11) $[_{Frase}[_{suj}$ O João] $[_{predicado}[_{verbo}$quebrou] $[_{OD}$um vaso]]]

(12) $[_{Frase}[_{suj}$ O João] $[_{predicado}[_{verbo}$leu] $[_{OD}$o livro]]]

(13) $[_{Frase}[_{suj}$ O João] $[_{predicado}[_{verbo}$comeu] $[_{OD}$um sanduíche]]]

A diferença entre elas pode estar em suas propriedades semânticas. Atentando a detalhes de natureza semântica, não é possível detectar nenhuma diferença no sujeito dessas frases: em todas elas, o sujeito é um ser humano, [o João], e, em todas elas, o sujeito *faz alguma coisa* – o que João fez em (1) foi abrir a porta; o que ele fez em (3) foi quebrar um vaso; o que ele fez em (6) foi ler um livro; e o que ele fez em (8) foi comer um sanduíche. Entretanto, analisando o objeto direto nessas frases, é possível perceber uma diferença semântica. Em (1) e (3), o objeto *sofreu alteração de estado* graças à ação do João: em (1) a porta passou de *fechada* para *aberta* e em (2) o vaso passou de *inteiro* para *quebrado*. Os objetos diretos nas frases (6) e (8), por outro lado, não mudaram de estado: em (6) o livro continua em seu estado inicial sendo um livro (não conseguimos perceber fisicamente a diferença entre um livro lido e um livro não lido), e, em (9), o sanduíche deixa de existir (de sanduíche, resulta um "nada"), mas não há mudança de estado.

Levando essas propriedades em consideração, é possível reelaborar (5) como (5'):

(5') Frases com verbos transitivos diretos em que objetos sofrem mudança de estado podem ser manipuladas para formarem frases em que o objeto direto aparece na função de sujeito e o verbo é empregado de maneira intransitiva.

Essa formulação em (5') descreve de maneira correta o conhecimento gramatical do falante (acepção de *gramática* (ii)) e torna mais adequada uma tentativa de descrição gramatical do português (acepção de gramática (iii)) – até, pelo menos, que se encontrem dados não previstos por (5'), caso em que se deve revisar novamente a análise.

Por vezes, encontramos regras gramaticais sendo repetidas na tradição gramatical (acepção (i)) sem uma preocupação investigativa adequada. É o caso, por exemplo, da análise de frases ativas e passivas, como se percebe a partir destes exemplos:

(14) O João abriu a porta.

(15) A porta foi aberta pelo João.

178 Conceitos básicos de linguística

(16)   O João quebrou um vaso.
(17)   Um vaso foi quebrado pelo João.

(18)   O João leu o livro.
(19)   O livro foi lido pelo João.

(20)   O João comeu um sanduíche.
(21)   Um sanduíche foi comido pelo João.

Na elaboração de (5) e (5'), percebemos que as frases *O João abriu a porta* e *O João quebrou um vaso* tinham comportamento sintático distinto de *O João leu o livro* e *O João comeu um sanduíche*. As duas primeiras frases pertencem a um conjunto de tipos oracionais que apresentam alternância causativa, ou seja, são passíveis da mudança prevista por (5'); as duas últimas não permitem tal alternância, como atestamos com a agramaticalidade de (7) e (9). Em outras palavras, o primeiro par de frases não fazia parte do mesmo conjunto a que pertence o segundo par de frases.

Contudo, quando deparamos com as construções passivas, todas essas quatro frases apresentam exatamente o mesmo comportamento sintático, qual seja: é possível formar uma correspondente passiva a partir de sua estrutura básica ativa. Isso nos leva a pensar, então, que a propriedade de o objeto mudar ou não mudar de estado não deve ser relevante aqui. Ou seja, tanto frases transitivas diretas com um objeto que muda de estado (como (14) e (16)) como frases transitivas diretas com um objeto que não sofre mudança de estado (como (18) e (20)) podem ser passivizadas (i.e apresentam uma contraparte na voz passiva). Essa intuição é capturada pela regra descrita em (22), que pode ser encontrada em diversas gramáticas (acepção (i)) da língua portuguesa (e.g. Bechara, 1982, Cunha e Cintra, 2013).

(22)   Frases com verbos transitivos diretos podem ser passivizadas.

Contudo, tal regra (ainda que consagrada na tradição gramatical pela acepção (i)) deve ser revista se não descrever corretamente o funcionamento da gramática (acepção (ii)) da língua. Parece ser esse o caso, frente aos exemplos (23) e (25), que resultam nas sequências agramaticais (24) e (26).

(23)   O João teve muito dinheiro.
(24)   *Muito dinheiro foi tido pelo João.

(25)   O João levou um tapa.
(26)   *Um tapa foi levado pelo João.

Temos aí predicados verbais com verbos transitivos diretos e objetos diretos. Contudo, ao contrário do que prevê a regra em (22), essas frases não apresentam

A linguística gerativa: a gramática **179**

correspondentes passivas. Isso significa que (22) deve ser revista. Novamente, propriedades semânticas da frase interferem na sua manipulação sintática: o problema aqui não reside nas propriedades do objeto, mas nas do sujeito. Na passivização das frases em português, o sujeito da voz ativa ocupa a função conhecida na tradição gramatical como *agente da passiva* na contraparte passiva:

(14) [$_{suj}$O João] abriu a porta.
(15) A porta foi aberta [$_{agente\ da\ passiva}$pelo João].

Para que um sujeito possa desempenhar a função de *agente da passiva*, é necessário que tal sujeito seja, na frase ativa, um sujeito *agente*. De fato, *O João* é sujeito agente em (14), (16), (18) e (20). No entanto, ele não desempenha esse papel em (23) e (25). Vimos que, em (14), o que o João *fez* foi abrir a porta; em (16), o que o João *fez* foi quebrar o vaso etc. Mas não podemos dizer que, em (23), o que o João *fez* foi ter muito dinheiro ou que, em (25), o que ele *fez* foi levar um tapa de alguém. Essas coisas "aconteceram" com o João – e não foram ações "feitas" ou "desempenhadas" pelo João. Tendo isso em mente, é possível revisar (22) para chegar a (22').

(22') Frases com verbos transitivos diretos que têm sujeitos agentes podem ser passivizadas.

Infelizmente, não costumamos encontrar gramáticas (na acepção (i)) com (22'), apenas com (22). Entretanto, parece necessário reformular (22) para que se descreva melhor o que, de fato, acontece na gramática (acepção (ii)) da língua portuguesa.

Ao mesmo tempo em que uma gramática (acepção (iii)) deve se ocupar da descrição das línguas particulares, ela também deve investigar propriedades formais que subjazem a todas as línguas ("O resultado final destas investigações deveria ser uma teoria da estrutura linguística em que os recursos descritivos utilizados em gramáticas particulares são apresentados e estudados abstratamente, sem que se faça referência específica a línguas particulares", como alerta Chomsky). As descrições apresentadas em (5') e (22') devem fazer algum sentido não apenas na descrição da gramática (acepção (ii)) do português, mas também na descrição gramatical de outras línguas naturais não necessariamente aparentadas.

Leituras complementares: Basso (2019); Chomsky (2015); Perini (2006); Pires de Oliveira e Quarezemin (2016).

Capítulos relacionados: Competência. Falante-ouvinte ideal.

Gramática Universal

Partindo-se da hipótese de que a linguagem é uma propriedade biológica universal inata da espécie humana, ela deve, portanto, ser parte integrante da mente/cérebro de cada indivíduo da espécie, uma vez que todos os humanos compartilham uma carga genética muito semelhante. Essa hipótese, denominada **Gramática Universal** (GU) e atribuída ao linguista norte-americano Noam Chomsky, prevê, assim, que todos os seres humanos tenham um "sistema computacional" linguístico, a que chamamos de "gramática", inscrito em nossa mente\cérebro. Em seu livro de 1957, *Estruturas sintáticas*, considerado por muitos como marco inicial do programa gerativista, Chomsky não chega a postular o conceito de Gramática Universal de maneira explícita, mas deixa claro que as análises sintáticas propostas para o inglês que estão apresentadas ali não devem ser entendidas como análises gramaticais específicas daquela língua. Antes, seriam regras sintáticas que poderiam, potencialmente, ser aplicadas ao estudo da gramática de qualquer língua natural. Em *Aspectos da teoria da sintaxe*, de 1965, Chomsky faz uma crítica ao estudo das gramáticas de línguas particulares que não consideram aspectos universais da linguagem. Para ele,

> [a] gramática de uma língua particular deve ser completada por uma gramática universal que dê conta do aspecto criativo do uso da linguagem e que formule as regularidades profundas que, por serem universais, são omitidas da gramática propriamente dita. [...] Unicamente quando completada por uma gramática universal é que a gramática de uma língua dá conta totalmente da competência do falante-ouvinte. (Chomsky, 1975a: 86)

Algumas das ideias básicas da GU propostas por Chomsky já encontravam respaldo em estudos anteriores ao desenvolvimento do programa gerativista. Chomsky reconhece a importância, por exemplo, das investigações da *Gramática de Port-Royal* e dos filósofos René Descartes (1596-1650) e Wilhelm von Humboldt (1767-1835), que perceberam que as línguas particulares compartilhavam muitas propriedades em comum, tais como possibilitarem a criação e a expressão do pensamento humano, além de fazerem uso infinito de recursos finitos (tais como as palavras ou os morfemas de uma língua), tornando possível a expressão linguística de uma quantidade infinita de sequências gramaticais – a propriedade a que chamamos de **aspecto criativo da linguagem**. O próprio nome *Gramática Universal* já havia sido utilizado previamente ao desenvolvimento do programa gerativista. Chomsky (1965) cita, por exemplo, o livro de Beattie (1788), que já afirmava: "Estas coisas, que todas as línguas possuem em comum, ou que são necessárias a cada língua, são tratadas numa ciência, a que alguns chamaram gramática *Universal* ou *Filosófica*" (apud Chomsky, 1975a: 84 [grifos do autor]).

Contemporaneamente, em linguística gerativa, entende-se que a GU representa o estado inicial do sistema computacional linguístico inscrito na mente/cérebro de um ser humano recém-nascido. Assim, ela guia o desenvolvimento da(s) língua(s) particular(es) (oralizada(s) ou sinalizada(s)) adquirida(s) pela criança no meio em que ela cresce e se desenvolve, sendo central à hipótese inatista de aquisição da linguagem sob o viés gerativista. Para Raposo (1992: 46-7), a GU é

> [...] um órgão biológico, que evolui no indivíduo como qualquer outro órgão. O resultado dessa evolução é a gramática final que caracteriza os conhecimentos linguísticos do falante adulto. Nos termos de Chomsky, a Gramática Universal é o estado inicial da faculdade da linguagem (S_0), e a gramática do indivíduo adulto constitui o seu estado final, firme ou estável (S_S, do inglês "Steady Stage").

O termo "órgão" deve ser entendido aqui como sistema biológico, tal como o sistema circulatório ou o sistema imunológico. Obviamente, é possível retirarmos órgãos específicos de nosso corpo, mas não é possível extrair o "órgão da linguagem", uma vez que ele é entendido como um sistema que tem funcionamento no corpo humano e depende do envolvimento de diferentes outros órgãos específicos, tal como diferentes partes do cérebro, o aparelho fonador, as mãos e músculos da face (para produção) e os ouvidos e olhos (para a percepção); veja discussão em Milner (2020).

O estudo das gramáticas particulares das línguas (português, alemão, Libras, espanhol etc.) deve levar em conta que essas línguas – sendo línguas naturais humanas – se enquadram em padrões formais pré-estabelecidos, comuns a todas as línguas, que estão inscritos na GU. A GU delimita e modela as gramáticas particulares e possibilita a aquisição completa de uma língua, a despeito da insuficiência ou da imperfeição dos dados de *input* durante a fase de aquisição da criança. De acordo com Guimarães (2017: 114-5), a criança – tendo sido exposta aos dados a que foi exposta e não tendo sido exposta aos dados a que não foi – acaba internalizando aquela Língua-I específica, e não qualquer outra, por uma interação de fatores, um deles sendo um conjunto geneticamente determinado de princípios cognitivos de natureza exclusivamente gramatical (i.e. a GU), os outros dois sendo as idiossincrasias da experiência daquela criança com seu meio social imediato, e habilidades cognitivas (e físicas) próprias da espécie *homo sapiens sapiens* que não são exclusivamente voltadas para a gramática. A GU conteria princípios rígidos e universais, bem como um (limitado) espaço de variação.

Se a GU já está presente na mente/cérebro do falante (isto é, uma "dotação biológica que subjaz a capacidade para a linguagem", nas palavras de Chomsky, 2018a: 50) antes mesmo de este passar a fazer parte efetiva da comunidade linguística, torna-se possível conceber a ideia de que, a partir de dados linguísticos primários, a criança consiga desenvolver a gramática de sua(s) língua(s) específica(s) com relativo sucesso em tão pouco tempo, o que responde o **Problema de Platão** e guia os estudos de aquisição da linguagem em linguística gerativa.

Leituras complementares: Chomsky (1972); Guimarães (2017); Kenedy (2009, 2013); Mioto et al. (2013); Negrão (2013); Raposo (1992).

Capítulos relacionados: Inatismo. Língua-I. Problema de Humboldt. Problema de Platão.

Inatismo

O **inatismo**, em linguística, é a hipótese de que parte do conhecimento linguístico dos seres humanos já está presente em sua mente/cérebro desde seu desenvolvimento embrionário. Tal hipótese foi desenvolvida no paradigma da gramática gerativa por seu próprio proponente, Noam Chomsky (1966, 1968, 1971a,b, 1975b, 1980) e debatida por Jerry Fodor, Jean Piaget, Hilary Putnam e outros filósofos, linguistas e antropólogos em um volume clássico publicado no Brasil sob o título *Teorias da linguagem, teorias da aprendizagem: o debate entre Jean Piaget e Noam Chomsky* (Piattelli-Palmarini, 1987).

O inatismo, no entanto, é uma ideia que encontra longa história na investigação filosófica sobre a natureza do conhecimento humano. O debate sobre o que é inato *versus* o que é adquirido remonta a discussões já referidas na filosofia grega, tal como na obra *Mênon*, de Platão, em que o filósofo sugere que nosso conhecimento (geométrico, neste seu diálogo) tenha base inata, i. e., não pode ser aprendido durante a experiência com o mundo. Trazida para a linguística, a hipótese inatista responde o **Problema de Platão** formulado por Chomsky: como uma criança, que tem conhecimentos tão limitados sobre tantas coisas do mundo, consegue dominar algo tão sofisticado como a linguagem em tão pouco tempo?

A resposta chomskyana para essa pergunta é que já nascemos com algum tipo de capacidade cognitiva específica de linguagem que nos permite adquirir, desenvolver e dominar, em um curto espaço de tempo, um sistema tão complexo como uma língua natural. Nas palavras de Raposo (1992: 37-8),

> o problema da aquisição da linguagem leva logicamente à conclusão de que existe um mecanismo mental inato de aquisição que medeia entre os dados primários e a gramática final, e que procede à projeção quantitativa e qualitativa que caracteriza o sistema final. Em síntese, a gramática final (o sistema de competência) é o resultado do problema da interação entre os dados primários e o mecanismo mental de aquisição.

Nas investigações gerativas, essa capacidade cognitiva inata recebe o nome de **Gramática Universal** (GU) e é central para programa gerativo. Ainda de acordo com Raposo (1992: 15), tal como para Saussure o conceito de "langue" é a pedra central da linguagem, para Chomsky a "faculdade da linguagem" tem como componente fundamental um sistema mental de natureza computacional, o qual gera de um modo explícito representações mentais através da aplicação de um conjunto de regras e princípios altamente específicos sobre sequências de símbolos devidamente categorizados pertencentes a um vocabulário de formas primitivas (as palavras, ou num nível mais fino de análise, os morfemas). A este sistema computacional existente na mente de qualquer falante adulto de uma dada língua damos o nome de "gramática". Ao estado inicial deste sistema no bebê recém-nascido, chamamos "Gramática Universal" (GU). O empreendimento gerativo tem como objetivo central por um lado a caracterização das gramáticas particulares dos indivíduos (correspondendo às várias línguas ou grupos de línguas humanas), e por outro, a caracterização da Gramática Universal, entendida como um conjunto de propriedades inatas, biologicamente determinadas de natureza especificamente linguística (isto é, não partilhadas por nenhum outro sistema cognitivo particular ou geral), e cujo desenvolvimento e "maturação", em interação com o meio ambiente, determina uma gramática particular na mente de cada indivíduo adulto. A "teoria da Gramática" (particular e universal) é pois, segundo esta perspectiva, a chave para a compreensão da faculdade da linguagem.

A hipótese inatista em linguística é talvez a mais controversa advinda do gerativismo e várias são as correntes teóricas que advogam por explicações alternativas sobre o desenvolvimento da linguagem pelas crianças. Muitas dessas explicações alternativas minimizam ou excluem completamente o papel da GU como conceito central no processo de aquisição da linguagem – cf. discussão em Chomsky (1971a), Piattelli-Palmarini (1987), Crain e Pietroski (2001), Tomasello (2003) e Lopes (2011), por exemplo.

Leituras complementares: Chomsky (1994); Guimarães (2017); Kenedy (2013); Lopes (2011, 2019); Piattelli-Palmarini (1987).

Capítulos relacionados: Aquisição da linguagem. Competência. Gramática Universal. Problema de Platão.

Língua-E

O conceito de **língua-E** aparece em um livro de 1986 de Noam Chomsky, *O conhecimento da língua: sua natureza, origem e uso*. Ali, Chomsky define a língua-E como a língua extensional, externa à mente/cérebro do falante; é "uma língua usada por uma população [...] por um interesse comunicativo" (Chomsky, 1994: 39).

A língua-E é a língua em sua concepção social, no sentido próximo a *langue* saussuriana (em seu sentido social e coletivo) ou a *language* de Leonard Bloomfield, para quem a língua podia ser entendida, *grosso modo*, como "uma coleção de todos e apenas os arranjos de itens lexicais que constituem sentenças reconhecidas como gramaticalmente bem-formadas pelos membros de uma comunidade de fala" (Guimarães, 2017: 81). A língua-E é, portanto, um fenômeno histórico e sociocultural; ela é a língua que se entende ser compartilhada por um grupo de falantes, tal como é a língua portuguesa, por exemplo. A língua-E é aquilo que "comumente se interpreta como *língua* ou *idioma* no senso comum" (Kenedy, 2013: 29).

De acordo com Othero e Menuzzi (2019: 44),

> Chomsky (1994) introduz o termo "língua-E", ou "língua externa", para se referir ao conjunto de enunciados de fato produzidos por uma comunidade que, uma vez registrados – por exemplo, em gravações ou em livros –, passam a ter existência independente das representações mentais dos falantes que os produziram. Para Chomsky, era essa a noção de língua que era o objeto de estudo da linguística estruturalista (cf. Chomsky, 1994, p. 38 e subsequentes). Já a linguística gerativa teria como objeto de estudo a língua-I, que é "um elemento que existe na mente da pessoa que conhece a língua, adquirido por quem aprende e usado pelo falante-ouvinte". (Chomsky, 1994: 41)

Essa distinção metodológica entre língua-E e **língua-I** serviu para marcar "que o objeto de estudo da linguística como parte das ciências cognitivas não é um objeto externo, um código compartilhado ou uma instituição social, mas uma propriedade da mente/cérebro de um falante" (Mendívil-Giró, 2019: 20).

Leituras complementares: Chomsky (1994); Guimarães (2017); Kenedy (2013); Mendívil-Giró (2019).

Capítulos relacionados: Língua-I.

Língua-I

O conceito de **língua-I** aparece em um livro de 1986 de Noam Chomsky, *O conhecimento da língua: sua natureza, origem e uso*, em que ele faz o recorte metodológico entre língua-I e **língua-E**. Chomsky define a língua-I como a língua intensional, interna ou internalizada na mente/cérebro do falante. A língua-I

> corresponde à *competência gramatical* internalizada na mente de cada indivíduo (um indivíduo como eu e você, não um ser idealizado), o conjunto de regras e princípios de combinatória de elementos gramaticais atômicos para formar expressões gramaticais complexas, tomando-se essas regras e princípios em sua potencialidade gerativa, independentemente das limitações de desempenho. Haveria, portanto, no limite, tantas Línguas-I quanto indivíduos. A minha Língua-I é vista socialmente como sendo uma variante do chamado "português". Se você me entende, então você possui uma Língua-I que, embora distinta da minha nos detalhes finos, é suficientemente parecida com a minha a ponto de ser vista como uma outra variante do chamado "português". A minha Língua-I é individual, e a sua também. É possível detectarmos as semelhanças e diferenças entre elas se as observarmos com o devido escrutínio, o que nos levaria a caracterizações do que vulgarmente chamamos de "o meu dialeto do português" e "o seu dialeto do português". (Guimarães, 2017: 96)

Nas palavras de Chomsky (1994: 41), a língua-I é "um elemento que existe na mente da pessoa que conhece a língua, adquirido por quem aprende e usado pelo falante-ouvinte". Por seu caráter interno à mente/cérebro do falante, a língua-I é, por excelência, o objeto de estudos da linguística gerativa. Tal conceito encontra antecessores históricos, tal como a definição de **idioleto**, que já aparece em Schleicher (1863) e Paul (1880). Tais pesquisadores, contudo, não enfatizavam o caráter cognitivo dessa concepção de língua, algo que veio a acontecer somente com o desenvolvimento do programa gerativo em linguística.

Leituras complementares: Chomsky (1994); Guimarães (2017); Kenedy (2013); Mendívil-Giró (2019); Othero e Kenedy (2019).

Capítulos relacionados: Competência. Gramática Universal. Língua-E.

Problema de Broca

Ao longo do empreendimento gerativista, iniciado no final da década de 1950 com a publicação de *Estruturas sintáticas*, alguns grandes problemas de pesquisa entraram na agenda de pesquisa gerativista – ver, em especial Chomsky (1988, 2019) e Chomsky e Lasnik (1993). Um desses problemas diz respeito à relação entre a estrutura cerebral humana e o conhecimento gramatical do falante, algo já antecipado por Chomsky em *Aspectos da teoria da sintaxe* (1965), quando ele diz que

> os estudos mentais serão, em definitivo, os de maior valor para a investigação dos mecanismos neuro-fisiológicos, visto que apenas esses estudos se preocupam em determinar abstractamente as propriedades que tais mecanismos devem possuir e as funções que devem assegurar. (Chomsky, 1975a: 292)

Mais recentemente, esse problema foi expresso através de uma pergunta (seguindo Guimarães, 2017: 113), qual seja: quais são os correlatos neurofisiológicos de G [o conhecimento gramatical] no cérebro de I [um indivíduo]? Tal questão ficou conhecida na literatura como o **Problema de Broca**, cuja designação homenageia o cientista, médico, anatomista e antropólogo francês Pierre Paul Broca (1824-1880).

Broca foi pioneiro no estudo das correlações entre cérebro e linguagem e seu nome batiza tanto uma área do cérebro (conhecida justamente como a "área de Broca", uma pequena área no giro frontal inferior do cérebro, cf. Figura 21) como um determinado tipo de afasia (a afasia de Broca, em que pacientes têm dificuldade de se expressar verbalmente de forma coerente e fluente, mas mantêm sua compreensão linguística relativamente preservada).

Figura 21 – Regiões relacionadas à linguagem no hemisfério esquerdo do cérebro.

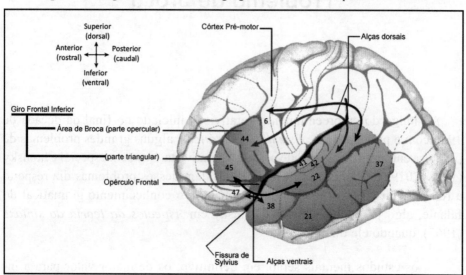

Fonte: França, 2019: 192.

Segundo Pinker (2004: 382-3),

em 1861, o médico francês Paul Broca dissecou o cérebro de um paciente afásico apelidado de "Tan" pelos funcionários do hospital porque esta era a única sílaba que ele pronunciava. Broca descobriu um grande cisto responsável por uma lesão no hemisfério esquerdo de Tan. Os oito casos seguintes de afasia que ele observou também tinham lesões no hemisfério esquerdo, um número grande demais para ser atribuído ao acaso. Broca concluiu que "a faculdade da linguagem articulada" reside no hemisfério esquerdo.
Nos 130 anos que se seguiram, a conclusão de Broca foi confirmada por muitos tipos de indícios. [...]
Quando neurocientistas olham o cérebro diretamente, usando uma grande variedade de técnicas, conseguem de fato ver a linguagem em ação no hemisfério esquerdo. [...] Em algumas das regiões associadas à linguagem, as diferenças são suficientemente grandes para serem vistas a olho nu. [...] O cérebro do afásico quase sempre revela lesões no hemisfério esquerdo. Os neurologistas conseguem paralisar temporariamente um hemisfério injetando sódio amobarbital na artéria carótida. Um paciente com o hemisfério direito adormecido consegue falar; um paciente com o hemisfério esquerdo adormecido não.

Entretanto, ainda hoje se sabe relativamente pouco sobre as correlações neurofisiológicas do cérebro e sua relação com a linguagem, e a própria área de Broca tem sido revista ao longo dos anos. De acordo com Teixeira (2020: 73-4),

> A área de Broca atualmente é subdivida em partes diferentes citoarquitetonicamente, isto é, partes com estrutura e organização diferentes das células neuronais. Subsequentemente à definição original do cirurgião neurologista Paul Broca em 1861 – como a terceira convolução frontal do giro frontal inferior –, Brodmann (1909) forneceu a primeira análise anatômica detalhada do giro frontal inferior. Ele defendeu uma divisão dessa região em duas ou três subregiões: tipicamente, as áreas de Brodmann 44 e 45 e alguns autores também contam a área de Brodmann 47. Novas técnicas anatômicas (tais como a própria imagem cerebral de ressonância magnética e a imunocitoquímica) foram aplicadas mais recentemente por Amunts et al. (2010), e os dados obtidos pelos autores mostram que a organização desta região cortical é muito mais complexa, incorporando, dependendo de como se conta, de 5 a 10 áreas locais que se distinguem pelas suas propriedades celulares.

Paul Broca era um localista, pois tentava correlacionar de maneira precisa determinado conhecimento cognitivo (como a linguagem) com determinada área particular do cérebro. Chomsky, por outro lado, é conhecido por utilizar a expressão **mente/cérebro** em seus trabalhos, justamente para não se comprometer com uma visão localista do cérebro. Para ele, a linguagem "pode estar distribuída em diferentes partes do cérebro, simplesmente" (Chomsky, 2014: 33).

Apesar de essa não ser uma preocupação necessária do programa gerativista, é possível afirmar, de maneira geral, que Broca antecipou algumas investigações que ainda hoje são caras ao gerativismo, como aponta França (2019: 180-1):

> Fato é que Broca é um grande nome para os estudos da linguagem e são muitos os pontos de convergência entre as ideias dele e as de Chomsky: Broca, sendo um frenologista de coração, (i) é, em tese, modularista; (ii) acredita em especificidade de domínio cognitivo; (iii) defende a especialização do ser humano para a linguagem, já que entende que "os animais têm outras faculdades mesmo que somente de forma rudimentar, mas linguagem verdadeira e fala articulada estão totalmente além das possibilidades dos animais" (Broca, 1865, apud Berker, Berker e Smith, 1986, p. 232); (iv) defende uma noção bem próxima da noção de período crítico para a aquisição da linguagem: "Não acredito que a educação de um adulto seria

mais fácil do que a de uma criança; pelo contrário, é muito mais difícil. Há coisas que você nunca pode aprender bem além de uma certa idade" (Broca, 1865, apud Berker, Berker e Smith, 1986, p. 234); e (v) defende o inatismo em relação à linguagem através da afirmação de que quase todos os indivíduos incluindo os canhotos teriam o sítio dominante da linguagem no hemisfério esquerdo, sendo essa localização persistente uma prova de que "a linguagem é uma característica inata" (Broca, 1865, apud Berker, Berker e Smith, 1986: 240).

A linguagem, sendo um sistema cognitivo, deve necessariamente encontrar um correlato físico no cérebro humano – esteja ele localizado em uma parte específica do cérebro ou distribuído em diferentes áreas e perfazendo conexões (cf. Friederici, 2002, 2017; Hagoort, 2005, 2017). A pergunta para o Problema de Broca busca respostas que possam elucidar de maneira precisa justamente essa relação necessária que existe entre conhecimento gramatical/linguístico e a massa cerebral que todos carregamos dentro de nossa caixa craniana. A literatura sobre o assunto hoje é vasta, e há vários experimentos com neuroimagem que mostram de maneira empírica as áreas cerebrais que estão diretamente relacionadas aos mais variados fenômenos linguísticos, desde a interpretação de palavras à interpretação de sintagmas e frases, envolvendo conhecimentos linguísticos dos níveis fonológico, morfológico, sintático e semântico (veja referências na seção de leituras complementares).

Leituras complementares: Chomsky (2014); Guimarães (2017); França (2019); Morato (2001); Pinker (2004); Teixeira (2020).

Capítulos relacionados: Inatismo. Problema de Humboldt.

Problema de Descartes

O **Problema de Descartes**, tal como formulado pelo linguista Noam Chomsky, diz respeito a como os falantes colocam seu conhecimento linguístico em uso em situações comunicativas concretas. Nas palavras de Chomsky (1991: 6), deixando algumas especulações de lado,

> nos voltamos para questões que podem realisticamente ser formuladas dentro da teoria da mente, compreendida agora como uma parte integral das ciências humanas; em particular, o estudo da linguagem. O conceito básico, que identifica o tópico de investigação, é o conceito de "ter" ou "saber" uma língua. Assumimos que se trata de um estado cognitivo, um determinado estado da mente\cérebro. Sobre esse conceito, três questões fundamentais são levantadas:
>
> 1. O que constitui a natureza da linguagem?
> 2. Como tal conhecimento é adquirido?
> 3. Como tal conhecimento é posto em uso?

Cada uma dessas perguntas foi tratada como um problema de pesquisa na agenda da linguística gerativa. A pergunta (1) ficou conhecida na literatura como o **Problema de Humboldt**. A segunda pergunta recebeu o nome de **Problema de Platão**. A terceira pergunta foi batizada de Problema de Descartes. Esse problema recebeu seu nome em homenagem ao filósofo francês René Descartes (1596-1650), em especial por suas investigações filosóficas sobre o que ficou conhecido como *dualismo racionalista*. De acordo com Maia (2019: 157),

> é com René Descartes, no século XVII, que, de fato, a postura filosófica dualista encontraria sua caracterização mais plena, propondo-se que a mente ou *res cogitans* seja distinta da matéria, a *res extensa*. Ao contrário da posição monista de que haveria apenas uma única realidade unificada, seja de base idealista ou fisicalista, a posição dualista separa o que seria o reino da mente do reino da matéria. Exposta através da metodologia dubitativa criteriosa exercitada por Descartes, a dualidade corpo-mente encontra, no filósofo, não obstante, um sentido platônico, em que a razão

192 Conceitos básicos de linguística

é priorizada, como se depreende, por exemplo, no seu célebre *cogito ergo sum*. Penso, como ponto de partida, logo existo. O dualismo racionalista de Descartes levanta o problema da causalidade ou o problema da interação: como poderiam substâncias não corpóreas causarem movimentos corpóreos? Descartes reconhece, no entanto, que *res cogitans* e *res extensa* interagem nas sensações e sentimentos, que são entidades psicofísicas, não podendo ser classificadas como puramente mentais ou puramente físicas. No que concerne mais especificamente à linguagem, Descartes mantém, entretanto, o dualismo estrito, não concebendo ser possível que a flexibilidade e a criatividade linguísticas pudessem ser explicadas no âmbito do reino da matéria, devendo, por isso, ser a linguagem uma faculdade, necessariamente, do reino da substância imaterial.

No programa de investigação linguística gerativista, são feitos recortes metodológicos entre o "físico/concreto" e o "mental/abstrato" no estudo da linguagem. Esse recorte se realiza na concepção chomskyana dos conceitos de **desempenho** e **competência** (que datam da década de 1960, cf. Chomsky, 1965) e de **língua-E** e **língua-I** (da década de 1980, cf. Chomsky, 1986).

O desempenho linguístico de um falante é "o uso efectivo da língua em situações concretas" (Chomsky, 1975a: 84), sendo um mero reflexo exterior do verdadeiro conhecimento gramatical que o falante domina de maneira implícita. Ele é muitas vezes fragmentado, repleto de hesitações, falsos começos, repetições indevidas de palavras etc. Por isso, os enunciados efetivamente produzidos por falantes em situações de fala não refletem diretamente o conhecimento gramatical interiorizado e subjacente que o falante tem sobre sua língua. Por exemplo, parece que, sob certas pressões comunicativas, é possível dizer algo como (1).

(1)   Ontem de noite, eu falei com o o o a Maria.

Apesar de o enunciado acima poder ser interpretado e compreendido pelo interlocutor, sabemos que a sequência [o o o a Maria] não forma um sintagma nominal válido em qualquer variedade do português. Em outras palavras, não existe, no sistema gramatical do português, uma regra que determine que "antes de substantivos femininos, é possível usar o artigo definido masculino por três vezes antes do artigo feminino". Ainda assim, o dado em (1) pode fazer parte do desempenho do falante em uma situação comunicativa concreta em que ele ou ela esteja sofrendo alguma pressão externa à linguagem, como falta de memória, cansaço, distração etc.

A linguística gerativa: a gramática **193**

Tal dado, contudo, não pode, segundo Chomsky, refletir o verdadeiro conhecimento gramatical que o falante conhece intuitivamente sobre sua língua, ou seja, sua competência linguística. Por isso, nas palavras de Chomsky (1975a: 84 [grifos nossos]),

> para o linguista, assim como para a criança que aprende a língua, o problema consiste em determinar, a partir dos dados da performance[=desempenho], o sistema subjacente de regras que foi dominado pelo falante-ouvinte e que ele põe a uso na performance efectiva. Logo, no sentido técnico, *a teoria linguística é mentalista*, na medida em que tem como objetivo *descobrir uma realidade mental subjacente ao comportamento efectivo.*

Outro recorte que resulta desse dualismo é visto na oposição metodológica entre língua-E e língua-I. Chomsky define a língua-E como a língua extensional, externa à mente/cérebro do falante; é a língua em sua concepção social, no sentido próximo a *langue* saussuriana (em seu sentido social e coletivo) ou a *language* tal como entendida pelo estruturalismo bloomfieldiano. A língua-E é um fenômeno histórico e sociocultural; ela é a língua que se entende ser compartilhada por um grupo de falantes, tal como é a língua portuguesa, por exemplo. Adotando a perspectiva *mentalista* no estudo da linguagem, nenhuma língua-E pode ser o objeto final de investigação linguística. O objeto de estudo da linguística gerativa é de natureza mental, cognitiva, é a língua-I – língua intensional, interna ou internalizada na mente/cérebro do falante; é "um elemento que existe na mente da pessoa que conhece a língua, adquirido por quem aprende e usado pelo falante-ouvinte" (Chomsky, 1994: 41).

O Problema de Descartes levanta, então, diferentes questões para o linguista. Entre elas, está uma questão de importância máxima nos estudos linguísticos, não apenas de cunho gerativista, mas de linguística geral, a saber: verificando o uso dessa habilidade linguística que as pessoas parecem possuir e usar em situações comunicativas, o que se entende por linguagem? Especialmente a partir de um ponto de vista mentalista, é necessário pressupor que o pesquisador compreenda esse dualismo em suas investigações linguísticas (entre a competência e o desempenho, entre a língua-I e a língua-E).

No entanto, os mentalistas devem fazer uma ressalva: sendo a língua-I ou a competência linguística do falante o objeto último de investigação científica, é preciso ter em mente que a busca por esse objeto necessariamente passará, em maior ou menor medida, pelos dados empíricos observáveis produzidos por um falante, ou seja, pela análise de elocuções concretas que representam o desempenho de um falante enquanto usuário de uma língua-E. Como afirmam Perini e Othero (2010: 6), o verdadeiro objeto da linguística [...] é impossível de atingir diretamente. Ele reside em uma espécie de contrato social e, em última análise, na mente dos falantes; só pode ser atingido através de indicações indiretas, ou seja, através de seus efeitos no comportamento dos falantes (por exemplo, nos julgamentos de aceitabilidade e gramaticalidade), assim como na observação das formas ocorrentes, por exemplo, em um córpus. Nenhuma dessas fontes de evidência é pura e confiável. No entanto, não dispomos de nenhuma outra; temos de nos virar com o que está aí para trabalhar com os fenômenos da linguagem.

Além de ser central na investigação gerativista, essa pergunta aparentemente trivial ("como o conhecimento linguístico de um falante é posto em uso?") levou a desenvolvimentos importantes na história da linguística contemporânea, em especial ao desenvolvimento de linguísticas baseadas no uso que têm como objeto de análise justamente os enunciados concretos realizados por falantes em situações discursivas reais (cf. Labov, 1987, para discussão).

Leituras complementares: Chomsky (1994); Maia (2019).

Capítulos relacionados: Competência. Língua-I. Problema de Humboldt. Falante-ouvinte ideal.

Problema de Humboldt

O programa de investigação gerativista tem, no centro de sua agenda, cinco grandes questões de pesquisa, formuladas pelo linguista norte-americano Noam Chomsky ao longo dos anos (cf. Chomsky, 1986, 1991, 2019). São elas:

1. De que se constitui o conhecimento gramatical de um falante?
2. Como esse conhecimento gramatical é adquirido e desenvolvido?
3. Como esse conhecimento é posto em uso em situações comunicativas?
4. Como esse conhecimento está relacionado com o funcionamento cerebral?
5. Como esse conhecimento (e o aparato neurofisiológico relacionado a ele) surgiu na espécie humana?

Cada uma dessas grandes questões de pesquisa recebe o nome associado a um grande pensador: a questão (1) é chamada de **Problema de Humboldt**; a questão (2) é conhecida como **Problema de Platão**; a questão (3) é chamada de **Problema de Descartes**; a questão (4) é chamada de **Problema de Broca**; e a questão (5) é conhecida como **Problema de Wallace-Darwin**.

A primeira questão, o Problema de Humboldt, é lógica e cronologicamente a primeira grande questão de pesquisa, pois está relacionada à natureza do conhecimento gramatical do falante. Nas palavras de Kenedy e Guesser (2019: 47), o Problema de Humboldt está diretamente relacionado com a

> necessidade de caracterização formal – ou seja, explícita e objetiva – do que é a capacidade cognitiva humana de, a partir de um número limitado de elementos linguísticos (fonemas, morfemas, itens lexicais), produzir e compreender um número ilimitado de frases em pelo menos uma língua natural adquirida na infância.

A resposta gerativista para o Problema de Humboldt, ou seja, definir a natureza do conhecimento linguístico presente na mente/cérebro de um falante, está relacionada diretamente ao que Chomsky definiu como **língua-I**, justamente o conhecimento tácito e internalizado de um indivíduo sobre sua língua materna. Esse conhecimento envolve as chamadas áreas centrais da gramática de uma língua (como fonologia, morfologia e sintaxe) e diferencia-se do conhecimento *metalinguístico* que adquirimos formalmente via escolarização, por exemplo. De acordo com Lunguinho e Teixeira (2019: 128),

> o nosso saber linguístico nos permite produzir e entender um número potencialmente infinito de expressões da língua. Além disso, podemos reconhecer em um conjunto de sequências (de sons, de morfemas ou de palavras) aquelas que constituem expressões da língua e aquelas que não constituem. Em outras palavras, temos a capacidade de reconhecer sequências gramaticais e sequências agramaticais. Esse saber linguístico é o que Chomsky denomina *competência linguística* [...]. É importante destacar que a competência linguística existe, independentemente de termos consciência dela ou não. Trata-se de um saber inconsciente, um conhecimento intuitivo que todo falante tem sobre sua língua.

Esse "saber linguístico" é composto de um léxico ordenado de palavras (ou morfemas) que aprendemos no curso da aquisição da linguagem aliado a um sistema computacional composto por regras e princípios linguísticos em parte universais e em parte específicos de línguas particulares. Esse sistema "atua de modo recursivo para a geração de um conjunto ilimitado de expressões estruturadas hierarquicamente" (Lunguinho e Teixeira, 2019: 129).

Para Chomsky, esse conhecimento linguístico deve ser passível de uma descrição formalizada, o que nos levará a uma gramática gerativa psicologicamente realista. Segundo Guimarães (2017: 114),

> a resposta ideal para [o Problema de Humboldt] apontaria todos os exatos meios mentais de combinação de ILs [itens lexicias] em expressões complexas, i.e. a Língua-I. Desde o início, a GGT [Gramática Gerativo-Tranformacional] tem avançado muito nesse sentido, descobrindo padrões gramaticais que antes passaram despercebidos, havendo uma ampliação da base empírica sem precedentes na história da teoria gramatical (e.g. ilhas, lacunas parasitas, extração *across-the-board*, subjacência, *sluicing*, *clitic climbing*, localidade nas dependências de longa distância de deslocamento (minimalidade relativizada, superioridade), restrições sobre a correferência de anáforas, pronomes de SNs referenciais, controle, alçamento, *crossover*, reconstrução, *antecedent contained deletion*, *PRO-gate*, ilhas de LF, e muitos outros casos e subcasos). Ainda que haja um misto de boas e más análises para muitos desses padrões, o simples fato de o arcabouço teórico-analítico da GGT permitir a descoberta desses muitos fatos é sinal de que

a GGT é, no mínimo, uma metalinguagem descritiva muito frutífera e reveladora, e, no máximo, o melhor caminho rumo a ótimas respostas a subperguntas da pergunta geral [que apresenta o Problema de Humboldt].

Finalmente, a própria concepção do problema e sua relação com o filósofo e linguista Wilhelm von Humboldt (1767-1835) é sinal inegável de que a tradição de investigação gerativista está diretamente relacionada à tradição filosófica humboldtiana. Humboldt foi um dos primeiros a entender a linguagem como um sistema complexo de expressão do pensamento, que faz usos infinitos (a criação de novas proposições) a partir de meios infinitos (o número de itens lexicais de uma língua, por exemplo). Para ele,

a linguagem é muito peculiarmente confrontada por um domínio interminável e verdadeiramente ilimitado, a essência de tudo o que se pode pensar. Ela deve, portanto, fazer uso infinito de meios finitos, e é capaz de fazê-lo pelo poder que produz identidade entre linguagem e pensamento. (Von Humboldt, 1988[1836]: 91)

Para Bilgrami (2018: 8-9),

uma tradição que remonta a Galileu e Descartes reconheceu a característica mais fundamental da linguagem, que então alcançou sua articulação mais explícita em Humboldt: "A linguagem é particularmente confrontada por um domínio sem fim e verdadeiramente ilimitado, a essência de tudo o que se pode pensar. Por conseguinte, deve criar um emprego infinito de meios finitos, e é capaz de fazê-lo através do poder que produz a identidade da linguagem e do pensamento". Darwin também é citado como repetindo isso de forma mais elementar no contexto das preocupações evolutivas sobre a linguagem: "Os animais inferiores diferem do homem apenas no poder quase infinitamente superior do homem de associar os sons e ideias mais diversificados". Vale ressaltar que existem três características fundamentais observadas aqui por Humboldt e Darwin. Primeiro, a reivindicação de um poder infinito que reside em uma base finita; segundo, a ligação entre sons e ideias; e, terceiro, a relação da linguagem com o pensamento. Tudo isso está reunido no que Chomsky chama, desde o início, de Propriedade Básica da Linguagem: "Cada língua fornece uma série ilimitada de expressões hierarquicamente estruturadas que recebem interpretações em duas interfaces: a interface sensório-motora para a externalização e a interface conceitual-intencional para os processos mentais". O elemento

198 Conceitos básicos de linguística

hierárquico-estrutural se relaciona com a primeira característica; a interface sensório-motora, com a segunda; e a interface conceitual-intencional, com a terceira característica observada por Humboldt e Darwin.

Nas palavras do próprio Chomsky (1991: 7), o Problema de Humboldt se refere à ideia humboldtiana de que a linguagem "é um sistema que fornece uso infinito de meios finitos". Para ele, "conhecer uma língua significa ter esses meios finitos representados na mente/cérebro. Humboldt considerava a linguagem, de maneira crucial, não como um conjunto de objetos construídos (tais como enunciados ou atos de fala), mas como um processo de geração". E ainda: "uma língua é um procedimento gerativo que permite que expressões estruturadas e articuladas do pensamento sejam livremente produzidas e compreendidas". A resposta gerativa ao problema de Humboldt é, portanto, considerar a língua um mecanismo computacional gerativo composto de regras e princípios gramaticais universais e outros específicos. Tal mecanismo tem natureza essencialmente cognitiva, o que faz da investigação linguística uma disciplina de caráter mentalista. Como Chomsky observa em *Aspectos da teoria da sintaxe* (1965):

> O uso observado da linguagem ou as disposições possíveis de respostas aos estímulos, hábitos, etc., podem fornecer informações relativas à natureza desta realidade mental, mas certamente não poderão constituir o objetctivo efectivo da linguística, se quisermos que ela eja uma disciplina séria. A distinção que assinalo aqui está relacionada com a distinção *langue-parole* de Saussure; mas é necessário rejeitar o seu conceito de *langue* como sendo meramente um inventário sistemático de itens e regressar antes à concepção Humboldtiana de competência subjacente como sistema de processos generativos. (Chomsky, 1975a: 84)

O objeto da linguística gerativa é, portanto, o conhecimento gramatical subjacente do falante-ouvinte ideal, e desvendar sua natureza é, como vimos, o ponto central para o Problema de Humboldt, uma preocupação que esteve presente desde os primeiros anos do desenvolvimento da linguística gerativa.

Leituras complementares: Chomsky (1972, 1994, 2014, 2018a); Guimarães (2017); Lunguinho e Teixeira (2019); Negrão (2013).

Capítulos relacionados: Aspecto criativo da linguagem. Competência. Língua-I. Gramática Universal. Problema de Descartes.

Problema de Platão

O **Problema de Platão**, em teoria linguística, foi formulado pelo linguista norte-americano Noam Chomsky (cf. Chomsky, 1986) e está relacionado à aquisição da linguagem pela criança. Chomsky

> sempre se intrigou com o fato de que sabemos muito a despeito de termos evidências limitadas, um quebra-cabeça a que chamou de Problema de Platão, em homenagem ao diálogo, escrito por Platão, entre Sócrates e Mênon. Nele, através de Sócrates, Platão sugere que nada aprendemos, antes recordamos conceitos já conhecidos através de nossa alma. Sócrates desenvolve essa ideia mostrando que um escravo de Mênon era capaz de demonstrar conhecimento geométrico sem nunca ter sido ensinado. (Lopes, 2019: 143)

Essa ideia, trazida para os estudos da linguagem, resulta na pergunta que ficou conhecida como o Problema de Platão: como uma criança, que tem conhecimentos tão limitados sobre tantas coisas do mundo, consegue dominar algo tão sofisticado como a linguagem em tão pouco tempo? Como esse conhecimento gramatical se forma durante o desenvolvimento cognitivo da criança?

Nas palavras de Chomsky (1988: 3-4):

> Uma pessoa que fala uma língua desenvolveu um certo sistema de conhecimento, representado de alguma forma na mente e, em última análise, no cérebro, em alguma configuração física. Ao investigarmos esses tópicos, então, enfrentamos uma série de perguntas, entre elas [...] Como esse sistema de conhecimento se desenvolve na mente/cérebro?
>
> [Essa questão] é um caso especial e importante do que chamamos de Problema de Platão. Como expresso por Bertrand Russel [...], o problema é basicamente o seguinte: "como pode ser o caso de que os seres humanos, cujos contatos com o mundo são breves e pessoais e limitados, sejam capazes de saber tanto quanto sabem?".

O Problema de Platão é formulado com base numa constatação empírica razoável: todas as crianças humanas, independentemente da cultura que as cerca,

200 Conceitos básicos de linguística

dominam uma língua natural (às vezes, mais de uma língua, nos casos de contextos bilíngues ou multilíngues), se essa língua é utilizada em seu ambiente linguístico. Elas fazem isso em uma idade relativamente precoce, e o processo de aquisição se dá de maneira relativamente uniforme em toda a espécie. Além disso, a criança domina uma língua (ou mais de uma) em um momento da vida em que ela demonstra inabilidade para dominar outros tipos de conhecimento muito menos complexos do que a gramática de uma língua natural. A constatação básica por trás do Problema de Platão é essa. A resposta que Chomsky e os estudos gerativistas dão para essa pergunta é desenvolvida na hipótese do **inatismo** linguístico.

Leituras complementares: Chomsky (1994, 1998, 2014); Guimarães (2017); Kenedy (2013); Lopes (2011, 2019).

Capítulos relacionados: Aquisição da linguagem. Competência. Inatismo.

Problema de Wallace-Darwin

O **Problema de Wallace-Darwin** traz em seu nome uma homenagem a dois naturalistas que, separadamente, chegaram a conclusões bastante semelhantes sobre como mecanismos de seleção natural atuam no processo de evolução das espécies. São eles Alfred R. Wallace (1823-1913) e Charles Darwin (1809-1882), proponentes da teoria da evolução das espécies. Ambos apresentaram seus trabalhos seminais em julho de 1858, em um encontro da Linnean Society of London.

O Problema de Wallace-Darwin, no campo dos estudos da linguagem, está relacionado com aquela que é provavelmente a pergunta mais antiga que os seres humanos se fazem acerca de sua capacidade linguística: como, quando e por que surgiu essa capacidade humana tão sofisticada e complexa que é a nossa linguagem? Essa pergunta já recebeu numerosas respostas, muitas completamente sem amparo teórico ou embasamento empírico. E, apesar de antiga, ainda hoje a questão é relevante e se faz pertinente.

No âmbito da linguística gerativa, o Problema de Wallace-Darwin pode ser formulado da seguinte maneira, de acordo com Nóbrega (2019: 199):

> De que maneira a complexidade atribuída à competência linguística humana foi alcançada na evolução tendo em vista a aparente pobreza de precursores e o curto intervalo de tempo para o seu desenvolvimento?

Para o linguista norte-americano Noam Chomsky, a capacidade da linguagem resulta de uma mutação genética na espécie humana, que provavelmente aconteceu em torno de 80 mil a 100 mil anos atrás, como registros arqueológicos de diferentes fontes parecem sugerir (cf. Harari, 2015; Klein e Edgar, 2005; Wilson, 2013). O surgimento da linguagem foi, então, uma mudança abrupta e significativa ocorrida em nossa espécie. Ainda de acordo com Nóbrega (2019: 201),

> para Chomsky, a emergência da competência linguística [está] [...] nos domínios da exaptação, em que componentes já disponíveis na natureza, compartilhados com outras espécies, são recrutados para novas funções. Chomsky defende que a maioria dos componentes da FL [Faculdade da Linguagem] foram exaptados. Ele sugere adicionalmente que o genótipo

humano contém um caractere inovador, cuja expressão dá origem ao que ele chama de Gramática Universal (GU). A GU, possivelmente resultado de uma mutação genética, corresponde ao mecanismo combinatorial que promove a infinitude discreta da linguagem – i.e., a capacidade de gerar infinitas expressões fazendo uso de meios finitos. Esse seria o único ingrediente humano da FL. Seu aparecimento teria ocasionado uma reorganização física e mental que cooptou sistemas cognitivos preexistentes, os quais acabaram adquirindo a função de externalizar e de interpretar as expressões formadas. Tal reorganização configura-se como um evento evolutivo abrupto, responsável por propiciar um grande salto cognitivo na espécie.

Dessa forma, a tese chomskyana sustenta a exclusividade da linguagem à nossa espécie, uma ideia que não é compartilhada por todos os pesquisadores na investigação sobre o Problema de Wallace-Darwin (cf. Pinker e Jackendoff, 2005, para discussão divergente). Entretanto, para Tattersall (2006: 72, apud Berwick e Chomsky, 2017: 81),

> depois de um longo e mal compreendido período de expansão errática do cérebro e reorganização na linhagem humana, ocorreu algo que preparou o terreno para a aquisição da linguagem. Essa inovação teria dependido do fenômeno de emergência, pelo qual uma combinação casual de elementos preexistentes resulta em algo totalmente inesperado, uma mudança neural [...] em alguma população da linhagem humana [...] um pouco menor em termos genéticos, [que] provavelmente não tivesse a ver com adaptação.

Seguindo a argumentação do paleoantropólogo Ian Tattersall, Berwick e Chomsky (2017: 81-2) comentam:

> Algum tempo depois – não muito tempo em termos evolutivos – surgiram outras inovações, talvez impulsionadas culturalmente, que originaram seres humanos comportamentalmente modernos, a cristalização da capacidade humana e a saída da África [...].
> O que foi essa mudança neural em algum pequeno grupo menor em termos genéticos? Para responder a essa questão, temos de considerar as propriedades especiais da linguagem. A propriedade mais elementar de nossa capacidade de linguagem compartilhada é que ela nos permite construir e interpretar uma infinidade discreta de expressões hierarquicamente estruturadas: discreta porque há frases de cinco palavras e frases de seis palavras, mas nenhuma frase de cinco palavras e meia; infinita porque não

há uma frase que seja a frase mais longa da língua. A linguagem se baseia, portanto, em um procedimento recursivo gerativo que pega elementos básicos, como palavras, de um determinado estoque, o léxico, e aplica esse procedimento repetidas vezes para produzir expressões estruturadas, sem limite. Para explicar o surgimento da faculdade da linguagem – e, portanto, o surgimento e a existência de pelo menos uma língua –, temos de enfrentar duas tarefas básicas. Uma delas é explicar os "átomos da computação", ou seja, os itens lexicais – em geral na faixa de 30 mil-50 mil. A segunda é descobrir as propriedades computacionais da faculdade de linguagem. Essa tarefa, por sua vez, tem várias facetas: devemos procurar descobrir o procedimento gerativo que constrói infinitas expressões na mente, bem como os métodos pelos quais esses objetos mentais internos estão relacionados a duas *interfaces* com os sistemas linguísticos externos (mas internos ao organismo): o sistema de pensamento e o sistema sensório-motor, *externalizando*, assim, computações internas e pensamentos [...]. Essa é uma maneira de reformular a concepção tradicional, que data pelo menos de Aristóteles, de que a linguagem é *som com significado*. Todas essas tarefas nos trazem problemas muito sérios, muito mais do que se acreditava no passado recente, ou mesmo hoje em dia.

A investigação do Problema de Wallace-Darwin levou ao desenvolvimento de uma linha de investigação bastante específica dentro da linguística gerativa, a biolinguística, uma área que envolve, por sua natureza multidisciplinar, pesquisadores de formação distinta, como linguística, antropologia, arqueologia, filosofia, genética, psicologia, história, paleontologia e biologia. Tal área se encontra, neste início de século XXI, em ampla expansão, à medida que o Problema de Wallace-Darwin tenta ser elucidado de maneira definitiva.

Leituras complementares: Berwick e Chomsky (2017); Chomsky (2018a,b); Nóbrega (2019).

Capítulos relacionados: Gramática Universal. Inatismo.

Recursividade

A **recursividade** é uma propriedade central da linguagem humana. É graças a ela que uma língua não conta com uma frase que seja "a frase mais longa da língua". Por a linguagem ter a propriedade de recursividade, não há, em tese, um limite máximo para a formação de frases em qualquer língua específica. Em outras palavras, não é possível dizer que o português forme frases com, no máximo, 18 (ou 28 ou 38 ou 48) palavras, ou que o japonês forme frases com, no máximo, 12 (ou 22 ou 32 ou 42) palavras.

Durante o desenvolvimento da gramática gerativa, logo ficou claro que (i) não havia um limite máximo de palavras em uma frase de uma língua natural e (ii) a gramática de uma língua não era um mero estoque ou um repositório de frases possíveis daquela língua. As frases de uma língua natural humana são formadas por regras ou princípios de boa formação que combinam elementos mais básicos da língua (como palavras ou morfemas) que se agrupam para formar sintagmas, que, por sua vez, formarão as frases. Na formação dos sintagmas e das frases, verificamos que a aplicação das regras pode ser recursiva, como vemos nos exemplos a seguir, começando com (1):

(1)   A Maria conheceu o primo do João.

Em (1), o sintagma nominal (um agrupamento cujo núcleo é um substantivo ou um pronome pessoal) que desempenha a função sintática de objeto direto [o primo do João] poderia ser substituído por um sintagma menor (A Maria conheceu [Pedro]) ou maior (A Maria conheceu [o amigo do primo do João]). Nesse segundo caso, vemos uma aplicação recursiva de regras de boa formação sintagmática. Há, na gramática do português, uma regra de boa formação do sintagma nominal que prevê que ele possa ser formado por um determinante seguido de um substantivo, por exemplo:

SN → det N
(um sintagma nominal pode ser formado por um det seguido de um N)

Ou pode ser o caso de um sintagma nominal ser formado por um determinante seguido de substantivo seguido de um sintagma preposicional (um agrupamento precedido por uma preposição), [$_{SN}$ o primo [$_{SP}$ do João]]. Para analisar um SN com essa estrutura, podemos pensar na seguinte regra de boa formação do SN:

SN → det N SP
(um SN pode ser formado por um det seguido de um N seguido de um SP)

Um SP é um agrupamento que inicia por uma preposição e contém, ele mesmo, um SN em sua estrutura: [$_{SP}$ d[$_{SN}$ o João]].
Logo, o SP pode ser descrito como segue:

SP → P SN
(um SP pode ser formado por uma preposição seguida de um SN)

Compondo, agora, essa pequena amostra de gramática da língua portuguesa, há duas regras de formação de sintagmas em português:

SN → det N SP
SP → P SN

Essas duas regras aparentemente simples já possibilitam que formemos infinitas composições na língua, uma vez que ambas formam uma estrutura recursiva. Para entender melhor: a regra do SN afirma que um N pode ser seguido de um SP (tal como em [$_{SN}$ o primo [$_{SP}$ do João]]); a regra do SP afirma que uma preposição pode ser seguida de um SN (tal como em [$_{SP}$ d[$_{SN}$ o João]). Utilizando apenas essas duas regras, é possível formar, então, um SN que contém um SP que contém um SN que contém um SP que contém um SN que contém um SP que contém um SN que... tal como (2), (3), (4), (5) etc. *ad infinitum*:

(2)   A Maria conheceu [o primo do João].
(3)   A Maria conheceu [o amigo do primo do João].
(4)   A Maria conheceu [a namorada do amigo do primo do João].
(5)   A Maria conheceu [o vizinho da namorada do amigo do primo do João].

A recursividade permite a formação de frases potencialmente infinitas nas línguas humanas, tal como Carlos Drummond de Andrade explora em seu poema "Quadrilha", publicado em 1930:

206 Conceitos básicos de linguística

> João amava Teresa que amava Raimundo
> que amava Maria que amava Joaquim que amava Lili
> que não amava ninguém.
> João foi para os Estados Unidos, Teresa para o convento,
> Raimundo morreu de desastre, Maria ficou pra tia,
> Joaquim suicidou-se e Lili casou com J. Pinto Fernandes
> que não tinha entrado na história.

Drummond se utiliza aqui do encaixamento recursivo de orações subordinadas, outra estratégia recursiva encontrada nas línguas naturais.

A recursividade é um tema interessante por diversos motivos, entre eles por realçar uma distinção cara à linguística gerativa: a distinção entre **competência** e **desempenho**. A gramática de uma língua permite a formação de sintagmas e orações recursivos infinitamente. Em outras palavras, temos a capacidade *potencial* de formar uma frase que não tenha um fim. Entretanto, nenhuma pessoa, salvo melhor juízo, tem a capacidade de efetivamente fazer isso, uma vez que, para produzir uma frase infinita, tal pessoa deveria ter uma memória infinita, uma voz que nunca a deixasse na mão e, mais importante do que isso, deveria poder viver uma vida infinita, o que simplesmente não é possível.

Isso significa que a capacidade de geração infinita de frases e sintagmas está ali, presente na gramática da língua. Contudo, a capacidade que um falante tem de produzir uma frase infinita (ou mesmo uma frase consideravelmente longa) é apenas virtual e não encontra respaldo na realidade física do mundo tal como o conhecemos.

Esse ponto pode ficar mais claro quando investigamos dois tipos de recursividade oracional em português (e diversas outras línguas): a recursividade central e a recursividade à direita. Na recursividade central, encaixamos um elemento (uma oração subordinada, por exemplo) no interior de outro de mesma natureza (uma oração dentro de outra oração). Na recursividade à direita, encaixamos elementos no final do constituinte – encaixamos uma oração subordinada no final de outra, por exemplo.

Essa diferença entre os dois tipos de construção recursiva (central ou à direita) causa um efeito muito grande na aceitabilidade de cada estrutura. Não temos grande dificuldade em analisar a primeira frase do poema de Drummond: *João amava Teresa que amava Raimundo que amava Maria que amava Joaquim que amava Lili que não amava ninguém.*

Nessa frase, encontramos justamente a recursividade à direita, em que vemos o encaixamento de uma oração subordinada no final (ou à direita) de outra oração subordinada, como pode ser visualizado em (6) a seguir:

(6)

[$_{oração}$ João amava Teresa
　　[$_{oração}$ que amava Raimundo
　　　　[$_{oração}$ que amava Maria
　　　　　　[$_{oração}$ que amava Joaquim
　　　　　　　　[$_{oração}$ que amava Lili
　　　　　　　　　　[$_{oração}$ que não amava ninguém]]]]]]

Apesar do número elevado de orações encaixadas (5 orações), não encontramos problemas para interpretar essa frase. Por outro lado, quando temos recursividade central, as frases encaixadas tornam-se difíceis de serem processadas, uma vez que a oração subordinada é encaixada "no meio" da outra, separando, assim, duas porções da oração a ser interpretada. É o que se vê em (7):

(7)　[A professora [que a diretora [que eu conheci ontem] contratou] é muito boa].

Essa frase é de difícil interpretação, pois o sujeito de cada oração está *estruturalmente distante* de seu respectivo predicado – ou seja, há uma oração subordinada (ou mais de uma) entre [A professora] e [é muito boa] e entre [a diretora] e [contratou]. Talvez, visualizando a oração em camadas, a interpretação se torne mais acessível:

(8)

[A professora　　　　　　　　　　　　　　　　é muito boa].
　　　　[que a diretora　　　　　　　contratou]
　　　　　　[que eu conheci ontem]

Ainda que as regras gramaticais da língua permitam a formação irrestrita tanto de orações recursivas à direita como orações com recursividade central, nosso cérebro, tal como é projetado, não tem a capacidade de interpretar facilmente uma frase com duas orações subordinadas encaixadas via recursividade central. Trata-se de uma limitação de como nosso cérebro funciona e não da arquitetura gramatical da linguagem.

Outro ponto interessante que surge do conceito de recursividade – e que mencionamos anteriormente – é a distinção entre distância linear e distância estrutural, um conceito central nos estudos de sintaxe contemporâneos. Tomaremos emprestado um trecho longo, mas ilustrativo, de Kenedy e Othero (2018: 99-100):

As orações com encaixamento central podem ilustrar bem o ponto entre *distância linear* e *distância estrutural*. O caráter linear do signo linguístico [...] é uma contingência natural, dadas as limitações do nosso aparelho fonador e auditivo: temos de emitir sons numa sequência linear, item por item, formando uma cadeia, tal como mostramos na escala que começou com os fonemas e foi até o discurso [...].

O processamento sintático, contudo, não trabalha (apenas) com a noção de linearidade, mas, antes, com a noção de estrutura. É como diz uma máxima muito conhecida entre sintaticistas experimentais [...]: falamos linearmente, mas interpretamos incrementalmente.

Repare como uma frase com duas orações encaixadas por encaixamento central, como (1), é muito mais difícil de ser interpretada do que uma frase muito mais longa que tem apenas um encaixamento desse tipo, como (2):

(1) O rato que o gato que o cachorro espantou perseguia fugiu.

(2) O rato que meu amigo tinha comprado numa feira de animais domésticos peculiares no centro de Porto Alegre fugiu.

Em (1), o núcleo do SN sujeito [rato] está linearmente muito mais próximo de seu verbo [fugiu] do que em (2) – em (1) há 8 palavras entre [rato] e [fugiu], ao passo que, em (2), há 15 palavras. Contudo, a frase (2) é muito mais facilmente interpretada. Isso acontece porque (2) é estruturalmente mais simples do que (1).

A recursividade tem historicamente suscitado uma série de outras discussões interessantes na linguística, tal como a relação entre o processamento e a memória de trabalho, o papel das regras recursivas na arquitetura da linguagem e no surgimento da **faculdade da linguagem** na espécie humana, o caráter universal dessa propriedade nas línguas humanas contemporâneas, a exclusividade da recursividade nos seres humanos, seu papel na formação morfológica de palavras etc. Remetemos o leitor às leituras complementares.

Leituras complementares: Berwick e Chomsky (2017); Chomsky (2018a,b); Everett (2019); Ferreira da Silva (2014); Pinker (2004); Kenedy e Othero (2018).

Capítulos relacionados: Competência. Desempenho.

PARTE IV
A SOCIOLINGUÍSTICA: O USO

Competência comunicativa

Em linhas gerais, **competência comunicativa** pode ser definida como a habilidade de escolher, entre os enunciados possíveis em uma língua, aquele apropriado a uma dada situação social. Corresponde a um conjunto de conhecimentos sobre o uso da língua que inclui a competência linguística ou conhecimento de gramática de língua natural, mas não se reduz a ele.

A noção de competência comunicativa foi proposta por Hymes (1974), um sociolinguista, antropólogo e folclorista norte-americano, no advento da teoria gerativa. Para os gerativistas, a noção de competência linguística, e não comunicativa, é o que está no centro da análise. Com base nela, os linguistas gerativistas descrevem e explicam a gramática das línguas naturais. No entanto, segundo Hymes (1974), a noção de competência linguística não dá conta do sistema de uso da língua, internalizado juntamente com o sistema da língua na fase de aquisição da linguagem e também ao longo de todo o processo de socialização humana. Por exemplo, considere o enunciado em (1), em português brasileiro.

(1)   Gosto de música popular brasileira.

Em termos de estrutura da sentença, o enunciado obedece a um princípio sintático da Gramática Universal, o de que todas as sentenças possuem sujeito, mas conforma-se a um parâmetro específico de língua, o do sujeito nulo, segundo o qual o sujeito pode não se realizar foneticamente no enunciado. Esse conhecimento sobre a estrutura sintática do português é necessário para produzir e interpretar o enunciado em (1), mas não é suficiente para fundamentar o uso desse enunciado em diferentes situações, como em (2), (3) e (4), e esclarecer os diferentes sentidos que o enunciado pode apresentar em cada situação.

(2)   – Que tipo de música você gosta?
        – Gosto de música popular brasileira.
(3)   – O que você gostaria de ouvir?
        – Gosto de música popular brasileira.
(4)   – Odeio MPB.
        – Ah, eu gosto de música popular brasileira.

212 Conceitos básicos de linguística

A competência comunicativa de um falante-ouvinte de português brasileiro, competência essa que envolve o (re)conhecimento da força ilocucionária dos enunciados em dados contextos, permite apreender as diferenças de sentido de *Gosto de música popular brasileira* em cada um dos pares pergunta-resposta: em (2), o enunciado é usado para informar; em (3), para solicitar, mas de maneira não impositiva; em (4), para discordar, mas de uma forma amenizada pela presença de *Ah* no início do enunciado, o que implica a realização de *eu*.

O exemplo (4), em específico, mostra que a avaliação da gramaticalidade e aceitabilidade dos enunciados repousa não apenas na estrutura sentencial, mas também em demandas contextuais e situacionais: o sujeito foneticamente expresso fica bem ali, ao passo que o sujeito nulo soa estranho, isso por conta de um efeito de contrastividade. Nos pares em (2) e (3), o interlocutor é o sujeito e o tópico em questão. Em (4), ao contrário, temos sujeitos e tópicos diferentes no par pergunta-resposta. Esse contraste, aliado ao contraste proposicional 'odeio/gosto', obriga a usar o pronome *eu*. O fato interessante ilustrado pelos pares em (2), (3) e (4) é que demandas comunicativas têm efeito num fenômeno de natureza essencialmente sintática (a explicitação ou supressão do sujeito).

De acordo com Hymes, centrar a análise na competência linguística leva-nos a perder "de vista a comunicação concreta, no sentido das comunidades de pessoas reais" (Hymes, 1974: 7). O autor explica:

A teoria linguística trata a competência em termos de aquisição, pela criança, da habilidade de produzir, compreender e discriminar toda e qualquer sentença gramatical de uma língua. Uma criança que produzisse toda e qualquer sentença gramatical de uma língua com igual probabilidade seria certamente um monstro social. Na matriz social em que adquire o sistema da gramática, a criança também adquire o sistema de seu uso com relação a pessoas, lugares, propósitos, outros modos de comunicação, etc. – todos os componentes de eventos comunicativos, juntamente com atitudes e crenças em relação a eles. Lá [na matriz social] também desenvolve padrões de uso sequencial da linguagem na conversação, [padrões] de fala, rotinas habituais e assim por diante. Em tal aquisição reside a competência sociolinguística (ou, mais amplamente, *competência comunicativa*, sua habilidade de participar da sociedade não somente como um falante, mas também como um membro que se comunica. (Hymes, 1974: 75 [grifo nosso])

Nas palavras de Crystal (2000: 54), "a competência comunicativa resume, então, os determinantes sociais do comportamento linguístico, inclusive questões ambientais como o relacionamento entre o falante e o ouvinte e as pressões derivadas do tempo e do lugar da conversa".

Talvez em razão das implicações da noção de competência comunicativa de Hymes, a teoria gerativa (Chomsky, 1980) veio mais tarde a admitir, como sugere Figueroa (1994), que a competência linguística consiste em competência gramatical, competência pragmática e o sistema conceitual: o falante opera tanto com o conhecimento de forma e significado quanto com as condições de emprego apropriado da língua ao usar a linguagem.

ALGUMAS OBSERVAÇÕES

a. Dell Hymes foi o proponente de uma abordagem sociolinguística denominada **etnografia da comunicação**, identificada com a tradição da antropologia cultural. Bortoni-Ricardo (2014) esclarece que a etnografia implica participar por extensos períodos do cotidiano da comunidade estudada, de modo a desvelar os padrões culturais locais. É o que a abordagem da etnografia da comunicação requer fazer, especificamente na investigação dos usos da linguagem.

b. A **análise da conversa etnometodológica** (Sacks, 1992) é outra abordagem teórico-metodológica que investiga a interação social pela fala, mais associada às ciências sociais (psicologia social e sociologia), menos à antropologia. Nesse sentido, toma a fala como ação social e assume o ponto de vista *êmico* (dos falantes) para esclarecer "como os participantes de uma interação compreendem o que sua fala está fazendo" (Ostermann, 2012: 34). Por sua natureza, essa abordagem se presta a estudos linguísticos de caráter aplicado, por exemplo, às áreas da saúde e educação.

Leituras complementares: Bortoni-Ricardo (2014); Kerbrat-Orecchioni (2006); Ostermann (2012); Ribeiro e Garcez (2002).

Capítulos relacionados: Competência. Etnografia. Fala-em-interação.

Comunidade de fala

Comunidade de fala é uma noção da sociolinguística empregada desde o ensaio pioneiro de Weinreich, Labov e Herzog (2006), *Fundamentos empíricos para uma teoria da mudança linguística.*

Para Labov (2008: 158), "uma comunidade de fala não pode ser concebida como um grupo de falantes que usam, todos, as mesmas formas; é mais bem definida como um grupo que partilha as mesmas normas com respeito à língua".

No programa de investigação laboviano (Labov, 1972, 1994, 2001a, 2010), estuda-se variação e mudança linguística com o pressuposto de que a variabilidade aparentemente caótica na fala do indivíduo apresenta regularidades sistemáticas, captadas estatisticamente no nível da comunidade. É essa **heterogeneidade ordenada** o que interessa ao sociolinguista variacionista, que lida com as formas alternativas de dizer a mesma coisa, chamadas **variantes**. Por exemplo, em português brasileiro, verifica-se a variável linguística "(l) em final de sílaba", cujas variantes são mais frequentemente a semivogal [w] (aproximante labiovelar vozeada) e mais raramente a consoante [ɫ] (aproximante lateral alveolar velarizada), como em *sal* sa[w]::sa[ɫ]. Além de descrever as variantes de variáveis como essa, o sociolinguista variacionista busca generalidades preditivas sobre o padrão de variação e mudança linguística das variáveis em questão, padrão esse correspondente ao conjunto de normas de uso (por falantes de diferentes perfis sociais e nos diversos ambientes linguísticos) peculiar a cada comunidade de fala.

O variacionista orienta-se pelo pressuposto de que a variação e a mudança linguística têm, além da motivação interna (linguística), motivação externa (social), medida pela correlação das variáveis com classe social, etnia, idade, gênero dos indivíduos, entre outros grupos de fatores sociais. Nessa perspectiva, a língua não é propriedade do indivíduo, mas da comunidade. O indivíduo herda da comunidade o sistema da língua (a variação, inclusive). Os informantes são representantes da comunidade, definida pelo analista por meio das categorias sociais que ele propõe e controla na análise. A comunidade de fala, assim, tem papel primordial na análise variacionista. O que define comunidade são os padrões de uso da língua, e não o indivíduo ou a fala individual.

A sociolinguística: o uso **215**

Comunidade de fala não se estabelece, portanto, pela concordância no uso das formas linguísticas, mas pela partilha de normas, expressa na avaliação explícita das formas e, mais importante, na uniformidade dos padrões abstratos de variação, que são invariantes em níveis particulares de uso, conforme Labov (2008). É essa uniformidade na heterogeneidade o que está na base dos padrões variáveis e configura os falares. Por exemplo, a realização e os padrões de uso da palatalização regressiva das oclusivas alveolares /t/ e /d/ (*típico* ['tipiko]::['tʃipiko], *difuso* [di'fuzo]::[dʒi'fuzo]) é uma das características que distinguem não só o português brasileiro falado na capital do Rio Grande do Sul, Porto Alegre, do português falado no interior desse estado (Battisti, 2014), mas também a comunidade de fala de português europeu da comunidade de fala de português brasileiro (Noll, 2008).

Patrick (2002) observa que a definição laboviana de comunidade de fala é empiricamente fundamentada. Emerge num programa de pesquisa bem definido, já concebido por Weinreich, Labov e Herzog (2006) para descrever a diferenciação linguística ordenada (i.e., variação) em estratos de grandes comunidades urbanas, o que, conforme esses autores, é a chave para uma concepção racional de mudança linguística. Nessa linha, a constituição de uma comunidade de fala deve ser descoberta no processo de pesquisa. É um resultado, não um pressuposto. É uma questão de observação, não de teoria.

Patrick (2002) esclarece que a comunidade de fala laboviana é, em parte, uma unidade de análise linguística socialmente fundamentada, como propõem outros sociolinguistas (Hymes, 1974). No entanto, Labov foi o primeiro a adotar como critérios de identificação das comunidades de fala tanto as normas partilhadas quanto a uniformidade linguística da variação estruturada. Guy (2000) explica que compartilhar normas é ter atitudes comuns sobre o uso da língua, normas comuns de variação estilística, avaliações comuns sobre variáveis linguísticas. Já a uniformidade linguística deriva do compartilhamento de palavras, sons ou construções gramaticais características que, segundo o autor, mostram se "você é um membro [da comunidade de fala] [...] ou um intruso" (Guy, 2000: 18). O uso compartilhado de formas linguísticas, então, organiza semelhanças e diferenças entre comunidades, define, numa primeira e relevante instância, a pertença à comunidade de fala.

A partilha de normas e características linguísticas evoca o terceiro critério definidor de comunidade de fala apontado por Guy (2000: 18), a densidade de comunicação interna: "as pessoas normalmente falam com mais frequência com outras que estão dentro do grupo do que com aquelas que estão fora dele". Esse último critério reconhece não só o fato de que as pessoas captam padrões de fala no exercício diário da comunicação oral em grupos, mas também de que, em grandes centros urbanos, as práticas sociais cotidianas são setorizadas: os

216 Conceitos básicos de linguística

indivíduos habitam a cidade, mas residem num bairro específico, interagem com uma dada parcela de vizinhos e pares (amigos, colegas de trabalho, familiares), vão ao trabalho, escola, culto, médico, banco, comércio e se divertem em áreas delimitadas. Nesse sentido, praticam as variedades de fala conformes aos padrões dos grupos de que participam. É nesses grupos que adquirem e constroem normas sobre usos linguísticos; neles, percebem as formas linguísticas pelo prisma de múltiplos valores sociais.

Leituras complementares: Battisti (2014b); Bisol e Battisti (2014); Coelho et al. (2015); Mendes (2013).

Capítulos relacionados: Comunidade de prática. Norma. Rede social. Variação e mudança linguística. Valor social.

Comunidade de prática

Comunidade de prática é uma noção da teoria social de aprendizagem de Wenger (1998) usada na pesquisa sociolinguística (Eckert, 2000). Tal noção contribui para esclarecer a gênese e o papel dos significados sociais tanto em estudos das ciências sociais sobre a aquisição do conhecimento quanto em análises linguísticas sobre variação e mudança.

Por que e como aprendemos toda sorte de conhecimentos? Por que e como certas variantes linguísticas são eventualmente consideradas bonitas, feias, caipira etc.? Quatro hipóteses de Wenger (1998) orientam a busca de respostas para essas perguntas:

1. Somos seres sociais. Além de trivialmente verdadeiro, esse fato é um aspecto central da aprendizagem.
2. Conhecimento é uma questão de competência em empreendimentos valorizados, tais como cantar em sintonia [com alguém], descobrir fatos científicos, consertar máquinas, escrever poesia, ser sociável, crescer como um menino ou uma menina, e assim por diante.
3. Conhecer [saber] é uma questão de participação na realização de tais empreendimentos, isto é, de engajamento ativo no mundo.
4. Significado – nossa habilidade de experimentar o mundo e nosso engajamento significativo com o mundo – é em última análise o que a aprendizagem deve produzir (Wenger, 1998: 4).

Implicada nessas hipóteses está a ideia de que a aprendizagem, inclusive a dos usos linguísticos, se dá pela participação em grupos, participação essa vista como um tipo de ação e uma forma de pertença. "Tal participação molda não só o que fazemos, mas também quem somos e como interpretamos o que fazemos" (Wenger, 1998: 4). Dessas hipóteses vem a noção de **comunidade de prática**. Nos grupos de que participamos, especificamente naqueles em que há engajamento mútuo na realização de um empreendimento comum, as aprendizagens coletivas resultam em práticas peculiares – certos modos de fazer e perceber as coisas – que, com o tempo, passam a ser propriedade caracterizadora da própria comunidade.

218 Conceitos básicos de linguística

Na vida em sociedade, todos nós transitamos em instâncias onde há grupos – no trabalho, na escola, em nossos *hobbies*. Mas, de acordo com Wenger (1998), um grupo é considerado comunidade de prática apenas se as três dimensões caracterizadoras desse tipo de comunidade são observadas: engajamento mútuo, empreendimento conjunto e repertório partilhado. Assim, o fato de morarmos em um condomínio, por exemplo, não significa que participemos de uma comunidade de prática, a não ser que isso implique interação sistemática com os vizinhos na realização de atividades compartilhadas.

Eckert (2000) leva a noção de comunidade de prática para a pesquisa sociolinguística em função das limitações da noção de comunidade de fala para certos estudos de variação e mudança, como o que a autora faz em uma escola de ensino médio norte-americana. Segundo Eckert (2000), comunidade de fala sugere haver uma fusão de residência com atividade diária, quando se sabe, desde a análise de rede social de Milroy (1987), que os falantes, especialmente os residentes em grandes centros urbanos, movimentam-se dentro da comunidade e entre comunidades em suas atividades diárias. É o que a autora verifica na pesquisa com adolescentes em uma escola de Detroit. Embora todos habitem a mesma cidade e frequentem a mesma instituição de ensino, seus padrões de uso das variáveis investigadas – concordância negativa (*I don't know nothing* 'Eu não sei nada'), anteriorização das vogais (aeh) (*bad* 'ruim'), (o) (*pot* 'lata'), (oh) (*bored* 'entediado'), posteriorização de (ʌ) (*but* 'mas'), posteriorização e abaixamento de (e) (*set* 'conjunto'), monotongação e centralização do núcleo de (ay) (*I* 'eu') – conformam-se a dois grandes grupos de pertença na ordem social da escola, *Jocks* e *Burnouts*. Essa denominação polariza estereótipos dos estudantes americanos entre os que se interessam mais por esportes do que por atividades intelectuais (*Jocks*) e os que matam aulas, fumam maconha, têm cabelo longo e gostam de *heavy metal* (*Burnouts*).

A pesquisa de Eckert (2000) mostra que os subgrupos na cultura escolar associam-se, de um lado, à área geográfica de residência dos estudantes e à classe social das famílias a que pertencem; de outro, e de modo mais importante para a variação linguística, os grupos reúnem *clusters* (grupos) de amigos de intensa interação diária. Os estudantes passam muito tempo juntos, realizam atividades juntos (estudar, praticar esportes, ter lazer, perambular pela cidade), o que implica negociar objetivos na realização de empreendimentos comuns, constituidores de identidades, individuais e de grupo. Os estudantes, portanto, integram comunidades de prática, grupos cujos modos de agir, ser e perceber adquirem significado no mercado simbólico local, o que tem efeito nas proporções de uso das variáveis em questão. Na escola investigada por Eckert (2000), duas das variáveis controladas mostram-se recursos simbólicos mais robustos: a concordância negativa e a elevação de (ay), ambas mais frequentemente empregadas por Burnouts e, por essa razão, indexadoras da *persona* Burnout. Esse resultado contribui para esclarecer a origem dos significados sociais associados a variantes e os efeitos das comunidades de prática nos padrões linguísticos locais.

ALGUMAS OBSERVAÇÕES

a. Salomão-Conchalo (2015) realizou estudo similar ao de Eckert (2000) em uma escola de São José do Rio Preto, município brasileiro no interior de São Paulo. A autora investigou os padrões de concordância nominal e verbal no português falado pelos estudantes. Identificou a polarização dos estudantes em funkeiros e ecléticos. Em relação às variáveis analisadas, verificou que os funkeiros quase não fazem a marcação de pluralidade, em contraste com os ecléticos, o que contribui para a diferenciação dos grupos e a construção das identidades no espaço escolar.

b. Comunidade de prática é um nível de análise sociolinguística especialmente relevante em estudos de grupos cuja interação é intensa, como ocorre no espaço de trabalho. Por essa razão, como observa Meyerhoff (2011), comunidade de prática enquadra-se bem em estudos linguísticos de natureza aplicada e "... fornece uma boa base para a linguística falar sobre o que constitui 'boa comunicação'" (Meyerhoff, 2011: 201).

Leituras complementares: Battisti (2004); Battisti e Lucas (2006); Coelho et al. (2015).

Capítulos relacionados: Etnografia. Variação e mudança linguística. Rede social.

Dialeto

Dialeto é uma variedade de língua percebida como diferente por associação a um determinado grupo de falantes.

Membros de grupos de falantes ou comunidades de fala formadas por razões geográfico-territoriais (relativa distância ou isolamento) e sociais (etnia, classe, idade, religião, profissão, escolaridade etc.) tendem a interagir mais frequentemente uns com os outros, adquirindo assim hábitos de fala fundadores de esquemas específicos de produção e percepção da linguagem. O resultado coletivo de suas trocas linguísticas cotidianas dá corpo a dialetos, diferentes uns dos outros em aspectos de sua gramática, vocabulário ou sotaque.

Por exemplo, em um país de dimensões continentais como o Brasil, a população distribui-se irregularmente ao longo do território. Como consequência, a língua majoritária, o português, se fragmenta naturalmente em dialetos geográficos ou regionais. Usar preponderantemente *tu* com verbo flexionado na terceira pessoa de singular (*tu fez, tu vai, tu quer*) em lugar de *você* é traço gramatical que contrasta dialetos da área central do Brasil e dialetos das regiões Norte e Sul (Scherre et al., 2015). Empregar *tranqueira* para significar engarrafamento, congestionamento (e.g., *A grande circulação de veículos no local é causa da tranqueira no trânsito*) é traço de vocabulário que caracteriza o português falado no Rio Grande do Sul. Produzir chiamento do /s/ em final de sílaba (*cis[ʃ]co, me[ʒ]mo*) é peculiaridade de sotaque de Recife e Rio de Janeiro, em oposição a São Paulo e Porto Alegre, por exemplo, onde o /s/ não chiado em fim de sílaba (*cis[s]co, me[z]mo*) é a realização predominante (Leite e Callou, 2002: 46).

Definir *dialeto* e investigar variedades de língua são tarefas complexas para a linguística porque,

> do ponto de vista puramente linguístico, os dialetos são línguas regionais que apresentam entre si coincidência de traços linguísticos fundamentais. Cada dialeto não oferece, por sua vez, uma unidade absoluta em todo o território por que se estende, e pode dividir-se em subdialetos, quando há divergência apreciável de traços linguísticos secundários entre zonas desse território. A classificação dos dialetos e subdialetos de uma língua é,

A sociolinguística: o uso **221**

até certo ponto, convencional, pois depende dos traços linguísticos escolhidos para base de classificação [...]. Entretanto, ao conceito linguístico [de dialeto] se acrescenta em regra um conceito extralinguístico de ordem psíquica, social ou política, isto é, a) a existência de um sentimento linguístico comum, como na Grécia antiga, onde o eólico, o dórico, o jônio e o ático eram sentidos como variantes de uma língua grega ideal; b) a existência de uma língua culta, superposta aos dialetos, que assim ficam limitados ao uso cotidiano, sem maior expressão cultural e literária; c) a subordinação política das respectivas regiões como partes de um Estado político nacional. (Camara Jr., 1968: 117)

A complexidade de lidar com *dialeto* em linguística não está, portanto, somente na eleição dos critérios para estabelecer limites dialetais, tecnicamente chamados **isoglossas**, e na delimitação de áreas dialetais face à realidade heterogênea das línguas; está também no fato de que, dentre os critérios, eleitos tanto pelos falantes quanto pelos linguistas, estão fatores extralinguísticos relativos à percepção dos dialetos enquanto tal a partir de uma norma supralocal ou suprassocial geralmente sancionada pelo Estado-Nação, difundida pelas instituições de ensino e validada pelos veículos de comunicação, o que fundamenta a noção de *língua* ou *língua-padrão* no imaginário da população, tomada como unidade homogênea e referida como padrão de correção.

Esse contraste entre *língua* e *dialeto* pode, na circulação não especializada dos termos, levar a equívocos na atribuição de valor social a uma e outra entidade. Tais equívocos são combatidos já nas primeiras lições de linguística. Lyons (1987) esclarece que, "embora o linguista use o termo *dialeto* e, como os leigos, o relacione ao termo *língua*, ele [...] não aceita que o dialeto de uma determinada região ou classe social seja uma versão adulterada ou degenerada do dialeto-padrão" (Lyons, 1987: 36). O autor explica que,

em primeiro lugar, os linguistas sentem-se na obrigação de corrigir os vícios da gramática tradicional e do ensino tradicional da língua. Até pouco tempo os gramáticos vinham-se preocupando quase exclusivamente com a língua literária, ocupando-se muito pouco da língua coloquial cotidiana. [...] Todas as línguas literárias do mundo derivam, em última instância, da língua falada de certas comunidades. Além do mais, é uma questão de acidente histórico se o uso de uma região ou classe social específica serviu de base para o desenvolvimento de uma língua literária padrão em determinadas comunidades e se, consequentemente, o dialeto de outras regiões ou de outras classes sociais hoje são tidos, como muitas vezes acontece,

222 Conceitos básicos de linguística

como inferiores, variedades subpadrão da língua. A força do preconceito tradicional em favor da língua-padrão é tanta, que é muito difícil para os linguistas convencer os leigos de que os dialetos não padrão em geral têm a mesma regularidade ou sistematicidade que as línguas literárias-padrão, tendo suas próprias normas de correção, imanentes no uso de seus falantes nativos. (Lyons, 1987: 24-5)

Nos estudos linguísticos, diferenciar *língua* e *dialeto* é desafio para os próprios dialetólogos, como reconhece Coseriu (2017), ao discutir o conceito de *dialeto* consagrado na atividade dialetológica. O autor afirma que a diferença entre língua e dialeto não está na substância desses objetos: "a questão sobre se um sistema linguístico seria uma língua ou um dialeto não diz respeito à natureza objetiva desse sistema linguístico: é uma questão relacionada a seu *status* histórico, ou seja, à relação desse sistema linguístico [o dialeto] com uma língua histórica" (Coseriu, 2017: 11). Por essa razão, Coseriu (2017) propõe substituir o termo *língua* por **língua histórica** nos estudos dialetológicos:

> *Língua* deve ser, então, substituída, na oposição *língua-dialeto*, por *língua histórica*. Uma língua histórica é, por sua vez, uma estrutura histórica da língua reconhecida como tal, uma estrutura que normalmente é designada por um *adiectivum proprium* (língua alemã, língua francesa etc.). (Coseriu, 2017: 18)

Nessa perspectiva, realizações de língua que não alcancem o estatuto de língua histórica são consideradas dialetos. Adotada por dialetólogas brasileiras como Carlota Ferreira e Suzana Cardoso, a noção de língua histórica é por elas definida como "sistema de sinais acústico-orais que funciona na intercomunicação de uma coletividade. É resultado de um processo histórico, evolutivo. Fala-se, portanto, de uma língua histórica portuguesa, espanhola, francesa etc." (Ferreira e Cardoso, 1994: 11). Explicam ainda, um pouco mais adiante na mesma página, que a ideia de abstração costumeiramente associada ao conceito de língua deve-se ao fato de não existir língua histórica unificada, já que sua realização na fala implica necessariamente diversificação, razão de ser dos dialetos.

Ainda de acordo com as autoras, as línguas históricas apresentam três tipos fundamentais de diferenças internas: atribuídas ao espaço geográfico (diatópicas), aos estratos socioculturais (diastráticas) e aos estilos expressivos (diafásicas). Segundo as autoras, os estudos dialetológicos recortam seu objeto de análise dessas diferenças internas, orientados pela ideia de que a elas correspondam subsistemas linguísticos de relativa homogeneidade interna, as unidades sintópicas, sinstráticas e sinfásicas. Elas ilustram essas unidades citando, respectivamente, como exemplos, o dialeto nordestino, a linguagem da classe média e a linguagem formal. As autoras admitem que, nessa linha, o termo *dialeto* poderia denominar inclusive os subsistemas relacionados a diferenças diastráticas e diafásicas, com o que teríamos dialetos sociais e dialetos estilísticos. No entanto, linguistas como Coseriu (1982) usam o termo dialeto apenas para denominar os subsistemas sintópicos.

Outro ponto de discussão é o da definição de limites entre duas disciplinas relacionadas, a sociolinguística e a **dialetologia**: a primeira poderia ser concebida como linguística diastrática e a segunda, como linguística diatópica. Contudo, mesmo obras eminentemente dialetológicas como o Atlas Linguístico do Brasil (ALIB) (Cardoso et al., 2014) entendem ir além da dimensão diatópica, como se afirma no primeiro de seus objetivos:

> Descrever, com base em dados empíricos, sistematicamente coletados, a realidade linguística do país, no que tange à língua portuguesa, fornecendo dados linguísticos atualizados não só da diversidade diatópica, mas também da variação diageracional [diferenças de idade], diastrática, diagenérica [diferenças de gênero] e diafásica. (Cardoso, 2014: 25)

Parece-nos que a distinção entre o fazer dialetológico e o sociolinguístico está mais no método e no resultado da pesquisa do que propriamente na realidade investigada, as variedades de língua. Ambas são pesquisas empíricas, realizam-se com coleta e análise de dados de fala. A investigação dialetológica adota prioritariamente os procedimentos da geografia linguística. De seus resultados, destaca-se a elaboração de conjuntos de mapas linguísticos, atlas como o ALIB, onde se registram a rede de pontos investigados, as áreas dialetais e demais informações sociolinguísticas relevantes. Já a sociolinguística, especialmente a que se volta ao estudo da variação e mudança linguística, apoia-se em métodos estatísticos de tratamento de dados, pode assumir procedimentos e guiar-se por teorias sociais, da antropologia linguística e da psicologia social, para obter dados e interpretar resultados. Esses correspondem aos fatores sociais e linguísticos correlacionados à variação e à mudança linguísticas em determinadas comunidades de fala.

O conjunto de teorias e resultados de pesquisa em ambas as vertentes, sociolinguística e dialetológica, alimentam hipóteses como a de Preti (2000), linguista brasileiro identificado com a proposição e caracterização do que denominou **dialeto culto** e **dialeto popular**. Na Figura 22, está um esquema do autor em que ele sumaria aspectos implicados na variação linguística e nas variedades socialmente percebidas. Vê-se que eles giram em torno de dois grandes eixos, geográfico e sociocultural, este último subdividido em aspectos ligados ao falante e aspectos ligados à situação social.

224 Conceitos básicos de linguística

Figura 22 – Esquema de aspectos ligados à variação linguística de Preti (2000).

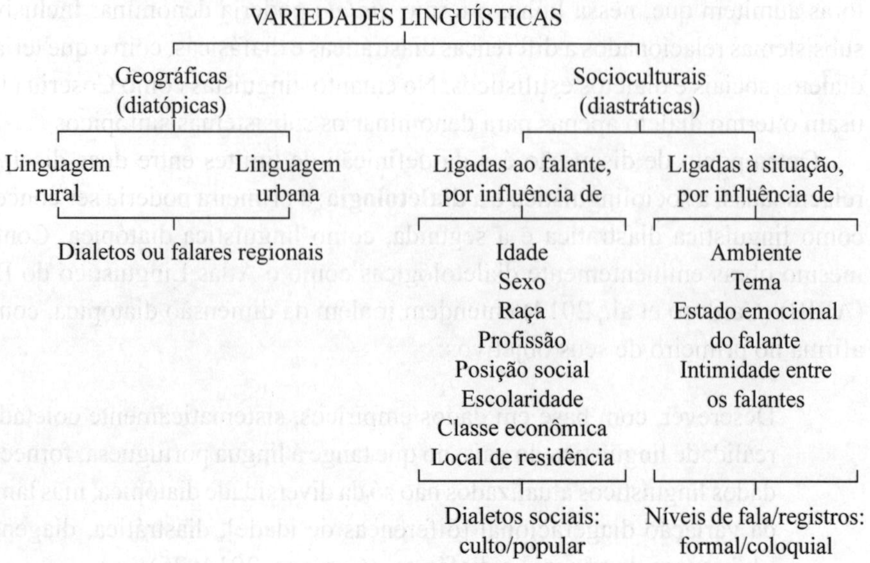

VARIEDADES LINGUÍSTICAS

- Geográficas (diatópicas)
  - Linguagem rural
    - Dialetos ou falares regionais
  - Linguagem urbana
- Socioculturais (diastráticas)
  - Ligadas ao falante, por influência de
    - Idade
    - Sexo
    - Raça
    - Profissão
    - Posição social
    - Escolaridade
    - Classe econômica
    - Local de residência
      - Dialetos sociais: culto/popular
  - Ligadas à situação, por influência de
    - Ambiente
    - Tema
    - Estado emocional do falante
    - Intimidade entre os falantes
      - Níveis de fala/registros: formal/coloquial

Fonte: Adaptado de Preti, 2000: 41.

Leite (2005) também concebe dois eixos básicos de variação linguística: do usuário, que dá origem aos dialetos, e do uso, que origina os registros ou níveis de linguagem (coloquial, polido; falado, escrito).

Seja qual for a perspectiva teórica seguida e os procedimentos metodológicos empregados, a pesquisa linguística sobre dialetos invariavelmente envolve dados de fala e implica o exercício, por parte do linguista, de incluir múltiplas motivações da diversidade linguística em seu horizonte de investigação.

Leituras complementares: Bisol e Battisti (2014); Brandão (1991); Cardoso (2014); Ilari e Basso (2005); Leite (2005); Leite e Callou (2002).

Capítulos relacionados: Comunidade de fala. Comunidade de prática. Estilo. Variação e mudança linguística.

Entrevista sociolinguística

Entrevista é um método de obtenção de dados verbais muito usado em pesquisas de diferentes áreas. Em linhas gerais, pode ser definida como:

> técnica em que o investigador se apresenta frente ao investigado e lhe formula perguntas, com o objetivo de obtenção dos dados que interessam à investigação. A entrevista é, portanto, uma forma de interação social. Mais especificamente, é uma forma de diálogo assimétrico, em que uma das partes busca coletar dados e a outra se apresenta como fonte de informação. (Gil, 1999:117)

Em linguística, especialmente nos estudos sociolinguísticos variacionistas (Labov, 1972), a entrevista ocupa lugar de destaque entre as técnicas de coleta de dados de fala. Nesses estudos, as entrevistas são:

a. realizadas em lugar familiar ao entrevistado, preferentemente silencioso;
b. gravadas em áudio;
c. planejadas pelo pesquisador de modo relativamente aberto, com perguntas cuja aplicação não ocorre em ordem fixa e cujo enunciado pode sofrer alguma adaptação no momento da entrevista, o que é característico como entrevistas semiestruturadas (Flick, 2004: 89);
d. constituídas de questões abertas (*Você já correu risco de morte? O que você acha do trânsito nas grandes cidades brasileiras?*), passíveis de "ser respondidas com base no conhecimento que o entrevistado possui imediatamente à mão" (Flick, 2004: 96);
e. voltadas a obter narrativas de experiência pessoal, como nas **entrevistas narrativas**, e eventualmente simular conversas, como em **entrevistas etnográficas** (Flick, 2004).

Embora as características de (a) a (e) sejam partilhadas com outros tipos de entrevista, a reunião dessas características em um método particular é o que leva a denominá-lo **entrevista sociolinguística**. Tal método se justifica antes por seu propósito do que pelos procedimentos de coleta de dados em si. Como afirma Tarallo (2006):

226 Conceitos básicos de linguística

O propósito do método de entrevista sociolinguística é o de minimizar o efeito negativo causado pela presença do pesquisador na naturalidade da situação de coleta de dados. De gravador em punho, o pesquisador-sociolinguista, como afirmamos, deve coletar: 1. situações naturais de comunicação linguística e 2. grande quantidade de material [de fala], de boa qualidade sonora. (Tarallo, 2006: 21)

O item (1) da afirmação de Tarallo (2006) é um desafio para a pesquisa de variação linguística. Esta requer amostras de **fala vernacular ou casual**, isto é, de língua falada em situações naturais de interação social, quando os falantes não estão sendo sistematicamente observados pelo pesquisador e, por essa razão, não precisam prestar atenção ao modo como falam. Mas a própria situação de entrevista e a presença do pesquisador interferem na naturalidade da interação. Eis aí o que se tem denominado de **paradoxo do observador**: o fato de o sociolinguista necessitar coletar dados de fala sem que os falantes estejam sendo observados ou pesquisados, mas a impossibilidade de obtê-los sem fazer observação. Nas palavras de Labov,

com isso chegamos ao paradoxo do observador: o objetivo da pesquisa linguística na comunidade deve ser descobrir como as pessoas falam quando não estão sendo sistematicamente observadas – no entanto, só podemos obter tais dados por meio da observação sistemática. (2008: 244)

O próprio autor sugere como contornar esse problema na realização de entrevistas: envolver "a pessoa com perguntas e assuntos que recriem emoções fortes que ela experimentou no passado" (Labov, 2008: 245). Dessa forma, tomada de emoção, a pessoa adota um estilo de fala mais espontâneo, próximo ao vernacular ou casual, mesmo em uma entrevista gravada.

Nesse sentido, o **roteiro de entrevista** desempenha papel importante: deve ser abrangente o suficiente para não deixar o pesquisador sem assunto; as temáticas exploradas nas questões devem ser do domínio geral dos entrevistados; as questões, abertas, devem em alguma medida envolver emocionalmente os entrevistados, além de eliciar narrativas sobre experiências pessoais vivenciadas.

No Quadro 5 está um exemplo de roteiro de entrevista, de Lara (2017), para uma pesquisa sociolinguística numa comunidade de fala rural, Glória, no município de Estrela, Rio Grande do Sul. No Quadro 6 há um exemplo de narrativa de experiência pessoal em entrevista com um jovem de Porto Alegre do banco de dados LínguaPOA, da Universidade Federal do Rio Grande do Sul.

O uso de estratégias, pelo sociolinguista, para obter trechos de fala o mais espontânea possível faz com que, nas entrevistas sociolinguísticas, os falantes alternem momentos em que prestam maior ou menor atenção à fala e, por essa razão, ora usem estilos mais monitorados de fala, ora usem estilos de fala mais espontânea. Dessa alternância contextual de estilos de fala resulta **variação linguística intraindividual**.

Conforme Labov (2001b), as entrevistas sociolinguísticas apresentam **alternância estilística** sistemática. O autor propõe oito critérios para identificar contextos diferenciados de uso da linguagem e analisar a alternância estilística nas entrevistas sociolinguísticas. Eles estão dispostos na Figura 23, em um diagrama chamado **Árvore de Decisão** pelo autor. Quatro dos critérios auxiliam o pesquisador a identificar estilos de fala monitorados ou cuidados: Resposta (primeira sentença após a fala do entrevistador), Língua (trechos sobre gramática e linguagem), *Soapbox* (trecho em que se expressa opinião ou crença geral, não dirigida imediatamente ao pesquisador), Residual (texto de fala cuidada que não se encaixa nos três outros critérios). Já os demais quatro critérios auxiliam o pesquisador a identificar estilos de fala espontânea ou casual: Narrativa (trecho com narrativa de experiência pessoal), Grupo (trecho em que o entrevistado fala com outra pessoa que não o pesquisador, no momento da entrevista), Infância (trecho sobre jogos e experiências pessoais na infância), Tangente (trechos sobre temas do interesse do entrevistado, não propostos pelo pesquisador).

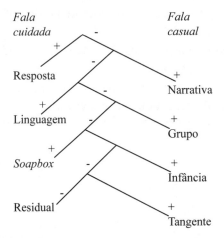

Figura 23 – Critérios para identificar estilos contextuais na entrevista sociolinguística, organizados na Árvore de Decisão.

Fonte: adaptado de Labov, 2001b: 94.

228 Conceitos básicos de linguística

Quadro 5 – Exemplo de roteiro de entrevista sociolinguística.

1. Como é a vida aqui na comunidade de Linha Glória?
2. Quais são suas atividades diárias?
3. Voltando alguns anos atrás, na sua infância, como era a comunidade de Linha Glória?
4. Que brincadeiras você costumava fazer com seus amigos? Quais eram as atividades dos seus pais?
5. Na sua infância, que brincadeiras você costumava fazer com seus amigos?
6. Quando você era pequeno(a), nos seus primeiros anos escolares, você lembra de alguma coisa que tenha sido importante? Que atividades eram feitas?
7. Como era a vida em Glória quando as pessoas não tinham acesso aos meios de comunicação, como a televisão, por exemplo? O que era diferente com relação a hoje? O que as pessoas faziam nos momentos de folga?
8. Gostaria de saber um pouco mais de você, as coisas que você gosta de fazer nos finais de semana, as atividades da comunidade de Linha Glória que você costuma participar: eventos, festas, entre outros.
9. Que tipos de atividades de lazer você costuma fazer ou gostaria de fazer?
10. Tem algum momento de sua vida que você consideraria o mais difícil?
11. De que coisas do tempo de sua infância você tem mais saudades?
12. Olhando para trás, existe algo que você gostaria de ter feito, mas que por algum motivo não foi possível, como por exemplo: ter estudado mais, ter feito alguma viagem, ter feito algum trabalho?
13. Aqui em Glória, quais as coisas que você mais admira? E o que você acha que poderia ser diferente?
14. Se você recebesse uma proposta de trabalho na cidade, você deixaria a comunidade de Linha Glória?
15. Se você recebesse um bom dinheiro para ser usado em algo para a comunidade de Linha Glória, em que você investiria?

Fonte: Lara, 2017:142-3.

A sociolinguística: o uso **229**

Quadro 6 – Trecho de entrevista sociolinguística com narrativa de experiência pessoal.

D: E: tu falo(u) antes da insegurança. Tu já passo(u) por alguma situação de assalto?

L: Já tentaram me assaltar no bairro duas vezes, ali no Menino Deus, agora, esse ano. Foi esse ano? Ano passado, é, no ano passado.

D: Foi perto de casa, assim?

L: Foi, foi. [Um dia=

D: [Como que foi?

L: =Um dia, voltando da academia, perto da Azenha, ali, perto da Azenha não, perto da Érico Veríssimo, veio um carinha de bicicleta, né, e meio que paro(u), assim, dizendo pra eu/ alguma coisa que eu não lembro. Eu saí correndo muito rápido e::, antes dele chega(r) perto, e aí:: escapei. Eu saí correndo em direção a Getúlio Vargas, lá, e o(u)tra vez também, voltando da academia, ma(s) na minha rua, mesmo, só que mais perto do Zaffari, lá, eu moro na Múcio Teixeira. Eu vim, eu fu/fu/fi/ fiz a burrada, na verdade, mas de certo modo não é burrada, porque eu, se eu tenho o direito de ir e vir e de ir pel/mais de noite ali, pela Múcio, mais perto do Zaffari, daí tinha um carinha parado numa moto ahm, fingindo que tava mexendo no celular e, quando eu passei, ele tentou me assalta(r), mas também saí correndo muito, muito muito, muito rápido e joguei uma sacola que eu tinha do Zaffari em cima dele e saí correndo que nem lo(u)co. Fiz completamente errado, mas foi que na hora/

D: Sim, foi reflexo assim?

L: É, foi reflexo. E esse aí, acho que tava armado, esse tava armado. Então agora nunca mais ando pela Múcio Teixeira de noite, só na quadra que eu preciso chega(r) em casa. E tenho vários relatos de assaltos ali perto, já vi assaltos ali pe::rto, também, na frente do prédio, já vi vários relatos de assalto voltando da academia, também, bem complicado.

D = documentador, L = locutor

Fonte: Banco de Dados LínguaPOA (www.ufrgs.br/linguapoa/).

A entrevista sociolinguística, portanto, é um método de obtenção de dados em que, apesar de a fala ser monitorada, emergem trechos de fala espontânea necessários ao estudo da variação e mudança linguística.

ALGUMAS OBSERVAÇÕES

a. Estudos de variação linguística voltados à produção da fala podem articular a entrevista sociolinguística a outras técnicas de obtenção de dados, em estilos contextuais ainda mais controlados, de modo a testar os efeitos do *continuum* estilístico sobre os processos variáveis investigados. A gravação em áudio da leitura em voz alta de textos que concentrem as variáveis linguísticas em questão ou que justaponham pares mínimos é uma dessas técnicas. Outra é a gravação da leitura em voz alta de listas de palavras e de listas de pares mínimos em que as variantes podem ocorrer.

b. Por razões éticas, não se pode gravar dados de fala sem a ciência e o consentimento dos falantes. Uma vez cientes, os dados que os falantes produzirão não serão mais naturais. Além disso, mesmo que conversas pudessem ser gravadas sem consentimento, uma conversa não seria comparável a outra, o que impede a obtenção sistemática de dados. É por essas razões que a entrevista sociolinguística permanece, desde os anos 1960, como procedimento básico de obtenção de dados para o estudo da variação e mudança linguística.

c. O conjunto de entrevistas sociolinguísticas realizadas em uma comunidade de fala comporão um *corpus*, de que se poderão extrair amostras para analisar diferentes variáveis. Os *corpora* de entrevistas são estratificados respeitando-se as variáveis sociais relevantes para a análise dos padrões de fala locais. As entrevistas distribuem-se igualmente entre as variáveis consideradas. Por exemplo, se o pesquisador levar em conta dois gêneros, três faixas etárias, três níveis de escolaridade, deverá realizar dezoito entrevistas (2x3x3=18) para preencher todas as células ou estratos sociais de seu *corpus*.

d. **Bancos de dados de fala** como VARSUL, LínguaPOA, VALPB, PEUL, SP2010, entre muitos outros, são *corpora* de entrevistas sociolinguísticas. Nesses bancos, as entrevistas são disponibilizadas a pesquisadores em áudio e texto. Para tanto, independentemente da modalidade, as entrevistas são anonimizadas: delas são retiradas quaisquer informações pessoais que identifiquem os informantes.

Leituras complementares: Coelho et al. (2015); Mollica e Braga (2003); Tarallo (2006).

Capítulos relacionados: Estilo. Variação e mudança linguística.

Estilo

No vocabulário não especializado, estilo se refere ao modo de fazer algo: estilo de vestir, de morar, de pintar. Em se tratando de linguagem, o termo frequentemente se liga à escrita, talvez porque, como sugere Martins (2000: 1), o étimo latino nomeie o objeto usado para escrever – *stylo* em francês, *stilou* em romeno, que designam *caneta*:

> A palavra estilo, que hoje se aplica a tudo que possa apresentar características particulares, das coisas mais banais e concretas às mais altas criações artísticas, tem uma origem modesta. Designava em latim – *stilus* – um instrumento pontiagudo usado pelos antigos para escrever sobre tabuinhas enceradas e daí passou a designar a própria escrita e o modo de escrever. (Martins, 2000: 1)

Em linguística, que toma a língua falada como mais básica do que a língua escrita (Lyons, 1987: 24), **estilo** relaciona-se a maneiras de falar, de usar a língua na fala. Especialmente na sociolinguística, o estilo pode ser investigado em pelo menos duas grandes perspectivas: na dos efeitos dos estilos de fala (por exemplo casual/monitorado) em processos variáveis no percurso da mudança linguística, no estudo da variação dialetal; e na perspectiva da emergência dos estilos com o uso, na fala, de variáveis linguísticas na construção discursiva de *personae*, no estudo dos significados sociais das variáveis.

Já nos primeiros estudos de variação e mudança linguística de Labov (1972), sobre a centralização dos ditongos /ay/ (*light* 'luz, leve, claro') e /aw/ (*house* 'casa') no inglês falado pelos habitantes da ilha americana de Martha's Vineyard, e sobre a realização ou apagamento de /r/ (*fourth floor* 'quarto andar') no inglês falado por funcionários de três lojas de departamento de Nova York, o autor admite que os sujeitos podem assumir diferentes estilos de fala e que os estilos podem influenciar as variáveis investigadas. A respeito do estudo em Martha's Vineyard, em especial acerca da **entrevista sociolinguística**, procedimento tradicionalmente empregado na coleta de dados na pesquisa sociolinguística laboviana, Labov afirma que, embora saibamos que a maioria dos falantes urbanos têm uma variedade de estilos de fala alternantes, e que as entrevistas sob condições variadas produzirão números variados de traços fonológicos, este não é o caso com a maior parte dos vineyardenses. Eles são essencialmente falantes de estilo único. Às vezes, a conversação assumirá um tom mais expressivo, ou um aspecto mais formal, mas a porcentagem de formas centralizadas não é significativamente afetada. (Labov, 2008: 40)

Na pesquisa laboviana, estilo é uma variável que se controla quantitativa ou estatisticamente, para testar a hipótese da influência do estilo de fala na variação linguística. Nas comunidades investigadas, predominantemente de perfil urbano, supõe-se que os falantes alternem estilos de fala em diferentes situações sociais. No estudo de Labov em Martha's Vineyard, a hipótese não se comprovou. Já no estudo nas lojas de departamento, Labov verificou influência estilística: a realização de /r/ "...é diretamente correlacionada com a formalidade do estilo e a quantidade de monitoramento prestado à fala..." (Labov, 2008: 85). O autor verificou que a realização de /r/ correlaciona-se com classe social mais alta e com fala monitorada em situação formal. Isso o levou a concluir que a forma mais empregada pela classe social mais alta foi aquela abertamente prestigiada. Concluiu também que formalidade e monitoramento interagem intimamente com classe social.

Labov admite que, na comparação com o **vernáculo**, nossa fala cotidiana casual, na interação com familiares, amigos e sujeitos próximos, a fala em entrevistas é formal: é pública, produzida na interação com um pesquisador desconhecido ao informante, geralmente gravada, por essas razões monitorada. No entanto, como o empreendimento de pesquisa laboviana depende de dados em estilo de fala o mais casual possível, Labov emprega técnicas para eliciar **narrativas de experiência pessoal** na entrevista sociolinguística, com as quais obtém os dados de que necessita, desde que o pesquisador identifique o que ele chama estilos contextuais:

O problema imediato, portanto, é construir situações de entrevista em que a fala casual encontre um lugar, ou que permitam que ela emerja e, assim, estabelecer um método formal para definir a ocorrência desses estilos. Por fala casual, em sentido estrito, entendemos a fala cotidiana usada em situações informais, em que nenhuma atenção é dirigida à linguagem. Já fala espontânea se refere ao padrão usado na fala excitada, carregada de emoção, quando os constrangimentos de uma situação formal são abandonados. Esquematicamente:

Contexto: Informal Formal
Estilo: Casual   Monitorado/Espontâneo

Normalmente não pensamos em uma fala "espontânea" ocorrendo em contextos formais. Entretanto, como mostraremos, isso ocorre frequentemente no curso da entrevista. A fala espontânea é definida aqui como correlata da fala casual que ocorre em contextos formais, não em resposta à situação formal, *mas apesar dela*. (Labov, 2008: 110-1 [grifo nosso])

Não é o estilo de fala casual ou genuinamente vernacular o que Labov e qualquer linguista obtêm em entrevistas, mas o que há de mais próximo ao casual: o estilo de **fala espontânea**, mais afeto à variação e mudança linguística do que o estilo de **fala monitorada**.

O par fala monitorada/fala espontânea opõe, portanto, dois estilos de fala no contexto (formal) da entrevista sociolinguística. Com ele, Labov mostra que as formas abertamente prestigiadas porque usadas por falantes de classe social mais alta são mais frequentes em trechos de fala monitorada. Mostra também, como observam Rickford e Eckert (2001), que é a atenção prestada à fala o que está por trás do estilo monitorado. A atenção prestada à fala é um aspecto cognitivo da comunicação humana que, assim, se torna central na teoria sociolinguística.

Já outra perspectiva de investigação, identificada aqui com Eckert (2000) e particularmente com Coupland (2007), vai além da entrevista sociolinguística no estudo do estilo. Esses autores consideram estilo um aspecto relacionado às práticas comunicativas humanas, que implicam manipular recursos semióticos para alcançar objetivos em contextos sociais. Assim, Coupland (2001: 186) assume que, nos usos da linguagem, "o papel do estilo é projetar as identidades frequentemente complexas dos falantes e definir relacionamentos sociais e outras configurações do contexto". É o caso de apresentadores de rádio como o estudado pelo autor: Frank Hannessy, de Cardiff, capital do País de Gales, nação do Reino Unido, de cultura celta e cuja língua é o galês. Frank usa o dialeto local, não o inglês, na locução de seu programa. Com isso, "sua imagem popular é construída pela afiliação à cultura e ao folclore local e pela promoção dos mesmos por meio de sua fala. Para alguns, ele tipifica a voz vernacular de Cardiff, talvez até mesmo a visão de mundo de Cardiff..." (Coupland, 2007: 123).

A hipótese de Coupland é a de que qualquer um de nós, não só locutores de rádio, estilize sua fala usando variação linguística, ao interagirmos no espaço social. É o que ele chama de **estilo dialetal como gerenciamento de *persona***. O apresentador Frank Hannessy estiliza um lugar (Cardiff) na locução de rádio, mas outros aspectos relevantes aos contextos em que a fala é usada podem ser estilizados pelo uso de variáveis linguísticas: gênero, *expertise* profissional, idade, classe social etc. Ou seja, podemos mobilizar certas variáveis, por vezes usá-las estrategicamente na construção discursiva de diferentes identidades e significados

234 Conceitos básicos de linguística

sociais. E as variáveis em jogo podem ser de diferentes tipos, tanto diatópicas quanto diastráticas, como defende Halliday (1978).

Essa visão performativa de estilo inspira-se, conforme Coupland (2001), na ideia de estilização de Bakhtin (1981) ao discutir linguagem e gênero literário. Nessa discussão, Bakhtin afirma que

> a linguagem do advogado, do médico, do homem de negócios, do político, do professor e assim por diante às vezes coincidem, às vezes se afastam da estratificação em gêneros. Desnecessário dizer que essas linguagens diferem não somente em seu vocabulário; envolvem formas específicas de manifestar intenções, formas de tornar concretas a conceitualização e a avaliação. E até a própria linguagem do escritor (do poeta ou romancista) pode ser considerada um jargão profissional a par com jargões profissionais. (1981: 289)

A ideia de estilização performativa da linguagem de Bakhtin é, segundo Coupland (2001), inspiradora para o estudo sociolinguístico da variação, mas volta-se ao texto literário. A investigação de estilos de fala implica assumir, um pouco diferentemente, que anunciamos pertença a certos grupos ou comunidades de fala quando desempenhamos estilo nos usos da linguagem. Ou seja, não é a adesão a um certo gênero, mas a construção interacional do *eu* que está em jogo quando mobilizamos determinados conjuntos de variáveis ao falar, em contextos nos quais esses conjuntos adquirem significados sociais, no âmbito profissional ou não profissional.

ALGUMAS OBSERVAÇÕES

a. Em estudos de linguagem, *estilo* parece equivalente a **nível** e **registro**, definidos como variedade de língua apropriada a certa situação social, como está, por exemplo, nos verbetes de ambos os termos elaborados por Crystal (2000). Para ilustrá-los, esse autor refere *nível de linguagem formal, registro de linguagem científica, religiosa ou formal*. No entanto, o que vai neste capítulo mostra que estilo não equivale a *nível* ou *registro de linguagem*. O tratamento adequado de estilo em sociolinguística implica minimamente distinguir *situação social* de *contexto de uso*. Não se investigam variedades de fala formais ou informais aprioristicamente definidas. Investigam-se efeitos de estilos contextuais na variação e mudança linguísticas, ou a semiose da variação linguística nos usos da linguagem, na construção de estilos de *persona*, estudos que não conseguem operar com as noções de nível e registro como acima referidas.

b. **Estilística** é a disciplina que, nos estudos da linguagem, dedica-se especificamente ao estudo do estilo. Como explica Martins (2000: 17), a estilística surgiu nas primeiras décadas do século XX, tomando o lugar da Retórica, com uma intenção mais ou menos científica. Mas, como a autora explica mais adiante,

> a estilística tem um campo de estudo mais amplo do que a Retórica: não se limitando ao uso da linguagem com fins exclusivamente literários, interessa-se pelos usos linguísticos correspondentes às diversas funções da linguagem, seja na investigação da poeticidade, seja na apreensão da estrutura textual, seja na determinação das peculiaridades da linguagem devidas a fatores psicológicos e sociais. (Martins, 2000: 22)

A obra de Lapa (1988), *Estilística da língua portuguesa*, explica que o foco da estilística é a expressividade da linguagem, examinada considerando-se os diferentes recursos da língua para veicular significados nos diferentes usos linguísticos, literários ou não.

Leituras complementares: Görski et al. (2014); Mendes (2017).

Capítulos relacionados: Dialeto. Norma. Variação e mudança linguística.

Etnografia

Etnografia é um método das ciências sociais seguido em estudos da sociolinguística e da antropologia linguística. Compreende um conjunto de técnicas de observação direta e pesquisa de campo que resulta na "descrição escrita da organização social, atividades sociais, recursos simbólicos e materiais, e práticas interpretativas características de um grupo particular de pessoas" (Duranti, 1997: 85). Na sociolinguística, a etnografia se associa a outros métodos ou técnicas de análise para estudar a linguagem em sua relação com a sociedade e a cultura; na **antropologia linguística**, para estudar a linguagem como elemento constitutivo da cultura e da vida social.

A realização da etnografia requer a presença relativamente prolongada do pesquisador na comunidade investigada, participando de atividades diárias e/ou observando práticas sociais cotidianas. Essa exigência implica que o investigador tenha qualidades aparentemente contraditórias, segundo Duranti (1997: 85):

> (i) uma habilidade de dar um passo atrás e distanciar-se das próprias reações imediatas e culturalmente enviesadas, de modo a alcançar um grau aceitável de "objetividade" e (ii) a propensão de conquistar identificação e empatia suficientes com os membros do grupo [pesquisado] de modo a fornecer a perspectiva dos próprio membros – que os antropólogos chamam de "visão êmica".

Essas qualidades são exercitadas na execução de um procedimento metodológico caro à pesquisa etnográfica, o da observação, em especial o da **observação participante**, que combina "estar com os outros e observá-los" (Duranti, 1997: 89). De acordo com Flick (2004), a observação torna as práticas do grupo investigado acessíveis ao pesquisador de um modo diverso do que se alcança com entrevistas e narrativas, que contêm apenas relatos das práticas.

Na pesquisa linguística, a observação contribui para esclarecer padrões de fala e usos de formas linguísticas na realização de práticas culturais em comunidades particulares, à medida que o investigador observa interações pela fala e participa de atividades mediadas por ela. É o que faz Eckert (2000) no estudo de variação e mudança linguística no inglês falado por adolescentes americanos em uma escola de Detroit, Estados Unidos, articulando a análise quantitativa da variação com etnografia.

Eckert (2000) optou por estudar o inglês falado por adolescentes no pressuposto de que indivíduos nessa fase da vida lideram a mudança fônica e porque usam o vernáculo intensamente. Na escola, os adolescentes lançam mão de variáveis linguísticas e outros recursos para simbolizar pertença a grupos ou comunidades de prática, processo pelo qual significados sociais são construídos. Nessas práticas, as formas linguísticas passam a indexar significados relativos a identidades assentadas na cultura local.

Eckert (2000) realizou etnografia para esclarecer os **significados sociais** de variáveis linguísticas no inglês falado por adolescentes da escola Belten High: "como o significado é construído na prática cotidiana, em grande parte tacitamente, o estudo do significado social requer acesso a essa prática" (Eckert, 2000: 74). A autora passou dois anos fazendo observação participante e entrevistas na escola e na área onde se situa a escola. Eckert não assistiu a aulas por razões legais, mas transitou em outros espaços escolares. Embora longo, vale a pena conferir o relato da autora:

> Minha vida cotidiana na escola foi uma combinação de muitas coisas. Eu nunca abri mão de caminhar e tomar nota do que estava acontecendo em diferentes partes e cantos da escola e quem-estava-onde quando as aulas estavam ocorrendo, onde as pessoas iam e o que elas faziam entre as aulas, quem-estava-fazendo-o-que-com quem e onde. Em ocasiões regulares, eu controlei observações sentando em um lugar e gravando informações sobre o que acontecia lá, ou me movimentando e observando o que estava acontecendo e onde [estava acontecendo] em dado momento. Durante o almoço, dividi meu tempo entre dar uma volta para ver quem-estava-onde e sentar ou sair com as pessoas durante e depois do almoço. Outras vezes, eu ia a lanchonetes com alunos que estavam matando aula ou dava uma caminhada com pessoas inquietas. Eu frequentei o programa alternativo para alunos que corriam o risco de suspensão, expulsão ou de largar a escola. Após as aulas, eu ia a atividades extracurriculares, a parques, a bairros vizinhos, ao McDonald's. Eu entrevistei pessoas separadamente ou em grupos em salas de estudo, horários de almoço e depois da escola. E eu operei em rede incessantemente, com os alunos da Belten High me ajudando nesse empreendimento. (Eckert, 2000: 75-6)

Com etnografia, Eckert (2000) identifica dois grupos de pertença na ordem social escolar: os *Jocks*, alunos intelectuais e praticantes de esportes, mais orientados à escola; *Burnouts*, alunos que matam aulas, fumam maconha, gostam de *heavy metal*, menos orientados à escola. Verifica que as variáveis concordância negativa (*I don't know nothing* 'Eu não sei nada') e centralização de (ay) (*I* 'eu') são empregadas com mais frequência por *Burnouts* e indexam significados sociais assentados na *persona Burnout*.

238 Conceitos básicos de linguística

Etnografia da comunicação é o nome que se dá a uma abordagem sociolinguística específica, identificada com o linguista americano Dell Hymes. Como a própria denominação sugere, trata-se de uma linha de investigação centrada na comunicação, voltada "à organização sociocultural de eventos de fala ou a seu papel na comunidade" (Duranti, 1997: 289). Conforme Hymes (1974: 116), é um tipo de "linguística que descobriu fundamentos etnográficos e uma etnografia que descobriu conteúdo linguístico, em relação a conhecimento e habilidades de uso da linguagem (competência) de pessoas cujas comunidades são estudadas". O autor explica que, da relação entre eventos, atos e estilos de fala, de um lado, e de habilidades e papéis, contextos e instituições, crenças, valores e atitudes, de outro, surgem os modos de falar. Estão aí os aspectos que, com procedimentos etnográficos, o sociolinguista busca esclarecer na investigação de usos da linguagem pela etnografia da comunicação. Exemplo bastante singelo desses aspectos está na comparação dos enunciados em (1) e (2):

(1)   – Oi, Fulano, tudo bom?
(2)   – E aí, Fulano, o que é que manda?

Ambos (1) e (2) correspondem a formas vernaculares de cumprimentar usadas no português brasileiro. Em vez de distanciamento e neutralidade, os enunciados constroem um ambiente interacional de relativa aproximação e comprometimento. A diferença entre eles é que (2) pode ser usado não só para cumprimentar, mas também para eventualmente perguntar o que o cliente deseja em um estabelecimento comercial ou de serviços, isso apenas se o atendente (re)conhecer o cliente.

Investigar a produção e a interpretação de (1) e (2) requer observação extensiva de interações sociais pela fala e resulta na descrição de uma cultura local, relativa aos modos de agir com a linguagem e de utilizá-la. Na execução de uma análise pela etnografia da comunicação, Hymes (1974) sugere centrar atenção em pelo menos oito aspectos, cujas iniciais formam a palavra *speaking* ('falar' em inglês): *setting* ou *situation* 'situação', *participants* 'participantes', *ends* 'finalidades, objetivos', *act sequences* 'sequências de atos', *key* 'tom', *instrumentalities* 'instrumentos ou canais de transmissão', *norms* 'normas interacionais' e *genres* 'gêneros discursivos'.

Leituras complementares: Garcez e Schulz (2015); Loder e Jung (2008); Mattos (2011).

Capítulos relacionados: Competência comunicativa. Comunidade de prática. Significado social.

Fala-em-interação

O termo **fala-em-interação** dá nome a segmentos de conversa investigados na perspectiva da **análise da conversa etnometodológica** (Loder e Jung, 2008; Garcez, 2008).

Em sociologia, etnometodologia é uma abordagem da estrutura social proposta por Harold Garfinkel, voltada ao "estudo das propriedades racionais das ações práticas enquanto obras incidentais contínuas das práticas organizadas e engenhosas da vida cotidiana" (Garfinkel, 1972: 309). O pressuposto da etnometodologia é o de que "a estrutura social resulta das interações diárias, nas quais os atores sociais aplicam métodos para entender e comunicar o que eles são e aquilo com que se importam" (Duranti, 1997: 10). Nessa perspectiva, as conversas cotidianas, entendidas como ação social, passam a ser objetos de interesse de sociólogos e linguistas.

De acordo com Atkinson e Heritage (1984) e Loder e Jung (2008), as pesquisas fundadas na etnometodologia buscam, pela análise de dados naturalísticos de fala-em-interação, entender como os atores sociais se organizam para produzir ações pelo uso da linguagem. A análise da conversa etnometodológica, especificamente, tem como meta "descrever os procedimentos pelos quais os participantes da conversa produzem seu próprio comportamento, compreendem e lidam com o comportamento dos outros" (Heritage e Atkinson, 1984: 1), de modo a explicar a competência dos falantes para participar de interações inteligíveis e socialmente organizadas. Nessa linha, não são as palavras, sentenças ou atos de fala isolados o que se analisa, mas trechos de fala em sua organização.

A sequencialidade, observada por Sacks (1992), é constituinte central da organização da ação social. As ações dos participantes na interação pela fala organizam-se sequencialmente. Há uma espécie de encaixe entre o que uma primeira pessoa diz e faz e o que o seu interlocutor diz e faz em retorno: "a produção de uma elocução está relacionada à elocução que foi produzida anteriormente por outro interlocutor" (Loder, Salimen e Müller, 2008: 40), cada nova elocução/ação constrange em alguma medida as ações pertinentes a seguir.

Por exemplo, Kanitz e Battisti (2013), em um estudo qualitativo de variação linguística na linha da análise da conversa etnometodológica, verificam que a variável investigada pode ter efeito na sequencialidade da fala e nas ações sociais dos participantes. O dado de fala-em-interação em (1), analisado pelas autoras, foi gerado por jovens de uma comunidade brasileira do interior do estado do Rio Grande do Sul, onde houve

240 Conceitos básicos de linguística

e ainda há contato com uma variedade dialetal alemã. O português falado localmente apresenta traços desse contato, um deles o uso de tepe alveolar [ɾ] (vibrante simples) em lugar de vibrante múltipla alveolar [r] (ou uma de suas variantes, fricativa velar [x] ou glotal [h]), como em *cachoro* em vez de *cachorro*, *aroz* em lugar de *arroz*. A realização de tepe alveolar em lugar de vibrante múltipla é desprestigiada na economia linguística local, associada à figura do imigrante alemão, trabalhador rural, de pouca escolaridade e baixa renda (Lara, 2017).

(1)

01	Andriele	o snoopy é bem tonguinho
02		(.)
03	Andriele	ele nem sabe que pegou nele
04		(.)
05	Patrícia	claro que ele não sabe o que é
06		um martini, que quê é um drurys=
07	Andriele	=nã::o, ele não sabe que se
08		molhou,>ele não tem
09		sensibilidade<
10	Pedro	→ <u>ach</u> gehe doch loss. também não é
11		bu*r*o
12	Andriele	ele é
13	Patrícia	<ele é um cacho*r*<u>o</u>> *((fala em tom*
14		*de deboche olhando diretamente*
15		*para Pedro que fica em*
16		*silêncio e baixa a cabeça))*
17	Andriele	cacho*r*o? *((olha para Patrícia,*
18		*olha para Pedro))*
19		(.)*((Pedro fica em silêncio))*
20	Tomas	>lá na minha te*r*a só se come
21		laranja da te*r*a<
22		*((fala em tom de brincadeira;*
23		*olha para Andriele e para Pedro*
24		*e sorri; Pedro fica em silêncio))*
25	Patrícia	ai, driele, a gente podia fazer
26		negrinho né?
27		*((olhando para Andriele))*
28	Andriele	negrinho? de onde vem isso
29		agora?

Fonte: Kanitz e Battisti, 2013: 18-19.

Em (1), *tonguinho* significa 'tolo', 'bobo', *ach gehe doch loss* é expressão da variedade dialetal alemã que quer dizer, *grosso modo*, 'ah, deixa disso!' e *negrinho* é o mesmo que *brigadeiro*, nome de um doce. Nesse momento da conversa, ocorrida em torno da mesa na varanda da casa, logo após um almoço de domingo, os participantes Tomas, Patrícia, Pedro e Andriele, familiares e amigos, riam do fato de a participante Mariani ter jogado, sem querer, um resto de bebida alcoólica no cachorro do vizinho. Patrícia sugere que o cachorro possa embriagar-se ao lamber-se, possibilidade negada por Tomas, Pedro e Andriele. O trecho em (1) inicia-se após Tomas e Pedro já terem se manifestado sobre a impossibilidade de o cachorro se embriagar. Kanitz e Battisti (2013: 18-19) assim analisam o dado de fala-em-interação:

> [Na linha 1], Andriele sugere que o cachorro seja tolo demais para se dar conta de que algo o tenha atingido. Orientado às colocações de Andriele sobre a tolice do cachorro, Pedro, nas linhas 10-11, discorda da interlocutora ao dizer: "ach gehe doch loss. também não é buro". No momento em que discorda de Andriele, Pedro emprega a vibrante simples em lugar da vibrante múltipla ao dizer 'bu[ɾ]o', em vez de bu[r]o, bu[x]o ou bu[h]o.
> Andriele, no turno imediatamente seguinte, não se orienta de pronto para esse emprego variável da vibrante [...] dá continuidade à discussão ao reiterar sua posição de que o cachorro é burro, tolo: "ele é" (linha 12). Patrícia, no entanto, no turno imediatamente seguinte ao de Andriele (linha 13), põe em relevo o emprego da vibrante simples realizado por Pedro, quando dirige seu olhar diretamente a ele e diz pausadamente e em tom de deboche que se trata de um cachorro, "<ele é um cachoɾo>", também produzindo vibrante simples em lugar de vibrante múltipla na palavra 'cachorro', enfatizando inclusive sua última sílaba: 'cacho[ɾ]o'.
> Nesse momento da interação, Patrícia torna relevante o emprego da vibrante simples em lugar de múltipla, realizado por Pedro, ao reproduzir o mesmo emprego em seu próprio turno em tom de deboche. Note-se que Pedro, diante da ação de Patrícia, fica em silêncio e baixa a cabeça, dando sinais de estar evitando a questão do emprego variável da vibrante tornado relevante por Patrícia (linhas 15-16).
> Na linha 17, Andriele mantém a orientação para a variação na interação, tornada relevante por Patrícia, quando em tom ascendente de voz diz "cachoɾo?", novamente reproduzindo em sua fala o emprego variável de vibrante simples em lugar de múltipla realizado inicialmente por Pedro e depois por Patrícia. Por fim, nas linhas 20-21, também Tomas, em tom de brincadeira, demonstra orientação para o emprego variável da vibrante quando, olhando para Pedro, sorri e diz rapidamente: ">lá na minha teɾa só se come laranja da teɾa<", aqui produzindo 'te[ɾ]a' ao invés de te[r]a, te[h]a ou te[x]a.

[...] não se pode deixar de destacar que, diante de todas as ações de orientação para a variação da vibrante realizada pelos interlocutores presentes à mesa (Patrícia, Andriele e Tomas), Pedro permanece o tempo todo em silêncio, com a cabeça baixa, evitando direcionar o olhar aos participantes. O participante dá, assim, sinais de despreferência diante das ações de seus interlocutores.

É somente a partir da linha 25 que a interação muda de curso, e os participantes deixam de se orientar para a questão do uso variável da vibrante [...]. A partir das linhas 25-26, Patrícia propõe uma mudança de tópico que é ratificada sequencialmente por Andriele.

Nesse [...] segmento, portanto, os participantes se orientam sequencialmente para a variação na fala-em-interação quando põem em destaque o emprego de vibrante simples em lugar de vibrante múltipla pelo participante Pedro.

Além da sequencialidade, outros mecanismos organizam a conversa, conforme Silva, Andrade e Ostermann (2009):

a. os pares adjacentes, por exemplo, convite/aceite-recusa, pergunta/resposta, saudação/resposta à saudação, dentre outros;

b. a preferência por uma dada ação em um par adjacente. Por exemplo, no par convite/aceite-recusa, o aceite de um convite é preferido à recusa, o que tem efeitos no trabalho interacional: o aceite tende a ser menos elaborado, a recusa, a vir marcada por hesitações, explicações, justificativas etc.;

c. a tomada de turno: por princípio, conversas caracterizam-se por troca de turnos de fala, um participante fala por vez, os turnos são entregues/tomados pelos participantes com o mínimo de espaço ou sobreposição de fala. A retenção, monopolização, sobreposição de turnos, silêncios entre turnos podem decorrer, por exemplo, da natureza da relação entre os participantes e ter efeitos nos sentidos construídos na fala-em-interação;

d. o reparo: problemas de produção ou de entendimento do que foi dito na interação podem interromper o fluxo da conversa e implicar o uso de estratégias de reparo, como repetir perguntas ou respostas, falar de forma silabada ou em voz mais alta etc.

Um elemento implicado nas conversas cotidianas, que tem consequências sobre a organização da conversa e o trabalho interacional nela realizado, é a **situação social**. Goffman (1964: 135) assim a define:

A sociolinguística: o uso **243**

Eu definiria situação social como um ambiente de possibilidades de monitoramento mútuo, qualquer lugar onde o indivíduo estará acessível aos sentidos nus de todos os outros que estão "presentes" e da mesma forma os encontrará acessíveis a ele. De acordo com essa definição, uma situação social emerge sempre que dois ou mais indivíduos encontram-se na presença imediata um do outro, e dura até que a penúltima pessoa se retire. Os que estão em uma determinada situação podem ser referidos de forma agregada como um agrupamento, por mais divididos, mudos e distantes, ou apenas momentaneamente presentes eles pareçam estar. Regras culturais estabelecem como os indivíduos devem se comportar nos agrupamentos e tais regras [...], quando respeitadas, organizam socialmente o comportamento daqueles na situação.

Uma situação social, portanto, não existe previamente a um agrupamento, mas se estabelece nele. Uma situação social não possui propriedades e estruturas próprias. Há regras (culturais) que se aplicam aos agrupamentos e à conduta dos indivíduos nos agrupamentos, não às situações. O dado de fala-em-interação em (1), por exemplo, foi gerado no agrupamento de Tomas, Patrícia, Pedro, Andriele, Mariani em um almoço de domingo, que criou um ambiente de monitoramento mútuo (situação social). Esse ambiente durou provavelmente até o final da refeição, ou até quando o agrupamento se desfez.

A noção de situação social não é explorada de forma operacional no exame de dados pela análise da conversa etnometodológica, uma vez que essa linha toma a situação como um pressuposto. Mas vale a pena considerar a situação ao abordar a interação social pela fala porque ela dá relevo à alteridade, ao fato de que, nos usos da linguagem, a presença imediata do(s) outro(s) constrange o modo de conversar e interagir socialmente, o que é parte importante da explicação do processo de construção de sentidos que ocorre, pela fala, em nossas interações cotidianas.

Leituras complementares: Dionísio (2001); Garcez (2008); Marcuschi (1991); Silva, Andrade e Ostermann (2009).

Capítulos relacionados: Competência comunicativa. Etnografia.

Norma

Em uma concepção mais geral, **norma** é definida de modo relativamente simples e unificado como aquilo que regula procedimentos ou atos; regra, princípio, padrão, lei, costume, exemplo, modelo (Houaiss e Villar, 2009). Já nos estudos da linguagem, norma tem mais de uma definição devido à oposição entre estudos linguísticos (descritivos, voltados à análise da produção, percepção e uso de línguas naturais) e estudos normativos (prescritivos, voltados à apresentação de determinadas realizações da língua como as únicas aceitáveis). No que se refere apenas aos estudos linguísticos, as diferentes definições de norma decorrem dos pressupostos teóricos de cada linha de investigação.

Alinhando-se à linguística saussuriana, Coseriu (1980) concebe norma como o nível (virtual ou mental) de estruturação linguística referente aos fatos tradicionais, comuns ou constantes na língua. Sistema, por outro lado, é o nível das oposições funcionais. Um exemplo de norma, para o autor, é a aspiração de certas consoantes do sistema do inglês, as oclusivas desvozeadas /p, t, k/ em posição tônica: essas consoantes são aspiradas em início de sílaba (*pen* [ˈpʰɛn] 'caneta', *ten* [ˈtʰɛn] 'dez', *cat* [ˈkʰæt] 'gato'), exceto quando precedidas por /s/ (*spin* [ˈspɪn] 'girar', *stick* [ˈstɪk] 'colar', *scream* [ˈskɾim] 'gritar'). Nesse sentido, a noção de norma de Coseriu (1980) se aproxima da concepção de **regra** da gramática natural, com que a linguística gerativa opera em seus primeiros modelos.

Já na sociolinguística laboviana, que se interessa pela variação linguística instanciada na fala, norma faz parte da definição de comunidade. Para Labov (2008), comunidade de fala não se define pela concordância dos membros no uso de elementos linguísticos, mas pela partilha de um conjunto de normas "observadas em tipos de comportamento avaliativo explícito e pela uniformidade de padrões abstratos de variação que são invariantes no tocante a níveis particulares de uso" (Labov, 2008: 150). Portanto, tais normas não são exatamente **normas de uso**, como observa Figueroa (1994: 85), mas "normas de interpretação, ou mais precisamente, atitudes partilhadas para com formas estigmatizadas, [...] padrões de estratificação social, alternância de estilo e avaliações subjetivas", normas essas a que os membros de uma comunidade de fala se referem na produção e na percepção linguísticas, conforme Patrick (2002), mesmo que tacitamente.

Por exemplo, no português brasileiro falado em Porto Alegre, Rio Grande do Sul, *tu* é mais frequente do que *você* na expressão de 2ª pessoa de singular (Scherre et al.,

2015); a forma verbal que acompanha *tu* geralmente é a de 3ª de singular (*tu quer, tu falou*). Produzir/ouvir *tu queres, tu falaste* no vernáculo local é bastante incomum. Quando verificadas no vernáculo, realizações como *tu queres, tu falaste* soam estranho nessa comunidade de fala, parecem erradas ou inadequadas. Se empregadas, é provável que ocorram em interações sociais com um grau maior de formalidade, entre pessoas de maior nível de escolaridade. Esse é o **padrão da comunidade de fala**, que os porto-alegrenses adquirem em suas práticas linguísticas cotidianas. Os falantes armazenam o conhecimento acerca do padrão em um conjunto de normas, que os dispõem a falar e a apreciar realizações linguísticas de modo a reproduzir esse padrão.

O exercício da linguagem na vida em sociedade exerce pressões niveladoras e uniformizadoras sobre a língua, o que dá origem a **dialetos sociais** em comunidades estratificadas (Kroch, 1986). Além disso, a eles se superpõe, conforme Preti (2000), por força principalmente da escola, da literatura e dos meios de comunicação de massa, o que o autor chama de **norma culta**:

> Uma entidade culturalmente superior, que [...] representa o ideal linguístico da comunidade. É a norma-padrão que regula a linguagem falada das pessoas cultas, além de constituir um veículo de todo um complexo cultural, científico ou artístico que se realiza através de sua forma escrita. É a norma tradicionalmente ensinada pela escola... (Preti, 2000: 55)

Nessa definição, norma culta é o mesmo que **norma-padrão**, equivalente ao conjunto de normas (prescritivas) que regula as práticas escritas e alimenta o imaginário de pessoas entendidas como cultas sobre o modo de falar em dadas situações sociais.

Embora Preti (2000) tenha referido situações sociais específicas em que as pessoas cultas seguiriam tal conjunto de normas – "conversas com ouvintes de mesmo nível, em especial quando se trata de temas dissertativos, exposição de ideias ou conferências, aulas universitárias, discursos, reuniões formais etc." (Preti, 2000: 55) –, o termo *norma culta* é criticado por ser usado como equivalente de gramática normativa, cujas regras são de natureza prescritiva, não admitem (via de regra) variação e voltam-se prioritariamente ao registro escrito das línguas nacionais ou oficiais. A esse respeito, Faraco (2015) advoga pelo reconhecimento de que "não há – como pressupõe a concepção normativa estreita – uma norma culta única, uniforme e homogênea. As variedades cultas são diversificadas e heterogêneas" (Faraco, 2015: 28).

Leituras complementares: Leite (2005); Othero (2017); Perini (2004).

Capítulos relacionados: Comunidade de fala. Dialeto. Gramática. Língua-E. Variação e mudança linguística. Sistema da língua.

Política linguística

Política linguística corresponde a "um conjunto de escolhas conscientes referentes às relações entre língua(s) e vida social" (Calvet, 2002: 145), eventualmente pautadas por fatos esclarecidos pelos sociolinguistas. Já as ações decorrentes de uma política linguística, voltadas à sua efetivação, correspondem a que costuma ser chamado de **planejamento linguístico**. Política e planejamento linguístico podem, em um ciclo retroalimentador, ter efeitos nas línguas naturais e nos usos da linguagem, efeitos esses que interessam não apenas à esfera pública, de maneira geral, mas também à pesquisa linguística, de maneira específica.

Tanto política linguística quanto planejamento linguístico dizem respeito ao uso da linguagem em sociedade, em relação (a) às variedades de uma língua e (b) à coexistência de línguas diversas no espaço social, ou porque os indivíduos dominam mais de uma língua (**plurilinguismo**), ou porque mais de uma língua é falada, mas por diferentes grupos populacionais (**multilinguismo**) no mesmo espaço social. No Brasil, por exemplo, a língua oficial e majoritária, o português, realiza-se em diferentes variedades regionais e sociais; além disso, populações nativas americanas e descendentes de imigrantes falam línguas indígenas e línguas de imigração, respectivamente, instanciando plurilinguismo e o multilinguismo. Em decorrência disso, o Brasil é uma nação multilíngue.

A complexidade de uma situação linguística como a brasileira e a necessidade de políticas linguísticas referentes a tal complexidade está na própria gênese da noção de plurilinguismo, conforme relato de seus proponentes face à situação linguística na Europa:

> À época [1997], o conceito de competência plurilíngue e pluricultural era nova e um tanto subversiva. Defendia a noção (sociolinguística) de que, em função de os indivíduos plurilíngues usarem duas ou mais línguas – juntas ou separadamente – para diferentes propósitos, em diferentes domínios da vida, com pessoas diferentes, e porque suas necessidades e usos de várias línguas na vida cotidiana poderiam ser muito diferentes, os falantes plurilíngues raramente eram igual ou inteiramente fluentes em suas línguas. Dentro dessas orientações, o foco no indivíduo como *locus* e ator do contato encorajou uma mudança de terminologia, do multilinguismo (o estudo do contato social) para o plurilinguismo. (Coste, Moore e Zarate, 2009: V)

A sociolinguística: o uso **247**

Como bem afirma Calvet (2002: 145-146), qualquer grupo social pode elaborar uma política linguística, "mas, num campo tão importante quanto as relações entre língua e vida social, só o Estado tem o poder e os meios de passar ao estágio do planejamento". Por exemplo, e voltando ao caso brasileiro, pode-se afirmar, com Ilari e Basso (2006: 62), que o Brasil foi um país multilíngue já em seu período colonial, quando "o português foi usado na administração portuguesa da colônia e nos contatos com a metrópole; foi a língua do governo e da Justiça e [...] da literatura". Mas muitas línguas indígenas eram também faladas no período, haja vista a existência já no século XVI das línguas gerais, simplificações de uma ou mais línguas indígenas usadas por diferentes populações nativas americanas. As línguas gerais resultaram de uma política linguística "empregada pelos portugueses na África e na Ásia [...] para poder lidar com o número estonteante de línguas que havia aqui quando chegaram à América" (Basso e Gonçalves, 2014: 212-3).

Mais tarde, o Diretório dos Índios, uma lei da Coroa portuguesa acerca dos aldeamentos indígenas no Brasil, datada de 1755 e tornada pública em 1757, teve repercussões em termos de planejamento linguístico: proibiu-se o uso de outras línguas que não o português nas escolas, inclusive as línguas gerais. Essa proibição colaborou para difundir o português no território nacional. No entanto, desvalorizou línguas e culturas locais e contribuiu para fomentar a ideia equivocada de que "a língua portuguesa no Brasil apresenta uma unidade surpreendente" (Bagno, 2001: 15).

Somente no século XXI, possivelmente na esteira de manifestos e conceitos jurídicos de organizações supranacionais como a Unesco, a respeito da preservação de bens culturais e a defesa de direitos linguísticos (Severo, 2016; Coêlho, 2019), reconheceu-se formalmente no Brasil a diversidade cultural e linguística brasileira: "... as línguas foram apenas formalmente reconhecidas como patrimônio cultural imaterial pelo Decreto 7.387, de 9 de dezembro de 2010, que instituiu o Inventário Nacional da Diversidade Linguística (INDL)..." (Severo, 2016: 195).

Conforme Altenhofen et al. (2018: 17), desde sua oficialização por decreto, "a política do INDL [...] vem produzindo novas articulações para as pesquisas linguísticas e promovendo a participação das comunidades linguísticas na discussão de suas línguas". Por essas ações de planejamento linguístico,

> no atual momento, o INDL reconhece 7 línguas como Referência Cultural Brasileira: Guarani Mbya, Asuriní do Tocantins (também conhecido como Asuriní do Trocará), Matipu, Nahukwa, Kuikuro e Kalapalo do Alto-Xingu, Talian. Além disso, outros quatro inventários estão em execução: Hunsrückisch (IPOL/UFRGS), LIBRAS (IPOL/UFSC), Ianomami (ISA) e Pomerano (IPOL/Secretarias Municipais). (Altenhofen et al., 2018: 20)

248 Conceitos básicos de linguística

O planejamento linguístico decorrente da política de reconhecimento da diversidade e do direito ao plurilinguismo e pluriculturalidade no Brasil inclui também a **cooficialização** de algumas dessas línguas em municípios brasileiros, o que garante aos indivíduos o direito de se expressar em sua língua de cultura e de receber educação plurilíngue:

> Nheengatu, Baniwa e Tukano em São Gabriel da Cachoeira, no Amazonas; Guarani em Tacuru, no Mato Grosso do Sul; Pomerano em Santa Maria de Jetibá, Domingos Martins, Pancas, Laranja da Terra e Vila Pavão, no Espírito Santo, e em Canguçu, no Rio Grande do Sul; Hunsrückisch em Antônio Carlos, Santa Catarina, e Alemão em Pomerode, Santa Catarina: oito diferentes línguas em onze municípios compõem o atual quadro de línguas cooficializadas por municípios brasileiros. (Morello, 2012: 9)

Ações como a cooficialização das línguas, decorrentes de políticas linguísticas como a do INDL, contribuem para enfrentar o desafio do plurilinguismo, do direito à diversidade linguística e cultural, mas podem porventura não atender aos anseios dos usuários das línguas. Nos termos de Calvet (2002), os falantes fazem, nas interações cotidianas, uma **gestão *in vivo*** do plurilinguismo; linguistas e políticos, por seu turno, realizam uma **gestão *in vitro***. Essas gestões podem ser diferentes e conflituosas.

> Por isso, é difícil impor a um povo uma língua nacional que ele não quer ou que ele não considera uma língua, mas um dialeto etc. Será igualmente pouco coerente tentar impor para essa função uma língua minoritária, se já existe uma língua veicular amplamente utilizada. A política linguística suscita problemas de controle democrático (não deixar os que tomam decisões fazer o que lhes der na telha) e de interação entre a análise das situações feita pelas instâncias de poder e a análise, quase sempre intuitiva, feita pelo povo. (Calvet, 2002: 148)

Compreender a dinâmica dessas gestões interessa aos envolvidos em políticas linguísticas, tanto para planejar quanto para avaliar sua efetivação.

Leituras complementares: Abreu (2016); Calvet (2002); Coêlho (2019); Garcez e Schulz (2016); Oliveira (2016); Severo (2016); Spolsky (2016a,b).

Capítulos relacionados: Dialeto. Língua-E. Norma.

Preconceito linguístico

Em linhas gerais, preconceito é definido (Houaiss e Villar, 2009: 1539) como qualquer opinião concebida sem exame crítico, qualquer ideia desfavorável formada sem ponderação, razão ou conhecimento abalizado, qualquer sentimento hostil resultante de experiência pessoal apressada ou de imposição pelo meio; intolerância. **Preconceito linguístico** é esse tipo de opinião, ideia ou sentimento negativo sobre modos de expressão pela linguagem, seja ela oral ou escrita, a que se chega sem exame crítico ou fundamentação teórica suficiente. Exemplos de preconceito linguístico estão nos mitos elencados por Bagno (2001), como o de que brasileiro não sabe português, as pessoas sem instrução falam errado, o português é muito difícil etc. Para Bagno (2003: 16), "o preconceito linguístico não existe. O que existe, de fato, é um profundo e entranhado preconceito social".

Relacionadas não com a língua propriamente, mas com a percepção de "diferenças no seio de uma formação social" (Fiorin, 2002: 24), as ideias desfavoráveis sobre modos de expressão pela linguagem originam-se, conforme LaBelle (2011), de um processo chamado **padronização**: "[...] uma vez que os falantes de uma língua entrem em acordo sobre que variedade fixar na escrita, essa variedade vem a ser vista como o padrão a partir de que outras variedades são julgadas" (LaBelle, 2011: 189).

Fixada a **língua-padrão**, esta adquire, de acordo com Bourdieu (2008), o estatuto de língua legítima, imposta pelo sistema escolar. Nasce daí a identificação da língua escrita como correta em oposição à língua falada, implicitamente considerada inferior. O desprestígio de variedades não padrão relaciona-se a crenças sobre os próprios falantes dessas variedades: tanto os falantes quanto seus modos de expressão são socialmente desvalorizados. Segundo Bourdieu (2008), é como se faltassem qualidades a esses sujeitos e a seus usos da linguagem. Opostamente, os falantes de variedades próximas à língua padrão lucram simbolicamente com o valor positivo que o uso de formas prestigiadas lhes confere. Preconceito linguístico, portanto, se baseia em **ideologias linguísticas**, que são "conjuntos naturalizados de crenças sobre a linguagem intersubjetivamente mantidas pelos membros de comunidades de fala" (Milroy, 2004: 162).

Skutnabb-Kangas (1988) denomina **linguicismo** (do inglês *linguicism*) a discriminação de grupos de pessoas com base na linguagem. É um termo análogo a preconceito linguístico, mas definido com clara menção a seus fundamentos ideológicos: "*linguicismo* pode ser definido como ideologias e estruturas usadas para legitimar, efetuar e reproduzir uma divisão desigual de poder e recursos (tanto materiais quanto não materiais) entre grupos definidos com base na língua" (Skutnabb-Kangas, 1988: 13).

Os grupos referidos na definição de linguicismo formam-se no espaço social (sociedade) com base em diferenças constituidoras desse mesmo espaço. Para Bourdieu (2008), diferenças linguísticas sociologicamente relevantes relacionam-se a sistemas estruturados de diferenças sociais. Assim, na avaliação social das variedades e dos sujeitos falantes, sobrepõem-se "camadas" de avaliação: além da maior ou menor proximidade da língua-padrão, podem estar em jogo uma avaliação de maior ou menor urbanidade, sofisticação, capacidade etc. É o que explica a intolerância e as atitudes negativas com sotaques, com estilos de fala, com certas palavras, como sugere Leite (2012).

Luft (1985) lista sequelas que podem apresentar os falantes de variedades estigmatizadas, alvos de preconceito linguístico: "insegurança na própria língua de berço, inibição comunicativa, sufocamento da expressão pessoal, bloqueio da criatividade" (Luft, 1985: 55).

A pesquisa linguística auxilia no combate ao preconceito linguístico mostrando que, em termos estruturais, não há línguas e variedades de línguas melhores ou piores. Há línguas e variedades de línguas diferentes. Cada uma delas é regida por normas específicas, partilhadas pelo conjunto de seus usuários. Mesmo que os usos linguísticos não espelhem a língua padrão, cabe lembrar, como afirma Luft (1985: 57), que "toda pessoa sabe a língua que fala".

Leituras complementares: Bagno (2001); Calvet (2002); Coelho et. al. (2015); Leite (2012).

Capítulos relacionados: Comunidade de fala. Norma. Valor social. Variação e mudança linguística.

Rede social

Rede social é um domínio de análise das ciências sociais que interessa especialmente à sociolinguística. Pode ser definida, a exemplo de Inojosa (1999), como o tecido constitutivo da sociedade, formado a partir do indivíduo e seus contatos pessoais. Aplicada ao estudo da linguagem, a análise de rede pode auxiliar a esclarecer os mecanismos sociais diários que levam os indivíduos a manter seus padrões de fala pelo reforço a seu comportamento linguístico, ou eventualmente a modificar esses padrões pela exposição a uma multiplicidade de formas e usos da linguagem.

Segundo Li Wei (1996), antes de ser explorado em estudos linguísticos, o conceito de rede social era utilizado nos anos 1970 como alternativa a classe social na investigação do comportamento cotidiano dos indivíduos. Enquanto categoria de pesquisa, rede social é menos abstrata, permite realizar análises menos comprometidas com generalizações universais e mais próximas à dimensão do cotidiano.

Em termos figurativos, rede social pode ser concebida como uma teia de nós interconectados que une pessoas, mesmo remotamente. É dinâmica, aberta e passível de expansão. Funciona a partir de âncoras ou nós, que são os próprios indivíduos. Cada nó articula-se com outro(s) e, pelas trocas, as pessoas se fortalecem e propiciam outras ligações, que variam em intensidade e forma. Aproximando o conceito de rede social da noção de redes complexas, da física, e sua representação em grafos, pode-se afirmar que as redes "caracterizam-se por conter sub-redes – 'agrupamentos' (em inglês, *clusters*) ou 'comunidades', densamente conectados –, que se interligam de forma relativamente fraca com outras partes da rede" (Costa, 2005: 37). Esse autor afirma que, na estrutura social, são exemplos de **sub-redes** os clubes, as associações, ou até mesmo os funcionários de uma seção de uma empresa, que "tendem a se conhecer melhor, enquanto o contato com os de outras seções concentra-se em algumas pessoas" (Costa, 2005: 37).

Entre os estudos sociolinguísticos sobre variação envolvendo rede social, o de Milroy (1987) em Belfast destaca-se, na avaliação de Eckert (2000), por enfatizar a importância do falante na explicação dos padrões variáveis. O estudo de Milroy (1987) acaba sendo o primeiro a dar conta sistematicamente da relação entre variação linguística e estrutura de rede, levando em conta indicadores como relações familiares, de amizade e de trabalho dentro de uma área territorial delimitada. A partir daí, a análise de rede social foi adotada na pesquisa sociolinguística como um princípio metodológico de trabalho de campo, a fim de minimizar os efeitos da observação sobre o desempenho linguístico dos falantes. Embora não exista um procedimento canônico para se chegar às redes, usam-se frequentemente princípios etnográficos para tanto.

No Brasil, destaca-se a pesquisa feita por Bortoni-Ricardo (2011), sobre redes sociais e variação linguística no português falado por migrantes residentes em Brazlândia, região administrativa do Distrito Federal brasileiro. Para Bortoni-Ricardo (2011), importam muito mais as redes de relações sociais de um indivíduo do que sua própria história social na explicação da variação. Indo além da análise variacionista estratificada, Bortoni-Ricardo criou um **índice de urbanização** para descobrir o quanto o indivíduo, migrante da zona rural, estava comprometido com práticas e valores urbanos ao afastar-se ou aproximar-se do dialeto caipira, investigado pela pesquisadora. Os resultados revelaram correlações importantes entre mudança de nós na rede e afastamento do dialeto caipira pelos migrantes rurais.

As redes sociais são ancoradas nos indivíduos. Li Wei (1996) afirma que, por essa razão, geralmente interessam às análises as **redes de primeira ordem** (Figura 24), os laços estabelecidos entre pessoas que interagem diretamente, o que limita a um número entre 20 e 50 o total de participantes da rede analisada. Na zona de primeira ordem, distinguem-se **laços fortes** de **laços fracos**: "laços que conectam amigos ou parentes opostos àqueles que conectam conhecidos" (Milroy, 2002: 550), respectivamente.

Figura 24 – Rede de primeira e segunda ordem. Um indivíduo (□) possui contatos (○) com os quais forma sua rede de primeira ordem. Os contatos de seus contatos (●) integram sua rede se segunda ordem.

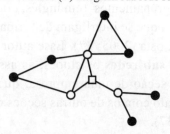

Fonte: Battisti et al., 2007: 5.

Em comunidades isoladas, cujos habitantes têm menor mobilidade geográfica, as redes apresentam graus de relacionamento mais fortes, justificando como algumas variáveis se mantêm estáveis ao longo do tempo. No entanto, embora os laços fortes facilitem a coesão local, eles acabam promovendo a fragmentação global. Já ligações fracas equilibram a coesão social e a fragmentação, minimizando o conflito com os laços fortes. Numa rede social, os laços fracos costumam ser muito mais numerosos do que os fortes, ligando o indivíduo a muito mais pessoas, trazendo informações, educação e oportunidades de emprego. Frequentemente, é nesse ambiente que surgem novas ideias e informações diversas e ampliam-se as perspectivas individuais e grupais, daí por que as inovações linguísticas e, posteriormente, as mudanças têm origem nesse tipo de ligação e são difundidas por indivíduos que transitam entre grupos (Eckert, 2000).

Evans (2004) explica que as redes apresentam diferenças estruturais em duas dimensões, a da **densidade** e a da **plexidade**. A densidade refere-se à quantidade de contatos dos indivíduos: quanto maior o número de pessoas em rede que conhecem umas às outras, maior sua densidade. Uma rede com poucos laços de conhecimento mútuo é uma rede frouxa, de baixa densidade. Essa é a dimensão da estrutura da rede, que a Figura 25 ilustra.

Já plexidade diz respeito ao conteúdo da rede. Nessa dimensão, importa o fato de os membros da rede conectarem-se uns aos outros por mais de um tipo de relacionamento (colega de trabalho e, ao mesmo tempo, vizinho). Uma rede na qual os indivíduos se relacionam de múltiplas maneiras é uma **rede multiplexa**, enquanto uma rede na qual os indivíduos se relacionam de uma única maneira é **uniplexa** (Figura 26).

Figura 25 – Estrutura da rede. À esquerda, uma rede pouco densa (poucos contatos). À direita, uma rede muito densa (muitos contatos).

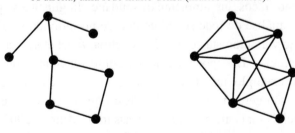

Fonte: Battisti et al., 2007: 4.

Figura 26 – Conteúdo da rede. À esquerda, uma rede de baixa plexidade
(apenas dois indivíduos possuem mais de um tipo de contato).
À direita, uma rede de alta plexidade (muitos indivíduos possuem mais de um tipo de contato).

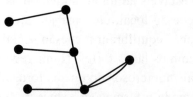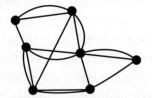

Fonte: Battisti et al., 2007: 4.

Milroy (2002), sobre a multiplicidade e densidade das redes, afirma que, ao longo de um dia, um indivíduo pode relacionar-se com várias pessoas, em redes de troca (família, amigos), redes interativas (colegas de trabalho ou escola, dono de loja e cliente), redes 'passivas' (migrantes e indivíduos móveis, como os representantes comerciais).

Uma forma de a análise sociolinguística dar conta da densidade da rede é, como fizeram Blake e Josey (2003), considerar a força dos relacionamentos dos indivíduos em rede. Ao replicar em Martha's Vineyard (ilha próxima a Nova York usada como local de veraneio) o estudo pioneiro de Labov (1972), os autores controlaram quatro graus de interação peculiares ao grupo de 16 informantes considerado. O primeiro e mais intenso grau de interação supõe comunicação diária e instancia-se em relacionamentos no trabalho, escola ou em casa; o último e menos intenso é o de pessoas que sabem da existência umas das outras, mas não interagem.

De modo geral, conforme Milroy (2002), as pesquisas variacionistas apontam para dois comportamentos linguísticos distintos fortemente determinados pelo tipo de rede construída pelo indivíduo. Quando as redes são densas, há resistência às pressões externas e mantêm-se as normas de uso da linguagem. No entanto, quando os nós da rede são fracos, um ambiente de mudança linguística se propicia.

Apesar de a análise de rede social centrar-se no indivíduo, categorias tradicionais no estudo variacionista como gênero, etnia, faixa etária, entre outras, não são de todo rejeitadas. Elas podem elucidar como funcionam ou se mantêm os nós da rede. Por exemplo, na adolescência, assim como em classes sociais mais baixas, as redes são geralmente mais densas do que em outras fases da vida ou em camadas sociais mais altas. Sobre esse assunto, Milroy (2002) afirma que a ausência de mobilidade geográfica ou social faz com que o espírito de solidariedade e sobrevivência unam mais fortemente as pessoas. Da mesma forma, o fato de uma comunidade ser extremamente oral ou letrada pode fazer diferença no modo como as redes se constituem.

A observação de redes a partir do indivíduo é microssocial. Quando se analisa classe social, a análise passa a ter caráter macrossocial. Apesar de aparentemente contraditório unir esses dois níveis de análise, Milroy e Milroy (1992) entendem que eles podem ser complementares. Por exemplo, nas sociedades americanas e britânicas, é na classe média onde mais aparecem os laços fracos. Já as redes da elite social são fortemente densas, devido ao número limitado de lugares, escolas particulares e universidades que as pessoas frequentam.

Evans (2004) observa que as redes sociais são consideradas de duas formas nas análises: como (a) um sistema de relações pessoais que tem efeitos sobre os indivíduos e influencia seu comportamento, ou (b) uma série de relações usadas pelas pessoas para atingir seus objetivos. A primeira, conforme a autora, é a mais frequentemente adotada pelos sociolinguistas.

Leituras complementares: Araújo, Santos e Freitag (2014); Battisti et al. (2007); Bortoni-Ricardo (2011).

Capítulos relacionados: Comunidade de fala. Comunidade de prática. Etnografia. Variação e mudança linguística.

Significado social

Significado social e valor social das formas linguísticas resultam do mesmo processo: **indexicalização**, ou associação das formas linguísticas com identidades sociais, processo esse mediado metapragmaticamente por ideologias linguísticas (Silverstein, 1992, 2003).

No entanto, em sociolinguística, enquanto o valor social é objeto de estudos sobre atitudes em relação às formas linguísticas e sobre a avaliação dessas formas no mercado (simbólico) das trocas linguísticas, o **significado social** é investigado em estudos (a) sobre identidades (*personae*) construídas com variação linguística e outros recursos semióticos, usados pelos falantes em práticas sociais realizadas em grupos formados em torno de um empreendimento comum – as comunidades de prática (Eckert, 2000, 2008); (b) sobre o uso de variáveis em esquemas discursivos particulares, para alcançar efeitos locais específicos na realização situada de atos de fala (Coupland, 2007).

Em ambas as linhas (a) e (b) de investigação sobre o significado social das variáveis linguísticas, segue-se a visão de Milroy (1987) de que o falante individual tem papel no estudo da variação, não como mero representante de uma categoria social (como nível de escolaridade, por exemplo), mas como um agente, alguém que procura adequar-se a seu grupo de pertença ou a seus interlocutores no uso contextualizado da linguagem em atividades sociais; alguém que não internaliza a língua como convenção, mas participa do processo contínuo de convencionar:

> convenção não é uma coisa, é um processo. E a possibilidade de convencionar [a linguagem e seus usos] reside na habilidade dos falantes de formular hipóteses sobre o comportamento dos outros e de realizar ações interpretáveis, juntamente com o comprometimento de fazer isso dentro de uma unidade social particular. (Eckert, 2000: 45)

Eckert (2000) inaugura a linha (a) de investigação do significado social da variação linguística (sobre *personae*), examinando as práticas sociais de adolescentes americanos em uma escola de ensino médio de Detroit. A pesquisadora realiza etnografia na escola, no pressuposto de que estudar o significado social da variação é estudar a relação entre variação e identidade. Observa dois grupos, um mais orientado à escola (*Jocks*), outro mais resistente à escola (*Burnouts*). Verifica que os adolescentes mobilizam práticas de diversos tipos – de vestir-se, de participar de atividades escolares, de lazer, de falar – para construir simbolicamente as comunidades *Jock* e *Burnout*. O processo de negociação de significados dessas práticas simbólicas é tácito, mas eventualmente essa negociação se torna aberta: *ah, um Burnout fala tudo assim, tipo,* 'ele não é ninguém' ('*he ain't no one*'), com as variáveis concordância negativa e *be* invariante no exemplo. Nesse momento, os falantes conseguem apontar o significado social das variáveis: conseguem identificar *Jocks* ou *Burnouts* pelo uso de variáveis disponíveis na comunidade linguística como um todo (Detroit/EUA), mas com um simbolismo específico nas comunidades de prática em questão. A autora afirma: "O significado social na variação não é um conjunto estático de associações entre variáveis linguísticas internas e variáveis sociais externas; ele é continuamente criado pelo engajamento linguístico e social dos falantes [em comunidades de prática] ao longo da vida" (Eckert, 2000: 43).

Coupland (2007) ilustra a linha (b) de investigação do significado social da variação linguística, sobre o uso de variáveis em esquemas discursivos particulares. Em um estudo realizado numa agência de viagem de Cardiff, em Gales, país da Grã-Bretanha, sobre variação e estilo, o autor examina dados de atendimento ao cliente por telefone e dados de conversa entre as atendentes no local de trabalho. Coupland verifica **variação intraindividual**: no atendimento ao cliente, uma certa atendente usa, ao falar no telefone com clientes, variantes supralocais e, no momento imediatamente seguinte, já na conversa com colegas, essa mesma atendente emprega formas do dialeto local ao reclamar, fazer brincadeiras, criticar. Não é apenas o gênero de linguagem que explica a variação estilística verificada por Coupland. Especialmente no que se refere ao uso do dialeto, a variação é um recurso (semiótico) da fala para veicular implícitos – uma ofensa, um elogio etc. – criados/reconhecidos com base na história de interações dos falantes em certos contextos e conforme ideologias linguísticas locais. "Esse exemplo sugere que os recursos da variação disponíveis aos falantes têm múltiplas valências. Eles são 'convocados a significar' por esquemas discursivos e alcançam seus efeitos em dimensões sociais diversas" (Coupland, 2007: 121).

Portanto, análises dos significados sociais das variáveis são estudos das múltiplas nuanças de sentido ou valências das variáveis empregadas pelos falantes, em suas interações cotidianas, tanto para construir *personae* quanto para veicular implícitos.

Leituras complementares: Battisti e Oliveira (2016); Oushiro (2015); Mendes (2017).

Capítulos relacionados: Comunidade de prática. Etnografia. Valor social. Variação e mudança linguística.

Valor social

O **valor social** de variáveis linguísticas, como seu prestígio ou desprestígio, resulta da associação das formas em variação com **macrocategorias sociais** – renda, escolaridade, gênero, etnia etc. Essa associação fundamenta a percepção de identidades sociais, construídas pelos sujeitos ao longo da formação da sociedade a que pertencem.

De acordo com Bourdieu (2008), as variáveis usadas cotidianamente nas interações pela fala, conforme as disposições dos grupos de pertença dos indivíduos, adquirem valor ao circularem em um **mercado linguístico**, lugar de relações de forças dos agentes "para impor os critérios de apreciação mais favoráveis a seus produtos" (Bourdieu, 2008: 54). As relações de forças, por sua vez, são balizadas pela variedade de língua padronizada – o inglês do meio-oeste (*Midwest*) americano nos Estados Unidos (Milroy, 2004), o português de Portugal no Brasil (Faraco, 2015), por exemplo. Nos Estados Unidos, "[...] os americanos imaginam que o padrão se localize no denominado 'coração agricultor' do meio-oeste, não nas cidades antigas e culturalmente influentes da costa leste" (Milroy, 2004: 163). No Brasil, a "subordinação aos parâmetros do português europeu [...] estava de fato atrelada ao projeto maior de parte significativa da elite brasileira de construir aqui uma sociedade branca e europeia" (Faraco, 2015: 23).

Milroy (2004) explica que a padronização, manifesta na fala cuidada ou de pessoas de *status* social mais alto, é sustentada por uma norma institucional, geralmente a escolar. O desvio dessa norma, tomada socialmente como **língua legítima**, segundo Bourdieu (2008), transforma-se em **desvio distintivo**, medido pela maior ou menor capacidade dos atores sociais de usar a variedade padronizada. "Os usos sociais da língua devem *seu valor propriamente social* ao fato de se mostrarem propensos a se organizar em sistemas de diferenças [...] reproduzindo o sistema das diferenças sociais" (Bourdieu, 2008: 41 [itálico do autor]).

A produção e a percepção da linguagem e das diferenças sociais no cotidiano das comunidades constroem **ideologias linguísticas**, i.e., "conjuntos naturalizados de crenças sobre a linguagem, mantidas intersubjetivamente pelos membros de comunidades de fala" (Milroy, 2004: 162). Para a autora, as ideologias linguísticas embasam a compreensão do valor social da linguagem, têm papel na definição

A sociolinguística: o uso **259**

de grupos sociais e até mesmo de nações salientes. As ideologias linguísticas são profundamente enraizadas na sócio-história das comunidades, razão pela qual são naturalizadas, isto é, são entendidas como essenciais (*a língua é assim porque é*), e não sociais. Por isso, resistem a discussões racionais de sua lógica subjacente.

Os estudos sociolinguísticos contemplam ideologias linguísticas ao investigar **atitudes linguísticas**, entendidas por Milroy (2004) como manifestações das ideologias linguísticas, e a relação das atitudes com variação linguística. Como esclarece Preston (2002: 40),

> O estudo de atitudes linguísticas tem se centrado principalmente em pistas que o uso da linguagem fornece ao ouvinte sobre o grupo de pertença do falante e também em crenças do ouvinte sobre esse grupo. [...] Acredita-se que alguns grupos sejam decentes, trabalhadores, inteligentes (e assim é sua língua ou variedade); acredita-se que alguns grupos sejam descontraídos, românticos, desligados (e assim é sua língua ou variedade); acredita-se que alguns grupos sejam preguiçosos, insolentes e procrastinadores (e assim é sua língua ou variedade); acredita-se que alguns grupos sejam determinados, frios, insensíveis (e assim é sua língua ou variedade), e assim por diante. Para a mentalidade do povo [*folk mind* no original], essas correlações são óbvias, chegando até aos detalhes linguísticos da língua ou variedade em si.

A questão das atitudes para com as variáveis linguísticas foi abordada por Weinreich, Labov e Herzog (2006) em seu **Problema da Avaliação**, um dos princípios empíricos para a teoria da mudança linguística proposta pelos autores. Segundo eles, tal teoria deve estabelecer os correlatos subjetivos dos estratos e variáveis numa estrutura heterogênea, considerando-se que "o nível da consciência social é uma propriedade importante da mudança linguística que tem de ser determinada diretamente" (Weinreich, Labov e Herzog, 2006: 124).

De acordo com Labov (2008), no percurso da variação e mudança linguística, uma variável que alcance grau extremo de estigmatização, isto é, que se torne assunto de comentário social explícito, pode ser evitada até acabar desaparecendo. "Trata-se então de um *estereótipo*, que pode ficar cada vez mais divorciado das formas [...] realmente usadas na fala" (Labov, 2008: 212 [itálico do autor]). São exemplos de **estereótipos** o apagamento do verbo auxiliar *is* (é, está) no vernáculo negro americano (*he wild* em lugar de *he is wild* 'ele é fera'), ou, em português, o uso de fórmulas como *pro mó de*, derivada de *por amor de*, para exprimir circunstância de causa no dialeto caipira do português brasileiro, *hei de ir pro mó de ver* em lugar de *hei de ir para ver* (Amaral, 1955). Variáveis do tipo estereótipo alcançam o mais alto grau de consciência social.

260 Conceitos básicos de linguística

Variáveis em um grau intermediário de consciência social são denominadas **marcadores**: fazem parte das normas da comunidade de fala e os membros reagem uniformemente a seu uso, sem necessariamente ter consciência disso. Por outro lado, os **indicadores** são variáveis cuja ocorrência está abaixo da consciência social. No português brasileiro falado em Porto Alegre, é exemplo de variável do tipo marcador a realização de /r/ como tepe alveolar em coda silábica (*ce[r]to, luga[r]*) (Botassini, 2011) e de variável do tipo indicador a haplologia sintática (*monte de gente::mon'de gente*) (Battisti, 2005).

Os estudos relatados por Labov (2008) comprovam que a avaliação e o prestígio das formas linguísticas podem ter efeito sobre a variação e mudança linguística. O **prestígio aberto**, de que gozam as formas da variedade padronizada, e eventualmente o **prestígio encoberto**, das formas das variedades não padronizadas, afetam a variação:

> Estejamos estudando variação sociolinguística estável ou mudança em progresso, as atitudes que emergem da comunidade da fala quase sempre reforçam as formas de prestígio ensinadas nas escolas e as formas mais antigas da língua. [...] Embora os pesquisadores falem livremente de "normas encobertas", a principal evidência de sua existência é simplesmente o fato de que as formas não padronizadas persistem. (Labov, 2001a: 512)

Estudar o valor social das variáveis linguísticas é investigar ideologias de linguagem, expressas nas atitudes para com as formas linguísticas e seus usuários. Com isso, se esclarecem não apenas os "desvios distintivos" em seus diferentes graus, mas o sistema de diferenças sociais a eles subjacente.

Leituras complementares: Bagno (2007); Labov (2008); Faraco (2015).

Capítulos relacionados: Variação e mudança linguística. Preconceito linguístico. Significado social.

Variação e mudança linguística

Variação passou a receber atenção nos estudos da linguagem a partir do ensaio de Weinreich, Labov e Herzog (2006) sobre **mudança linguística**. Os autores discutem fatos aparentemente antagônicos. De um lado está a mudança, processo contínuo e inerente à interação humana pela fala; de outro, o pressuposto da teoria linguística saussuriana e dos estruturalistas norte-americanos de que o funcionamento eficiente de uma língua implica sua estruturação. Perguntam os autores: "Afinal, se uma língua tem de ser estruturada a fim de funcionar eficientemente, como é que as pessoas continuam a falar enquanto a língua muda, isto é, enquanto passa por períodos de menor sistematicidade?" (Weinreich, Labov e Herzog, 2006: 35). A resposta para essa questão está na comunidade de fala, no fato de que a **variação linguística** aí observada é ordenada em relação a fatores linguísticos e sociais.

A variação é intrínseca a qualquer língua natural. Qualquer comunidade de fala, na complexidade de suas necessidades de comunicação, apresentará formas alternativas de "dizer a mesma coisa" em termos de significado linguístico ou valor funcional, com alguma eventual diferença em seu valor estilístico ou significado social. Por exemplo, no clássico estudo de Labov sobre a pronúncia do /r/ em coda silábica (final de sílaba) no inglês falado em Nova York, relatado no capítulo "A estratificação social do (r) nas lojas de departamentos na cidade de Nova Iorque" em Labov (2008: 63-90), o autor investiga o apagamento ou a realização da consoante nos vocábulos do sintagma *fourth floor* 'quarto andar'. O apagamento do /r/ em coda é a forma tradicional, a realização de /r/ é a forma inovadora. O autor verifica que /r/ é mais frequentemente realizado na fala de empregados das lojas de maior *status* social e no estilo de fala enfática ou cuidada. O apagamento, mais frequente no inglês de empregados de lojas de menor *status* social e na fala casual. Apagamento ou realização de /r/ em coda no inglês de Nova York são, portanto, ordenados, isto é, ocorrem sistematicamente em certos contextos sociais e linguísticos. Essa característica da variação linguística, o fato de consistir em **heterogeneidade ordenada**, é o que responde àquela pergunta: as pessoas continuam a falar enquanto a língua muda porque correlacionam as formas variáveis a contextos linguísticos e sociais específicos. O conhecimento dessas correlações e do valor social e linguístico das formas em variação é norma partilhada na comunidade de fala.

262 Conceitos básicos de linguística

No exemplo anterior, Nova York é a comunidade de fala relevante; o inglês falado nessa comunidade é uma variedade de inglês; (r) é a variável investigada, correspondente à manifestação, na fala, do fonema /r/ em coda silábica no inglês, que tem como variantes o apagamento ([ˈfɔː e ˈflɔː]) ou a realização da consoante ([ˈfɔːre ˈflɔːr]). Variação é o nome que se dá à alternância entre apagamento e realização de /r/.

Nessa exemplificação, então, o termo **variedade** é equivalente a *dialeto*, definido como a manifestação da língua por um certo grupo de falantes pertencentes a uma dada comunidade, "distinta em termos sociais ou regionais e identificada por um conjunto particular de palavras e estruturas gramaticais..." (Crystal, 2000: 81) e frequentemente associada a uma pronúncia característica (o sotaque). **Variável** é o objeto de investigação do linguista, a unidade abstrata que agrupa as formas com que um certo elemento da língua se manifesta. **Variantes** são cada uma das formas que, em alternância, manifestam um certo elemento da língua. **Variação** é o processo, é a alternância entre formas de mesmo significado linguístico ou valor funcional. Pode se verificar em dois tipos considerando-se os falantes: **variação interindividual** (certos indivíduos usam uma forma, certos indivíduos usam outra) ou **variação intraindividual** (o próprio indivíduo usa todas as variantes da variável).

As variáveis de interesse podem pertencer a diferentes níveis de estruturação linguística. A pronúncia do /r/ em coda silábica no inglês de Nova York é uma **variável fonológica**, como também são a palatalização regressiva de /t/ e /d/ ([t]ipo::[ʧ]ipo, [di]ca::[dʒ]ica) diante de [i] e o abaixamento das vogais médias pretônicas /e/ e /o/ (m[e]tade::m[ɛ]tade, v[o]lume::v[ɔ]lume) em certas variedades de português brasileiro. Há **variáveis morfológicas**, como a expressão de 2ª pessoa de singular em português (tu::você), **variáveis sintáticas**, como a posição do clítico pronominal (contou-lhe::lhe contou) em português, **variáveis lexicais**, como a denominação de semáforo (sinal:: sinaleira::farol) em português brasileiro etc.

Se a variável se correlaciona à classe ou ao *status* social do falante na comunidade de fala, tal como a pronúncia do /r/ no inglês de Nova York, isso evidencia a **variação diastrática**. Se, por outro lado, a variável se correlaciona a diferentes lugares (bairros, cidades, regiões), então instancia a **variação diatópica**, como é o caso da palatalização regressiva de /t/ e /d/ no português falado no Rio Grande do Sul: conforme Battisti (2014b), as variantes palatalizadas [ʧ] e [dʒ] são as formas mais frequentes em Porto Alegre, capital gaúcha; as variantes não palatalizadas [t] e [d] são as formas predominantes em diversas comunidades do interior do estado, como Panambi, Flores da Cunha, Antônio Prado, São Borja, Chuí. Se a variável for correlacionada a alguma medida de tempo (grupos etários, anos, séculos), produz a **variação diacrônica**, como Silva e Scherre (2013) verificam na concordância nominal de número (*esses negócios::esses negócio, as borrachinhas:: as borrachinha*) no português falado em Vitória, Espírito Santo: a concordância de plural ocorre mais frequentemente na fala dos mais jovens. Quando correlacionada a estilo (grau de atenção à fala, conforme Labov, 2001b), dá corpo à **variação diafásica**, como verificam Oushiro e Mendes (2014) no estudo do apagamento do morfema de (-r) em coda silábica do português da cidade de São Paulo: o apagamento de /r/ na função de morfema de infinitivo (*andar, comer, sair*) é mais frequente na conversação, estilo de fala mais espontâneo, decrescendo no estilo depoimento e na leitura em voz alta de jornais e listas de palavras, estilos de fala mais monitorados. Se a correlação da variável for com diferentes meios ou veículos de expressão, verifica-se, então, a **variação diamésica**, como Tesch (2011) constata na expressão de futuro no português de Vitória: na fala, praticamente a única forma de futuro usada é a perifrástica (*vou ler*); a forma simples (*lerei*) aparece com alguma frequência na escrita de jornais.

Essas correlações, captadas pelo linguista, podem não ser percebidas no nível da consciência social, isto é, os falantes podem produzir variação, mas eventualmente não se dar conta de que o fazem, tampouco operar conscientemente com os contextos linguísticos e sociais específicos em que cada variante emerge. Chamam-se **mudanças de cima** (*changes from above*) os processos de variação e mudança linguística acima do nível da consciência social e relacionados a posições mais altas na hierarquia social: "Mudanças de cima são introduzidas pela classe social dominante, frequentemente com plena consciência pública. Normalmente, representam empréstimos de outras comunidades de fala que têm prestígio mais alto na visão da classe dominante" (Labov, 1994: 78). Chamam-se **mudanças de baixo** (*changes from below*) os processos abaixo do nível da consciência social e geralmente relacionados a posições menos altas na hierarquia social.

> Mudanças de baixo são mudanças que aparecem primeiramente no vernáculo e representam a operação de fatores linguísticos, internos. [...] Ninguém os percebe ou fala sobre eles, mesmo observadores foneticamente treinados podem permanecer bastante inconscientes deles por anos. (Labov, 1994: 78)

É importante ressaltar, contudo, que, nas comunidades de fala, até mesmo as normas referentes a processos abaixo do nível da consciência social são parte do conhecimento linguístico dos falantes, um conhecimento tácito (não declarado, mas subentendido), como boa parte do correspondente à nossa competência linguística.

Existem **variáveis estáveis** (*stable variables*) e **variáveis na mudança em progresso** (*change in progress*). Por exemplo, Casagrande (2004) verifica que a harmonização vocálica (*m[e]nino::m[i]nino, c[o]ruja::c[u]ruja*) no português de Porto Alegre é uma variável estável: na comparação de duas amostras de fala (dos anos 1970 e anos 1990), as proporções de aplicação não aumentam. Já Battisti e

Moras (2016) constatam que a vocalização de /l/ em coda silábica (*so[ɫ]::so[w]*, *me[ɫ]::me[w]*) é variável na mudança em progresso no português de contato com variedades dialetais italianas no município brasileiro de Flores da Cunha, Rio Grande do Sul: as proporções de aplicação aumentam nos grupos etários mais jovens em cada uma das amostras de fala analisadas (anos 1990 e anos 2008-2009), e a proporção total de vocalização aumenta dos anos 1990 aos anos 2008-2009.

Constatar o estatuto da variável, se estável ou na mudança em progresso, implica controlar a aplicação dos processos ao longo do tempo. Conforme Labov (1994), se o pesquisador dispõe de apenas uma amostra de fala, pode buscar diferenças nas proporções de aplicação por grupo etário ou idade: é o que se chama **análise em tempo aparente**. Se dispõe de mais de uma amostra de fala da mesma comunidade para comparação, pode realizar **análise em tempo real**. As análises de Casagrande (2004) e de Battisti e Moras (2016) são análises em tempo real, do tipo **estudo de tendência**: os dados são de informantes diferentes, mas de mesmo perfil social considerando-se os critérios de estratificação das amostras. Já nas análises em tempo real do tipo **estudo de painel**, os dados são dos mesmos informantes, contatados novamente após alguns anos.

A existência de variáveis estáveis e variáveis na mudança em progresso em qualquer língua natural evidencia o princípio de que "nem toda a variabilidade e heterogeneidade na estrutura linguística implica mudança; mas toda mudança implica variabilidade e heterogeneidade" (Weinreich, Labov e Herzog, 2006: 126). Variáveis estáveis podem associar-se a prestígio e estar acima do nível de consciência social. Bolivar (2008) investiga *você* em variação com *tu* no português de Porto Alegre na fala de sujeitos-vendedores. A forma *tu* é prevalente no vernáculo local, mas, no atendimento ao cliente, quanto mais alto o prestígio social do estabelecimento comercial, maior a frequência de uso de *você*, forma julgada mais educada do que *tu* nesse tipo de situação social.

O uso estilístico de variáveis estáveis, no entanto, pode não estar acima do nível da consciência social, como no *ingliding* de vogais em sílabas tônicas (*né::né[ɐ]*, *agora::ago[ɐ]ra*) no português falado em Porto Alegre (Oliveira, 2018), favorecido por sujeitos de meia-idade, de estratos sociais mais altos, na construção de *personae* descontraídas, descoladas, desencanadas e preguiçosas.

O percurso da variação e mudança linguística, segundo Labov (2008), se inicia com variáveis abaixo do nível da consciência social, **indicadoras** de pertença a certos grupos. Difundidas na comunidade de fala, deixam de indicar pertença apenas aos grupos originários e passam a exibir variação estilística, quando atingem o estatuto de **marcadoras**. Se originadas em grupos de menor *status* social na comunidade de fala, as variáveis podem ser estigmatizadas pelos grupos de maior *status*. Quando a estigmatização é extrema, as variáveis alcançam o estatuto de **estereótipos**, sendo alvos de comentários sociais explícitos e estratégias de hipercorreção. Se originadas em grupos de maior *status* na comunidade, podem tornar-se modelo de prestígio.

O prestígio, o fato de a variável ser ou não estável e de a mudança ser de cima ou de baixo relacionam-se aos gêneros feminino e masculino e seu papel na difusão e uso de variáveis. De acordo com Labov (2001a), nas variáveis estáveis, as mulheres usam menos variantes estigmatizadas e mais variantes prestigiadas do que os homens. Na mudança de cima, as mulheres adotam formas prestigiadas mais frequentemente do que os homens. Na mudança de baixo, as mulheres usam formas inovadoras mais frequentemente do que os homens. Esse comportamento feminino, ora conformista, ora não conformista, dá origem ao **Paradoxo de Gênero**: "As mulheres conformam-se mais precisamente do que os homens a normas sociolinguísticas abertamente prescritas, mas conformam-se menos do que os homens quando as normas não são abertamente prescritas" (Labov, 2001a: 293).

Outro paradoxo com que se depara o pesquisador da variação é o **Paradoxo do Observador**. O dado de que o pesquisador necessita deve vir de estilos de fala em que a variação se instancia o mais naturalmente possível. Segundo Labov (2008), o vernáculo fornece os dados mais sistemáticos para o estudo da variação porque é o estilo de fala com grau mínimo de monitoramento. Surge aí o paradoxo: o variacionista necessita de dados de fala espontânea, produzidos pelos falantes quando não estão sendo monitorados, mas, para tanto, necessita observar os falantes, que estão conscientes disso, o que pode levá-los a monitorar sua fala quando essa estiver sob análise.

A sugestão de Labov (2008 [1972]) para superar o *Paradoxo do Observador* é lançar mão de um procedimento de pesquisa que desvie a atenção do falante de sua própria fala e permita que o vernáculo emerja. Esse procedimento é a entrevista sociolinguística, um estilo de entrevista conversacional em que o investigador faz perguntas abertas a partir de um roteiro semiestruturado, perguntas que desencadeiam uma conversa sobre fatos do cotidiano e experiências pessoais, em cujo conteúdo o informante se envolva emocionalmente e, assim, diminua o monitoramento da fala. Essas entrevistas são gravadas e geralmente sistematizadas em acervos (bancos de dados). No Brasil, a Amostra Censo (UFRJ), o VALPB (UFPB), o PortVix (Ufes), o SP2010 (USP), o VARSUL (UFRGS, PUCRS, UFSC, UFTPR), o LínguaPOA (UFRGS) são alguns exemplos de acervos de entrevistas sociolinguísticas.

A pesquisa de variação é uma pesquisa empírica. O linguista levanta das entrevistas sociolinguísticas ou de outras fontes todos quantos forem os contextos de aplicação do processo em questão: todos os sintagmas nominais a que a concordância se aplica ou não, todas as codas silábicas com /r/, seja ele apagado ou não, e assim por diante. Desse procedimento, resultam grandes conjuntos de

266 Conceitos básicos de linguística

dados, tratados estatisticamente para revelar a proporção total de aplicação do processo e, dentre os vários grupos de fatores (variáveis previsoras) que podem influenciar o processo (variável resposta), esclarecer aqueles que o favorecem e aqueles que o desfavorecem. A análise estatística ou quantitativa geralmente feita é, assim, multivariada, do tipo regressão logística, com que se capta a heterogeneidade ordenada e se verificam os padrões de variação e mudança linguística nas comunidades investigadas.

A análise estatística dos dados pode, eventualmente, ser associada à análise de redes sociais (Milroy, 1987) para investigar a difusão da variável; à pesquisa etnográfica para esclarecer as práticas sociais e identitárias em que se usa a variável (Eckert, 2000); a estudos de atitudes e de percepção para verificar a avaliação e os efeitos dessa avaliação no progresso ou estabilidade da variável (Campbell-Kibler, 2008, 2009). Todas essas vias de análise da variação revelam as normas partilhadas na comunidade de fala. Tais normas garantem o funcionamento eficiente da língua enquanto ela passa por períodos de menor sistematicidade, durante o processo de mudança linguística.

ALGUMAS OBSERVAÇÕES

a. O ensaio de Weinreich, Labov e Herzog (2006) referido no início deste capítulo chama-se *Empirical foundations for a theory of language change* (*Fundamentos empíricos para uma teoria da mudança linguística*). Conforme Faraco (2006), o ensaio corresponde a um trabalho apresentado por Uriel Weinreich, William Labov e Marvin Herzog no Simpósio "Direções para a linguística histórica", ocorrido na Universidade do Texas em abril de 1966. O trabalho foi publicado em 1968 no livro *Directions for Historical Linguistics: A Symposium*. A obra, organizada por Winfred P. Lehmann e Yakov Malkiel, reúne os trabalhos apresentados naquele Simpósio. No Brasil, o ensaio foi traduzido por Marcos Bagno e publicado em forma de livro em 2006.

b. O texto discute fundamentos e práticas de análise linguística dominantes à época, centrados na concepção estruturalista das línguas naturais como sistemas homogêneos. Weinreich, Labov e Herzog (2006) apresentam descobertas empíricas sobre mudanças em andamento em comunidades (urbanas) contemporâneas que levantam problemas para um programa de investigação da mudança linguística – os estudos de Labov em Martha's Vineyard e nas lojas de departamento em Nova York são fontes de alguns desses achados empíricos. Para os autores, são cinco os grandes problemas que uma teoria da mudança fundamentada em dados empíricos precisa resolver: o Problema dos Fatores Condicionantes, o Problema da Transição, o Problema do Encaixamento, o Problema da Avaliação e o Problema da Implementação.

c. Resolver o **Problema dos Fatores Condicionantes** implica determinar as mudanças possíveis em uma dada língua e também as condições (linguísticas e sociais) em que as mudanças poderão ocorrer. O **Problema da Transição** é o de explicar a transferência de traços de um falante para outro. Solucionar o **Problema do Encaixamento** requer esclarecer a localização dos traços mutantes na estrutura linguística e essa, no contexto mais amplo da comunidade de fala. O **Problema da Avaliação** envolve buscar os correlatos subjetivos das variáveis linguísticas. O **Problema da Implementação** acarreta elucidar a difusão dos traços mutantes para os diferentes subgrupos da comunidade de fala.

Leituras complementares: Coelho et.al. (2015); Mendes (2013); Mollica e Braga (2003); Tarallo (2006).

Capítulos relacionados: Comunidade de fala. Comunidade de prática. Entrevista sociolinguística. Norma. Rede social. Significado social. Valor social.

Lista de assuntos

(Os números das páginas remetem às definições dos termos)

aceitabilidade, p. 155, 157, 206

agramaticalidade, p. 155, 157

alofone, p. 131, 138-142

alomorfe, p. 145

alomorfia, p. 145

alternância estilística, p. 227

ambiente linguístico
(fonemização), p. 138

análise da conversa
etnometodológica, p. 213, 239

análise distribucional, p. 128-132

análise em constituintes
imediatos, p. 124

análise em tempo aparente
(variação e mudança
linguística), p. 264

análise em tempo real
(variação e mudança
linguística), p. 264

análise fonêmica, p. 238

análise morfológica, p. 134

analogia, p. 17-22

antropologia linguística, p. 236

aquisição da linguagem, p. 158,
181, 184, 189, 196, 199, 211

arbitrário do signo, p.23, 25, 80

arbitrário relativo, p. 25, 26, 27

arbitrário, p. 23

árvore de decisão, p. 227

aspecto criativo
da linguagem, p. 161, 181

*Aspectos da teoria
da sintaxe*, p. 180, 187

atitudes linguísticas, p. 259

bancos de dados de fala, p. 230

caráter linear da língua, p. 90

caráter linear do significante, p. 29,
30, 102

combinação (relação de), p. 148

competência, p. 164, 169

competência
comunicativa, p. 211-213

comportamentalismo, p. 161

comunidade de fala, p. 185, 214-
218, 230, 244-245, 260-267

comunidade de prática, p. 217-219

conceito, p. 24

constituinte, p. 123

constituinte sintático, p. 126

constituintes internos, p. 124

constituintes morfológicos, p. 128

contextura (relação de), p. 147-148

corpus (distribuição), p. 128

critério semântico
(distribuição), p. 129

*Curso de linguística
geral*, p. 33, 34

densidade (rede social), p. 253-254

Desafio de Galileu, p. 166

desempenho, p. 169, 172, 186,
192, 193

deslocamento de relação, p. 82

desvio distintivo
(valor social), p. 258

diacronia
(segundo Saussure), p. 38, 39,
40, 68, 69, 75

diacrônica (variação e mudança
linguística), p. 262

diacrônico (segundo
Saussure), p. 38, 40

diafásica (variação
e mudança linguística), p. 263

dialeto culto, p. 223

dialeto popular, p. 223

dialeto, p. 220-224

dialetologia, p. 223

dialetos sociais, p. 223-224, 245

diamésica (variação e mudança
linguística), p. 263

diastrática (variação e mudança
linguística), p. 262

diatópica (variação e mudança
linguística), p. 262

discurso (Ferdinand
de Saussure), p. 30, 31, 90

distribucionismo, p. 128

distribuição, p. 128

distribuição complementar, p. 231

entrevista sociolinguística, p. 231

*Escritos de linguística
geral*, p. 47, 52

estado de língua, p. 38, 40

estereótipos (variação
e mudança linguística;
valor social), p. 259, 265

estilística, p. 235

estilo, p. 231

estilo dialetal como gerenciamento
de *persona*, p. 233

estrutura de superfície, p. 136

estrutura interna, p. 136

estrutura profunda, p. 136

estrutura subjacente, p. 136

estruturalismo norte-
americano, p. 123, 132, 138, 151

Estruturas sintáticas, p. 180, 187

estudo de painel (variação e
mudança linguística), p. 264

Lista de assuntos   271

estudo de tendência (variação e mudança linguística), p. 264

etnografia, p. 236

etnografia da comunicação, p. 238

faculdade da linguagem, p. 208

fala (linguística saussuriana), p. 53-59

fala casual, p. 226, 232-233, 261

fala espontânea, p. 233

fala monitorada, p. 233

fala vernacular, p. 226

fala-em-interação, p. 239-243

falante-ouvinte ideal, p. 172, 198

fonação, p. 61-62, 100

fone, p. 131, 138-142

fonema (fonemização), p. 138-143

fonema (Ferdinand de Saussure), p. 32

fonemização, p. 138-142

forma dependente, p. 152

forma livre, p. 145, 151

forma presa, p. 151

formas complexas (distribuição), p. 128

formas simples (distribuição), p. 128

gestão *in vitro* do plurilinguismo, p. 248

gramática, p. 174, 180, 182

gramática gerativo-transformacional, p. 134

Gramática Universal, p. 180, 183

gramaticalidade, p. 155, 194, 212

grego, p. 47, 77, 93, 95

GU [ver gramática universal]

heterogeneidade ordenada (variação e mudança linguística), p. 261

ideologias linguísticas, p. 258

idioleto, p. 186

imagem acústica, p. 24, 30, 82, 99, 100, 10, 102. 103, 112

imutabilidade (do signo linguístico), p. 79, 80, 81, 84

inatismo, p. 183, 200

indexicalização, p. 256

indicadores (variação e mudança linguística; valor social), p. 264

interindividual (variação e mudança linguística), p. 262

intraindividual (variação e mudança linguística), p. 262

isoglossa, p. 221

laços fortes (rede social), p. 252

laços fracos (rede social), p. 252-254

linearidade do significante, p. 31, 32, 79, 102

linearidade da língua, p. 31

língua (linguística saussuriana), p. 53-59

língua histórica, p. 222

língua legítima (valor social), p. 258

272 Conceitos básicos de linguística

língua-E, p. 185, 186, 192, 193

língua-I, p. 186, 193, 195

língua-padrão, p. 222, 249

linguagem (linguística saussuriana), p. 53-59

linguicismo, p. 249-250

linguística da fala, p. 60, 63, 64

linguística da língua, p. 60, 63, 64

linguística diacrônica, p. 65, 66, 67, 69, 71

linguística estática, p. 74, 75, 76, 88

linguística estrutural, p. 133

linguística gerativa, p. 174, 181, 185, 186, 191, 193, 198, 206

linguística sincrônica, p. 74, 75, 76, 88, 89

macrocategorias sociais, p. 258

manuscritos (de Saussure), p. 48

marcadores (variação e mudança linguística; valor social), p. 264

mente/cérebro, p. 189, 193, 195, 198

mercado linguístico (valor social), p. 258

metaplasmo, p. 18

morfe, p. 145

morfema, p. 124, 129, 134, 144

mudanças de baixo (variação e mudança linguística), p. 263

mudanças de cima (variação e mudança linguística), p. 263

mudança linguística, p. 261

multilinguismo, p. 246

mutabilidade (do signo linguístico), p. 79, 81, 82, 84

narrativas de experiência pessoal (entrevista sociolinguística), p. 232

nível (de linguagem), p. 234

norma, p. 51, 155, 214-216, 221-222, 238, 244-248, 250, 254, 258-266

norma culta, p. 245

norma-padrão, p. 245

normas de uso, p. 214, 244, 254

observação participante, p. 236

open-endedness, p. 163

oposição, p. 29, 31, 37, 45, 66, 67-70, 74-77, 89, 93, 101, 104, 106, 110, 113, 115, 118, 129, 193, 220, 222

padrão da comunidade de fala, p. 245

padronização, p. 249, 258

palavra, p. 144, 145, 146, 151

pancronia, p. 39

par mínimo distintivo (fonemização), p. 238

paradigma, p. 132, 147-150

paradoxo de gênero, p. 265

paradoxo do
observador, p. 226, 265

paraplasmo, p. 18

persona, p. 219, 237, 239

personae, p. 231, 256, 257, 264

planejamento
linguístico, p. 246-248

plexidade (rede social), p. 253-254

plurilinguismo, p. 246-248

política linguística, p. 246-248

ponto de vista, p. 39, 85-89, 96,
101, 107, 160, 169, 193

preconceito linguístico, p. 249-50

prestígio aberto
(valor social), p. 260

prestígio encoberto
(valor social), p. 260

problema da avaliação, p. 259, 267

problema da
implementação, p. 267

problema da transição, p. 267

Problema
de Broca, p. 187, 190, 195

Problema de Descartes, p. 191, 195

Problema de Humboldt, p. 165,
166, 191, 195, 198

Problema de Platão, p. 182, 183,
191, 195, 199, 200

Problema de
Wallace-Darwin, p. 195, 201

problema do
encaixamento, p. 267

problema dos fatores
condicionantes, p. 267

procedimentos
de descoberta, p. 123

produtividade, p. 163

programa
gerativista, p. 174, 180, 189

programa minimalista, p. 167, 168

recursividade, p. 204, 205, 208

rede multiplexa
(rede social), p. 253

rede social, p. 218, 251-254

redes de primeira ordem
(rede social), p. 252

referente (esquema triádico
do signo), p. 24

registro, p. 234

regra (norma), p. 244

regra de análise estrutural, p. 136

regra de formação
de palavra, p. 136

relações associativas, p. 17, 30,
90-94, 109, 147

relações sintagmáticas, p. 17, 30,
90-94, 109, 147, 149-150

relações de diferença, p. 118-119

relações de oposição, p. 118

roteiro de entrevista (entrevista
sociolinguística), p. 226

segmento(s) (distribuição;
fonemização), p. 130, 136-139

seleção (relação de), p. 148

semiologia, p. 95, 96, 106, 107

semiótica, p. 97

significado social, p. 237; 256

significado, p. 101, 102, 103, 112, 117, 118, 119

significante, p. 101, 102, 103, 112, 117, 118, 119

signo linguístico, p. 99

sílaba, p. 136-139, 142, 152, 214, 220, 244, 261, 264

símbolo (esquema triádico do signo), p. 97-98

sincronia, p. 38, 39, 40, 67, 68, 69, 75, 76, 79, 80

sincrônico (segundo Saussure), p. 38

sintagma (Ferdinand de Saussure), p. 31

sintaxe, p. 124, 134, 175, 207

sistema linguístico, p. 38

sistema idiossincrônico, p. 76

sistema da língua, p. 107

sistema de valores, p. 76

situação social, p. 242-243

sub-redes (rede social), p. 251

substituição (relação de), p. 148

teoria do valor, p. 108

teste de comutação, p. 238

traços distintivos, p. 32, 55, 140-143, 148

unidades concretas da língua, p. 42

unidades irredutíveis, p. 32

valor linguístico, p. 108, 112, 114, 117, 120

valor social, p. 258

variação linguística, p. 261-262

variação linguística interindividual, p. 262

variação linguística intraindividual, p. 227, 257, 262

variação livre (fonemização), p. 139, 142

variante, p. 262

variantes combinatórias (fonemização), p. 139

variantes contextuais (fonemização), p. 139

variantes livres (fonemização), p. 139

variável, p. 262

variável estável, p. 263

variável fonológica, p. 262

variável lexical, p. 262

variável morfológica, p. 262

variável na mudança em progresso, p. 263

variável sintática, p. 262

variedade, p. 262

vernáculo, p. 232, 237, 245, 259, 263-265

vocábulo formal, p. 151-152

variável sintática, p. 262

variedade, p. 262

vernáculo, p. 232, 237, 245, 259, 263-265

vocábulo formal, p 151-152

Referências

ABREU, R. N. "Prolegômenos para a compreensão dos direitos linguísticos: uma leitura a partir da Constituição da República Federativa do Brasil". In: FREITAG, R. M. K.; SEVERO, C. G.; GÖRSKI, E. M. (orgs.). *Sociolinguística e política linguística:* olhares contemporâneos. São Paulo: Blucher, 2016, pp. 161-88.

ALTENHOFEN, C. V. et al. *Hunsrückisch:* inventário de uma língua do Brasil. Florianópolis: Garapuvu, 2018.

AMARAL, A. *O dialeto caipira.* São Paulo: Anhembi Limitada, 1955.

AMUNTS, K. et al. "Broca's Region: Novel Organizational Principles and Multiple Receptor Mapping". *PLoS biology,* San Francisco, PLOS, v. 8, n. 9, 2010.

ARAÚJO, A. S.; SANTOS, K. C. dos; FREITAG, R. M. K. "Redes sociais, variação linguística e polidez: procedimentos de coleta de dados". In: FREITAG, R. M. K. (org.). *Metodologia de coleta e manipulação de dados em sociolinguística.* São Paulo: Blucher, 2014, pp. 99-115.

ARONOFF, M. *Word Formation in Generative Grammar.* Cambridge, Mass.: The MIT Press, 1976.

ATKINSON, J. M.; HERITAGE, J. (eds.). *Structures of Social Action.* Cambridge: CUP, 1984.

BAGNO, M. *Preconceito linguístico:* o que é, como se faz. 7. ed. São Paulo: Edições Loyola, 2001.

_____. *A norma oculta:* língua & poder na sociedade brasileira. São Paulo: Parábola, 2003.

_____. *Nada na língua é por acaso:* por uma pedagogia da variação linguística. São Paulo: Parábola, 2007.

BAKHTIN, M. M. *The Dialogic Imagination.* Trad. Caryl Emerson e Michael Holquist. Austin: University of Texas Press, 1981.

BALLY, C; SECHEHAYE, A. "Prefácio à primeira edição". In: SAUSSURE, F de. *Curso de linguística geral.* Organizado por Charles Bally e Albert Sechehaye com a colaboração de Albert Riedlinger. Trad. Antônio Chelini, José Paulo Paes e Isidoro Blikstein. São Paulo: Cultrix, 1975, pp. 1-4.

BASÍLIO, M. *Estruturas lexicais do português:* uma abordagem gerativa. Petrópolis: Vozes, 1980.

_____. "Morfologia: uma entrevista com Margarida Basílio". *ReVEL,* [s. l.], v. 7, n. 12, 2009.

BASSO, R. M. *Descrição do português brasileiro.* São Paulo: Parábola, 2019.

_____; GONÇALVES, R. T. *História concisa da língua portuguesa.* Petrópolis: Vozes, 2014.

BATTISTI, E. "Linguística e sociedade". In: CHAVES, F. L.; BATTISTI, E. *Cultura regional:* língua, história, literatura. Caxias do Sul: EDUCS, 2004, pp. 77-86.

_____. "Haplologia no português do sul do Brasil: Porto Alegre". *Letras de Hoje,* Porto Alegre, v. 40, n. 3, 2005, pp. 73-88.

_____. "Fonologia". In: SCHWINDT, L. C. (org.). *Manual de Linguística:* fonologia, morfologia e sintaxe. Petrópolis: Vozes, 2014a, pp. 27-108.

_____. "Palatalização de T e D". In: BISOL, L.; BATTISTI, E. *O português falado no Rio Grande do Sul.* Porto Alegre: EDIPUCRS, 2014b, pp. 105-20.

_____ et al. "Palatalização das oclusivas alveolares e a rede social dos informantes". *ReVEL,* [s. l.], v. 5, n. 9, 2007.

_____ et al. "LínguaPOA, acervo de entrevistas sociolinguísticas em constituição: Desenho da amostra e resultados dos primeiros estudos". *SETAL,* Porto Alegre, 15 dez. 2017.

_____; LUCAS, J. I. P. "Língua, redes e práticas sociais". In: CHAVES, F. L.; BATTISTI, E. (orgs.). *Cultura regional 2:* língua, história, literatura. Caxias do Sul: EDUCS, 2006. pp. 113-31.

_____; MORAS, V. T. M. "A vocalização da consoante lateral em coda silábica em uma variedade de português brasileiro: análise sociolinguística em tempo real". *Gragoatá,* Niterói, n. 40, 2016, pp. 90-112.

_____.; OLIVEIRA, S. G. de. "Significados sociais do *ingliding* de vogais tônicas no português falado em Porto Alegre (RS)". *Todas as Letras,* São Paulo, v. 18, n. 2, 2016, pp. 14-29.

BEATTIE, J. *The Theory of Language.* London: A. Strahan, 1788.

276 Conceitos básicos de linguística

BECHARA, E. *Moderna gramática portuguesa*. São Paulo: Companhia Editora Nacional, 1982.

BENVENISTE, É. "Da subjetividade na linguagem". *Problemas de linguística geral I*. Trad. Maria da Glória Novak e Maria Luisa Neri. Campinas: Editora da Unicamp, 1988, pp. 284-93.

_____. "O aparelho formal da enunciação". *Problemas de linguística geral II*. Trad. Eduardo Guimarães et al. Campinas: Pontes, 1989, pp. 81-90.

BERWICK, R. B.; CHOMSKY, N. *Por que apenas nós?* Linguagem e evolução. Trad. Gabriel de Ávila Othero e Luisandro Mendes de Souza. São Paulo: Unesp, 2017.

BILGRAMI, A. "Prefácio". In: CHOMSKY, N. *Que tipo de criatura somos nós?* Trad. Gabriel de Ávila Othero e Luisandro Mendes de Souza. Petrópolis: Vozes, 2018, pp. 7-25.

BISOL, L.; BATTISTI, E. *O português falado no Rio Grande do Sul*. Porto Alegre: Edipucrs, 2014.

BLAKE, R.; JOSEY, M. "The /ay/ Diphthong in Martha's Vineyard Community: What Can We Say 40 Years after Labov?" *Language in Society*, Cambridge, Cambridge University Press, n. 32, v. 4, 2003, pp. 451-85.

BLOCH, B. "A Set of Postulates for Phonemic Analysis". *Language*, Washington, DC, Linguistic Society of America, v. 24, n. 1, 1948, pp. 3-46.

BLOOMFIELD, L. *Language*. New York: Holt, Rinehart & Winston Inc.,1933.

BOLIVAR, T. V. M. *A forma você em interações comerciais em Porto Alegre, RS*. Campinas, 2008. Dissertação (Mestrado em Linguística) – Universidade Estadual de Campinas.

BORTONI-RICARDO, S. M. *Do campo para a cidade:* estudo sociolinguístico de migração e redes sociais. Trad. Stella Maris Bortoni-Ricardo e Maria do Rosário Rocha Caxangá. São Paulo: Parábola, 2011.

_____. *Manual de sociolinguística*. São Paulo: Contexto, 2014.

BOTASSINI, J. O. M. "A variação no uso dos róticos em Porto Alegre". *Estudos Linguísticos*, v. 40, n. 2, 2011, pp. 1060-72.

BOUQUET, S. *Introdução à leitura de Saussure*. Trad. Carlos A. L. Salum e Ana Lúcia Franco. São Paulo: Cultrix, 2004.

BOURDIEU, P. *A economia das trocas linguísticas:* o que falar quer dizer. Trad. Sergio Miceli et al. São Paulo: Edusp, 2008.

BOUISSAC, P. *Saussure:* Um guia para os perplexos. Trad. Renata Gaspar Nascimento. Petrópolis, RJ: Vozes, 2012.

BRANDÃO, S. F. *A geografia linguística no Brasil*. São Paulo: Ática, 1991.

BROCA, P. "Localization of Speech in the Third Left Frontal Convolution, 1865". In: BERKER, E. A.; BERKER, A. H.; SMITH, A. "Translation of Broca's 1865 Report: Localization of Speech in the Third Left Frontal Convolution". *Archives of Neurology*, Chicago, American Medical Association, v. 43, n. 10, 1986, pp. 1065-72.

BRODMANN, K. *Vergleichende Lokalisationslehre der Grobhirnrinde in ihren Prinzipien dargestellt auf Grund des Zellenbaues*. Leipzig: Barth, 1909.

CALLOU, D; LEITE, Y. *Iniciação à fonética e fonologia*. Rio de Janeiro: Jorge Zahar, 1990.

CALVET, L.-J. *Sociolinguística:* uma introdução crítica. Trad. Marcos Marcionilo. São Paulo: Parábola, 2002.

CAMARA JR., J. M. *Dicionário de filologia e gramática referente à língua portuguesa*. 3.ed. São Paulo/Rio de Janeiro/Fortaleza: J. Ozon, 1968.

_____. *História da linguística*. Trad. Maria do Amparo Barbosa de Azevedo. Petrópolis: Vozes, 1986.

_____. *Estrutura da língua portuguesa*. Ed. crítica estabelecida por Emílio Pagotto, Maria Cristina Figueiredo Silva e Manoel Mourivaldo Santiago-Almeida. Petrópolis: Vozes, 2019.

_____. *Problemas de linguística descritiva*. Ed. rev. e comentada por Carlos Alexandre Gonçalves e Sérgio de Moura Menuzzi. Petrópolis: Vozes, 2020.

CAMPBELL-KIBLER, K. "I'll Be the Judge of That: Diversity in Social Perceptions of (ING)". *Language in Society*, Cambridge, Cambridge University Press, v. 37, n. 5, 2008, pp. 637-59.

_____. "The Nature of Sociolinguistic Perception". *Language Variation and Change*, Cambridge, Cambridge University Press, v. 21, n. 1, 2009, pp. 135-56.

CARDOSO, S. A. M. da S. "A história do Atlas Linguístico do Brasil". In: CARDOSO, S. A. M. da S. et al. *Atlas linguístico do Brasil*. v. 1 - Introdução. Londrina: EDUEL, 2014, pp. 17-29.

_____ et. al. *Atlas linguístico do Brasil*. v. 1 – Introdução. Londrina: EDUEL, 2014.

CASAGRANDE, G. P. B. *Harmonização vocálica:* análise variacionista em tempo real. Porto Alegre, 2004. Dissertação (Mestrado em Letras) – Pontifícia Universidade Católica do Rio Grande do Sul.

CAVALIERE, R. *Pontos essenciais em fonética e fonologia*. Rio de Janeiro: Lucerna, 2005.

CHOMSKY, N. *Syntactic Structures*. The Hague: Mouton Publishers, 1957.

_____. *Aspects of the Theory of Syntax*. Cambridge: The MIT Press, 1965.

_____. *Cartesian Linguistics:* a Chapter in the History of Rationalist Thought. New York: Harper & Row, 1966.

_____. *Language and Mind*. New York: Harcourt Brace Janovich, 1968.

_____. "Remarks on Nominalization". In: JACOBS, R. A.; ROSENBAUM, P. S. (eds). *Readings in English Transformational Grammar.* Waltham, Mass.: Ginn, 1970, pp. 184-221.

_____. *Problems of Knowledge and Freedom.* New York: Pantheon, 1971a.

_____. "The Case Against B. F. Skinner". *The New York Review of Books*, New York, v. 17, dez. 1971b, pp. 18-24.

_____. *Linguística cartesiana.* Trad. Francisco M. Guimarães. Petrópolis: Vozes, 1972.

_____. *Linguagem e pensamento.* Trad. Francisco M. Guimarães. Petrópolis: Vozes, 1973.

_____. *Aspectos da teoria da sintaxe.* Trad. J. A. Meireles e E. P. Raposo. Coimbra: Arménio Amado, 1975a.

_____. *Reflections on Language.* New York: Pantheon, 1975b.

_____. *Rules and Representations.* New York: Columbia University Press, 1980.

_____. *Knowledge of Language:* its Nature, Origin and Use. New York: Praeger, 1986.

_____. *Language and Problems of Knowledge* – the Managua Lectures. Cambridge: MIT Press, 1988.

_____. "Linguistics and Adjacent Fields: a Personal View". In: KASHER, A. (ed.). *The Chomskyan Turn.* Oxford: Blackwell, 1991, pp. 3-25.

_____. *O conhecimento da língua:* sua natureza, origem e uso. Trad. Anabela Gonçalves e Ana Teresa Alves. Lisboa: Caminho, 1994.

_____. *Linguagem e mente:* pensamentos atuais sobre antigos problemas. Trad. Lúcia Lobato, ver, Mark Ridd. Brasília: Editora da UnB, 1998.

_____. *A ciência da linguagem:* conversas com James McGilvray. Trad. Gabriel de Ávila Othero, Luisandro Mendes Souza e Sergio de Moura Menuzzi. São Paulo: Unesp, 2014.

_____. *Estruturas sintáticas.* Ed. comentada. Trad. e comentários de Gabriel de Ávila Othero e Sergio Menuzzi. Petrópolis: Vozes, 2015.

_____. "The Galilean Challenge: Architecture and Evolution of Language". *Journal of Physics*: Conference Series, [s. l.], IOP Publishing, v. 880, 2017.

_____. *Que tipo de criatura somos nós?* Trad. Gabriel de Ávila Othero e Luisandro Mendes de Souza. Petrópolis: Vozes, 2018a.

_____. "Sobre mentes e linguagem". Trad. Gabriel de Ávila Othero. *ReVEL*, [s. l.], v. 16, n. 31, 2018b.

_____. "Prefácio". Trad. Gabriel de Ávila Othero, Eduardo Kenedy e Vítor Nóbrega. In: OTHERO, G. A.; KENEDY, E. *Chomsky:* a reinvenção da Linguística. São Paulo: Contexto, 2019, pp. 7-8.

_____. *The Delphic Oracle:* her Message for Today. In: ABRALIN AO VIVO: Linguists online, [s.l], 04 maio 2020.

_____; HALLE, M. *The Sound Pattern of English.* New York: Harper & Row, 1968.

_____; LASNIK, H. "The Theory of Principles and Parameters". In: JACOBS, J. et al. (eds.). *Syntax:* an International Handbook of Contemporary Research. Berlin: Walter de Gruyter, 1993, pp. 506-69.

_____; MILLER, G. A. "Introduction to the Formal Analysis of Natural Languages". In: LUCE, R. D.; BUSH, R.; GALANTER, E. (eds.) *Handbook of Mathematical Psychology.* New York: Wiley, 1963, pp. 269-321.

CLEMENTS, G. N.; HUME, E. V. "The Internal Organization of Speech Sounds". In: GOLDSMITH, J. A. (ed.). *The Handbook of Phonological Theory.* Cambridge, Mass./Oxford: Basil Blackwell, 1995, pp. 245-306.

COELHO, I. L. et al. *Para conhecer sociolinguística.* São Paulo: Contexto, 2015.

COÊLHO, K. de C. *A política e a linguística na política linguística:* línguas de imigração, direito e estado. Porto Alegre, 2019. Dissertação (Mestrado em Letras) – Universidade Federal do Rio Grande do Sul.

CORRÊA, L. "Computação gramatical". In: MAIA, M. (org.). *Psicolinguística, psicolinguísticas:* uma introdução. São Paulo: Contexto, 2015, pp. 31-44.

COSERIU, E. *Lições de linguística geral.* Trad. Evanildo Bechara. Rio de Janeiro: Ao Livro Técnico, 1980 [1973].

_____. *Sentido y tareas de la dialectología.* Cuadernos de Lingüística da Associación de Lingüística y Filología de América Latina – v. 8. México: Instituto de Investigaciones Filológicas, 1982.

_____. "'Língua histórica' e 'dialeto'". Trad. Carolina F. Grimm. *Cadernos de Tradução*, Porto Alegre, n. 40, 2017.

COSTA, L. F. "Redes complexas: modelagem simples da natureza". *Ciência Hoje*, Rio de Janeiro, SBPC, v. 36, n. 213, 2005, pp. 34-9.

COSTA, M. A. "Estruturalismo". In: MARTELOTTA, M. E. *Manual de linguística.* São Paulo: Contexto, 2008, pp. 113-26.

COSTE, D.; MOORE, D.; ZARATE, G. *Plurilingual and Pluricultural Competence.* Strasbourg: Council of Europe, 2009. Disponível em: <https://rm.coe.int/168069d29b>. Acesso em: 19 mar. 2020.

COUPLAND, N. "Language, Situation and the Relational Self: Theorizing Dialect-Style in Sociolinguistics". In: ECKERT, P.; RICKFORD, J. R. (eds.). *Style and Sociolinguistic Variation.* Cambridge: Cambridge University Press, 2001, pp. 185-210.

278 Conceitos básicos de linguística

_____. *Style:* Language Variation and Identity. Cambridge: Cambridge University Press, 2007.
CRAIN, S.; PIETROSKI, P. "Nature, Nurture and Universal Grammar". *Linguistics and Philosophy*, [s. l.], Springer, v. 24, n. 2, 2001, pp. 139-83.
CRISTÓFARO-SILVA, T. C. *Fonética e fonologia do português*: roteiro de estudos e guia de exercícios. 4. ed. São Paulo: Contexto, 2001.
_____. *Fonética e fonologia do português:* roteiro de estudos e guia de exercícios. São Paulo: Contexto, 2002.
_____. *Dicionário de fonética e fonologia.* São Paulo: Contexto, 2011.
CRYSTAL, D. *A linguística.* Trad. Isabel Hub Faria. Lisboa: Publicações Dom Quixote, 1991.
_____. *Dicionário de linguística e fonética.* Trad. e adapt. Maria Carmelita Pádua Dias. Rio de Janeiro: Jorge Zahar, 2000.
CUNHA, C.; CINTRA, L. *Nova gramática do português contemporâneo.* Rio de Janeiro: Lexikon, 2013.
DE MAURO, T. "Notes". Trad. Louis-Jean Calvet. In: SAUSSURE, F. de. *Cours de linguistique générale.* Éditions critique préparée par Tullio de Mauro. Paris: Payot, 1976, pp. 405-77.
DEPECKER, L. *Compreender Saussure a partir dos manuscritos.* Trad. de Maria Ferreira. Petrópolis: Vozes, 2012.
DIONÍSIO, A. P. "Análise da conversação". In: MUSSALIM, F.; BENTES, A. C. *Introdução à Linguística:* domínios e fronteiras. v. 2. São Paulo: Cortez, 2001, pp. 69-99.
DUARTE, M. E. L. "Do pronome nulo ao pronome pleno: a trajetória do sujeito no português do Brasil". In: ROBERTS, I.; KATO, M. *Português brasileiro:* uma viagem diacrônica. São Paulo: Contexto, 2018, pp. 83-104.
DUCROT, O; TODOROV, T. *Dicionário enciclopédico das ciências da linguagem.* Trad. Alice Kyoto Miyashiro et al. São Paulo: Perspectiva, 2001.
DURANTI, A. *Linguistic Anthropology.* Cambridge: CUP, 1997.
ECKERT, P. *Linguistic Variation as Social Practice.* Malden/Oxford: Blackwell, 2000.
_____. "Variation and the Indexical Field". *Journal of Sociolinguistics*, [s. l.], Wiley, v. 12, n. 4, 2008, pp. 453-76.
EVANS, B. "The Role of Social Network in the Acquisition of Local Dialect Norms by Appalachian Migrants in Ypsilanti, Michigan". *Language Variation and Change*, Cambridge, CUP, v. 16, n. 2, 2004, pp. 153-67.
EVERETT, D. *Linguagem:* a história da maior invenção da humanidade. Trad. Maurício Resende, rev. téc. Gabriel de Ávila Othero. São Paulo: Contexto, 2019.
FARACO, C. A. "Apresentação de um clássico". In: WEINREICH, U.; LABOV, E.; HERZOG, M. *Fundamentos empíricos para uma teoria da mudança linguística.* São Paulo: Parábola, 2006, pp. 9-29.
_____. "Norma culta brasileira: construção e ensino". In: ZILLES, A. M. S.; FARACO, C. A. (orgs.). *Pedagogia da variação linguística:* língua, diversidade e ensino. São Paulo: Parábola, 2015, pp. 19-30.
FERREIRA DA SILVA, S. L. *A gramática recursiva e seu papel na faculdade da linguagem da espécie humana.* Porto Alegre, 2014. Dissertação (Mestrado em Letras) – Universidade Federal do Rio Grande do Sul.
FERREIRA, C.; CARDOSO, S. *A dialetologia no Brasil.* São Paulo: Contexto, 1994.
FIGUEIREDO SILVA, M. C.; MEDEIROS, A. B. *Para conhecer morfologia.* São Paulo: Contexto, 2016.
FIGUEROA, E. *Sociolinguistic Metatheory.* Oxford/New York/Tokyo: Pergamon, 1994.
FIORIN, J. L. "Os Aldrovandos Cantagalos e o preconceito linguístico". In: SILVA, F. L. da; MOURA, H. M. de M. *O direito à fala:* a questão do preconceito linguístico. Florianópolis: Insular, 2002, pp. 23-37.
FIORIN, J. L.; FLORES, V. N.; BARBISAN, L. B. (orgs.). *Saussure:* a invenção da Linguística. São Paulo: Contexto, 2013a.
_____; _____; _____. "Por que ainda ler Saussure?". *Saussure:* a invenção da Linguística. São Paulo: Contexto, 2013b, pp. 7-20.
FLICK, U. *Uma introdução à pesquisa qualitativa.* Trad. Sandra Netz. Porto Alegre: Bookman, 2004.
FLORES, V. N. "Sobre a fala no *Curso de linguística geral* e a indissociabilidade língua/fala". In: DI FANTI, M. G.; BARBISAN, L. B. *Enunciação e discurso:* tramas de sentidos. São Paulo: Contexto, 2012, pp. 188-96.
_____. "Mostrar ao linguista o que ele faz": as análises de Ferdinand de Saussure. In: FIORIN, J. L.; FLORES, V. N.; BARBISAN, L. B. (orgs.). *Saussure:* a invenção da linguística. São Paulo: Contexto, 2013, pp. 71-85.
_____. "Notas para uma leitura do antropológico no Curso de linguística geral". In: FARACO, C. A. (org.). *O efeito Saussure:* cem anos do *Curso de Linguística Geral.* São Paulo: Parábola, 2016a, pp. 73-89.
_____. "Os *ditos* e os *escritos* de Ferdinand de Saussure: uma reflexão sobre a pesquisa com fontes documentais complexas". In: CRISTIANINI, A. C.; OTTONIGS, M. A. R. *Estudos linguísticos:* teoria, prática e ensino. Uberlândia: EDUFU, 2016b, pp. 63-72.

Referências **279**

_____. "Saussure é mesmo estruturalista? Atualidades do pensamento de Ferdinand de Saussure". In: BURITI JUNIOR, A. et al. (orgs.). *Estruturalismos, pós-estruturalismos e outras discussões*. Curitiba: Editora CRV, 2016c, pp. 21-30.

_____. *Saussure e Benveniste no Brasil:* quatro aulas na École Normale Supérieure. São Paulo: Parábola, 2017.

_____. *Problemas gerais de linguística*. Petrópolis: Vozes, 2019.

FODOR, J. A.; BEVER, T. G. "The Psychological Reality of Linguistic Segments". *Journal of Verbal Learning and Verbal Behavior*, [s. l.], Elsevier, v. 4, n. 5, 1965, pp. 414-20.

FRANÇA, A. I. "O problema de Broca". In: OTHERO, G. A.; KENEDY, E. *Chomsky*: a reinvenção da Linguística. São Paulo: Contexto, 2019, pp. 175-97.

FRIEDERICI, A. D. "Towards a Neural Basis of Auditory Sentence Processing". *Trends in Cognitive Sciences*, [s. l.], Elsevier, v. 6, n. 2, 2002, pp. 78-84.

_____. *Language in Our Brain:* the Origins of a Uniquely Human Capacity. Cambridge: The MIT Press, 2017.

GABAS JR., N. "Linguística histórica". In: MUSSALIM, F.; BENTES, A. C. (orgs.). *Introdução à linguística:* domínios e fronteiras. v. 1. São Paulo: Cortez, 2001, pp. 77-103.

GARCEZ, P. de M. "A perspectiva da Análise da Conversa Etnometodológica sobre o uso da linguagem em interação social". In: LODER, L. L.; JUNG, N. M. (orgs.). *Fala-em-interação social:* uma introdução à Análise da Conversa Etnometodológica. Campinas, SP: Mercado de Letras, 2008, pp. 17-38.

_____; SCHULZ, L. "Olhares circunstanciados: etnografia da linguagem e pesquisa em Linguística Aplicada no Brasil". *DELTA,* São Paulo, v. 31, 2015, pp. 1-34.

_____; _____. "ReVEL na Escola: do que tratam as políticas linguísticas". *ReVEL*, [s. l.], v. 14, n. 26, 2016.

GARFINKEL, H. "Remarks on Ethnomethodology". In: GUMPERZ, J. J.; HYMES, D. (eds.). *Directions in Sociolinguistics:* the Ethnography of Communication. New York: Holt, Rinehart & Winston, 1972. pp. 301-24.

GIL, A. C. *Métodos e técnicas de pesquisa social*. São Paulo: Atlas, 1999.

GODEL, R. *Les sources manuscrites du Cours de linguistique générale de F. de Saussure*. Genebra: Libraire Droz, 1969.

GOFFMAN, E. "The Neglected Situation". *American Anthropologist*, [s. l.], American Anthropological Association, v. 66, n. 6, 1964, pp. 133-6.

GONÇALVES, C. A. *Atuais tendências em formação de palavras*. São Paulo: Contexto, 2016.

_____. *Morfologia*. São Paulo: Parábola, 2019.

GÖRSKI, E. M.; COELHO, I. L.; SOUZA, C. M. N. de. (orgs.). *Variação estilística:* reflexões teórico-metodológicas e propostas de análise. Florianópolis: Insular, 2014.

GROLLA, E.; FIGUEIREDO SILVA, M. C. *Para conhecer Aquisição da Linguagem*. São Paulo: Contexto, 2014.

GUIMARÃES, M. *Os fundamentos da teoria linguística de Chomsky*. Petrópolis: Vozes, 2017.

GUY, G. R. "A identidade linguística da comunidade de fala: paralelismo interdialetal nos padrões de variação linguística". Trad. Leonardo Z. Maya. *Organon*, Porto Alegre, v. 14, n. 28-29, 2000.

HAGOORT, P. "On Broca, Brain, and Binding: a New Framework". *Trends in Cognitive Sciences*, [s. l.], Elsevier, v. 9, n. 9, 2005, pp. 416-23.

_____. "The Core and Beyond in the Language-Ready Brain". *Neuroscience and Biobehavioral Reviews*, [s. l.], Elsevier, v. 81, 2017, pp. 194-204.

HALLE, M.; CLEMENTS, G. N. *Problem Book in Phonology:* a Workbook for Introductory Courses in Linguistics in Modern Phonology. Cambridge, Massachusetts/London: The MIT Press, 1994 [1983].

HALLIDAY, M. A. K. *Language as Social Semiotic*. London: Edward Arnold, 1978.

HARARI, Y. N. *Sapiens:* uma breve história da humanidade. Porto Alegre: L&PM, 2015.

HARRIS, Z. S. *Structural Linguistics*. 6. ed. Chicago: The University of Chicago Press, 1963.

HAYES, B. *Introductory Phonology*. Malden/Oxford/West Sussex: Wiley-Blackwell, 2009.

HERITAGE, J.; ATKINSON, J. M. "Introduction". In: ATKINSON, J. M.; HERITAGE, J. (eds.). *Structures of Social Action:* Studies in Conversation Analysis. Cambridge: CUP, 1984, pp. 1-15.

HOUAISS, A.; VILLAR, M. de S. *Dicionário Houaiss da língua portuguesa*. Rio de Janeiro: Objetiva, 2009.

HYMES, D. *Foundations in Sociolinguistics:* an Ethnographic Approach. Philadelphia: University of Pennsylvania Press, 1974.

ILARI, R. "O estruturalismo linguístico: alguns caminhos". In: MUSSALIM, F.; BENTES, A. C. (orgs.). *Introdução à linguística:* fundamentos epistemológicos. São Paulo: Cortez, 2007, pp. 53-91.

_____; BASSO, R. *O português da gente:* a língua que falamos, a língua que estudamos. São Paulo: Contexto, 2005.

280 Conceitos básicos de linguística

INOJOSA, R. M. "Redes de compromisso social". *Revista de Administração Pública*, Rio de Janeiro, Fundação Getúlio Vargas, v. 33, n. 5, 1999, pp. 115-41.

JAKOBSON, R. *Linguística e comunicação*. Trad. Izidoro Blikstein e José Paulo Paes. São Paulo: Cultrix, 1974.

_____. *Seis lições sobre o som e o sentido*. Trad. Luís Miguel Cintra. Lisboa: Moraes; São Paulo: Martins Fontes, 1977.

_____; HALLE, M. *Fundamentals of Language*. 2. ed. Berlin/New York: Mouton de Gruyter, 2002.

KANITZ, A.; BATTISTI, E. "Variação sociolinguística na fala-em-interação: análise quantitativa e qualitativa do uso variável de vibrante simples em lugar de múltipla no português brasileiro de bilíngues português-alemão". *Letrônica*, Porto Alegre, v. 6, n. 1, 2013, pp. 3-25.

KARLSSON, F. "Origin and Maintenance of Clausal Embedding Complexity". In: SAMPSON, G.; GIL, D.; TRUDGILL, P. (eds). *Language Complexity as an Evolving Variable*. Oxford: OUP, 2009, pp. 192-202.

KARNOPP, L. "Aquisição da Linguagem de Sinais: uma entrevista com Lodenir Karnopp". *ReVEL*, [s. l.], v. 3, n. 5, 2005.

KASHER, A. "Universal Grammar". In: CHAPMAN, S.; ROUTLEDGE, C. *Key Ideas in Linguistics and the Philosophy of Language*. Edinburgh: Edinburgh University Press, 2009, pp. 247-51.

KENEDY, E. "Gerativismo". In: MARTELOTTA, M. E. (org.). *Manual de linguística*. São Paulo: Contexto, 2009, pp. 127-40.

_____. *Curso básico de linguística gerativa*. São Paulo: Contexto, 2013.

_____. "Psicolinguística na descrição gramatical". In: MAIA, M. *Psicolinguística, psicolinguísticas*: uma introdução. São Paulo: Contexto, 2015, pp. 143-156.

_____; GUESSER, S. "O jovem Chomsky, sua resenha de 1959 e a derrocada do behaviorismo". In: OTHERO, G. A.; KENEDY, E. *Chomsky:* a reinvenção da linguística. São Paulo: Contexto, 2019, pp. 47-54.

_____; OTHERO, G. A. *Para conhecer sintaxe*. São Paulo: Contexto, 2018.

KERBRAT-ORECCHIONI, C. *Análise da conversação:* princípios e métodos. Trad. Carlos Piovezani Filho. São Paulo: Parábola, 2006.

KLEIN, R. G.; EDGAR, B. *O despertar da cultura:* a polêmica teoria sobre a origem da criatividade humana. Trad. Ana L. Vieira de Andrade. Rio de Janeiro: Jorge Zahar, 2005.

KROCH, A. S. "Toward a Theory of Social Dialect Variation". In: ALLEN, H. B.; LINN, M. D. (eds.). *Dialect and Language Variation*. San Diego: Academic Press, 1986, pp. 344-66.

LABELLE, S. "Language and Identity". In: MOONEY, A. et. al. *Language, Society and Power:* an Introduction. 3. ed. London/New York: Routledge, 2011, pp. 173-88.

LABOV, W. *Sociolinguistic Patterns*. Philadelphia: University of Pennsylvania Press, 1972.

_____. *Some Observations on the Foundation of Linguistics*. Manuscrito não publicado, 1987. Disponível em: <http://www.ling.upenn.edu/~wlabov/Papers/Foundations.html>. Acesso em: jan. 2020.

_____. *Principles of Linguistic Change*. V. 1: Internal Factors. Malden/Oxford: Blackwell, 1994.

_____. *Principles of Linguistic Change*. V. 2: Social Factors. Malden/Oxford: Blackwell Publishers, 2001a.

_____. "The Anatomy of Style-Shifting". In: ECKERT, P.; RICKFORD, J. R. (eds.). *Style and Sociolinguistic Variation*. Cambridge: Cambridge University Press, 2001b. pp. 85-108.

_____. *Padrões sociolinguísticos*. Trad. Marcos Bagno, Maria Marta Pereira Scherre e Caroline R. Cardoso. São Paulo: Parábola, 2008.

_____. *Principles of Linguistic Change*. V. 3: Cognitive and Cultural Factors. West Sussex: Wiley-Blackwell, 2010.

LAPA, M. R. *Estilística da língua portuguesa*. São Paulo: Martins Fontes, 1988.

LARA, C. C. *Variação fonético-fonológica e atitudes linguísticas:* o desvozeamento das plosivas no português brasileiro em contato com o hunsrückisch no Rio Grande do Sul, Brasil. Porto Alegre, 2017. Tese (Doutorado em Letras) – Instituto de Letras, Universidade Federal do Rio Grande do Sul.

LEITE, M. Q. "Variação linguística: dialetos, registros e norma linguística". In: SILVA, L. A. da (org.). *A língua que falamos:* português: história, variação e discurso. São Paulo: Globo, 2005, pp. 183-210.

_____. *Preconceito e intolerância na linguagem*. São Paulo: Contexto, 2012.

LEITE, Y.; CALLOU, D. *Como falam os brasileiros*. Rio de Janeiro: Jorge Zahar, 2002.

LEPSCHY, G. C. *A linguística estrutural*. Trad. Nites Therezinha Feres. São Paulo: Perspectiva, 1975.

LI WEI. "Network Analysis". In: GOEBL, H et al. (eds.). *Contact Linguistics:* a Handbook of Contemporary Research. Berlin: de Gruyter, 1996, pp. 805-11.

LODER, L. L.; JUNG, N. M. *Fala-em-interação social:* introdução à Análise da Conversa Etnometodológica. Campinas: Mercado de Letras, 2008.

Referências 281

LODER, L. L.; SALIMEN, P. G.; MÜLLER, M. "Noções fundamentais: sequencialidade, adjacência e preferência". In: LODER, L. L.; JUNG, N. M. (orgs.). *Fala-em-interacão social:* introdução à Análise da Conversa Etnometodológica. Campinas: Mercado de Letras, 2008, pp. 95-126.

LOPES, R. V. "O inatismo ainda é a melhor hipótese". In: PIRES DE OLIVEIRA, R.; MIOTO, C. (orgs.). *Percursos em teoria da gramática.* Florianópolis: Ed. da UFSC, 2011, pp. 239-60.

_____. "O problema de Platão". In: OTHERO, G. A.; KENEDY, E. *Chomsky:* a reinvenção da linguística. São Paulo: Contexto, 2019, pp. 143-56.

LUFT, C. P. *Língua e liberdade:* por uma nova concepção da língua materna e seu ensino. Porto Alegre: L&PM, 1985.

LUNGUINHO, M. V.; TEIXEIRA, M. T. "O problema de Humboldt". In: OTHERO, G. A.; KENEDY, E. *Chomsky:* a reinvenção da linguística. São Paulo: Contexto, 2019, pp. 125-41.

LYONS, J. *Introdução à linguistica teórica.* Trad. Rosa V. Mattos e Hélio Pimentel. São Paulo: Ed. Nacional/ Edusp, 1979.

_____. *Linguagem e linguística:* uma introdução. Trad. Marilda Winkler Averbug e Clarisse Sieckenius de Souza. Rio de Janeiro: Editora Guanabara Koogan, 1987.

MAIA, M. "Processamento de frases". In: _____. (org.) *Psicolinguística, psicolinguísticas*: uma introdução. São Paulo: Contexto, 2015a, pp. 13-29.

_____. "Sintaxe experimental". In: OTHERO, G. A.; KENEDY, E. *Sintaxe, sintaxes*: uma introdução. São Paulo: Contexto, 2015b, pp. 51-72.

_____. "O problema de Descartes". In: OTHERO, G. A.; KENEDY, E. *Chomsky:* a reinvenção da linguística. São Paulo: Contexto, 2019, pp. 157-74.

MARCUSCHI, L. A. *Análise da conversação.* São Paulo: Ática, 1991.

MARTINS, N. S. *Introdução à estilística.* 3. ed. São Paulo: T. A. Queiroz, 2000.

MATTOS, C. L. G. "A abordagem etnográfica na investigação científica". In: MATTOS, C. L. G.; CASTRO, P. A. de. (orgs.). *Etnografia e educação:* conceitos e usos. Campina Grande: EDUEPB, 2011, pp. 49-83.

MATSUZAWA, K., "Puissance de l'écriture fragmentaire et 'cercle vicieux'". In : *Genesis*, 35, 2012. Disponível em: <http://journals.openedition.org/genesis/1037>.

MATZENAUER, C. L. B. "Introdução à teoria fonológica". In: BISOL, L. (org.) *Introdução a estudos de fonologia do português brasileiro.* Porto Alegre: EDIPUCRS, 2010, pp. 11-81.

MEJIA, C. *La Linguistique diachronique*: le projet saussurien. Publication du Cercle Ferdinad de Saussure, IV. Genebra: Droz, 1998.

MENDES, R. B. "Língua e variação". In: FIORIN, J. L. (org.). *Linguística?* Que é isso? São Paulo: Contexto, 2013, pp. 111-35.

_____. "A terceira onda da sociolinguística". In: FIORIN, J. L. (org.). *Novos caminhos da linguística.* São Paulo: Contexto, 2017, pp. 103-23.

MENDÍVIL-GIRÓ, J-L. "Por que as línguas não se adaptam ao seu ambiente?". Trad. Gabriel de Ávila Othero e Mariana Terra Teixeira. *ReVEL*, [s. l.], v. 17, n. 32, 2019.

MEYERHOFF, M. *Introducing Sociolinguistics.* Abingdon/New York: Routledge, 2011.

MILNER, J-C. *L'amour de la langue.* Paris: Seuil, 1978.

_____. *Introdução a uma ciência da linguagem.* Trad. Valdir do Nascimento Flores. SILVA, D. C. da.; OTHERO, G. A. de; ROSÁRIO, H. M. (orgs.). Petrópolis: Vozes, 2020.

MILROY, L. *Language and Social Networks.* 2. ed. Oxford/New York: Basil Blackwell, 1987.

_____. "Social Networks". In: CHAMBERS, J. K.; TRUDGILL, P. E; SCHILLING-ESTES, N. (eds.). *The Handbook of Language Variation and Change.* Maden/Oxford: Blackwell, 2002, pp. 549-72.

_____. "Language Ideologies and Linguistic Change". In: FOUGHT, C. (ed.). *Sociolinguistic Variation:* Critical Reflections. Oxford/New York: Oxford University Press, 2004, pp. 161-77.

_____; MILROY, J. "Social Networks and Social Class: Toward an Integrated Sociolinguistic Model". *Language in Society.* Cambridge, Cambridge University Press, v. 21, n. 1, 1992, pp. 1-26.

MIOTO, C.; FIGUEIREDO SILVA, M. C.; LOPES, R. *Novo manual de sintaxe.* São Paulo: Contexto, 2013.

MOLLICA, M. C.; BRAGA, M. L. (orgs.). *Introdução à sociolinguística:* o tratamento da variação. São Paulo: Contexto, 2003.

MONARETTO, V. N. de O.; QUEDNAU, L. R.; HORA, D. da. As consoantes do português. In: BISOL, L. (org.). *Introdução a estudos de fonologia do português brasileiro.* 5. ed. Porto Alegre: EDIPUCRS, 2010. p. 202-35.

MONTEIRO, J. L. *Pronomes pessoais:* subsídios para uma gramática do português do Brasil. Fortaleza: Edições UFC, 1994.

MORATO, E. "Neurolinguística". In: MUSSALIM, F.; BENTES, A. C. *Introdução à linguística:* domínios e fronteiras. v. 1. São Paulo: Cortez, 2001, pp. 167-200.

MORELLO, R. "A política de cooficialização de línguas no Brasil". *Platô – Revista do Instituto Internacional da Língua Portuguesa*, Plateau Cidade da Praia, v. 1, n. 1, 2012, pp. 8-17.

NEGRÃO, E. V. "A natureza da linguagem humana". In: FIORIN, J. L. (org.). *Linguística? Que é isso?* São Paulo: Contexto, 2013, pp. 75-109.

NEGRÃO, E. V.; SCHER, A. P.; VIOTTI, E. C. "A competência linguística". In: FIORIN, J. L. (org.). *Introdução à linguística*. São Paulo: Contexto, 2002. pp. 95-119.

_____; _____; _____. "Sintaxe: explorando a estrutura da sentença". In: FIORIN, J. L. (org.). *Introdução à linguística II:* princípios de análise. São Paulo: Contexto, 2003, pp. 81-109.

NÓBREGA, V. "O problema de Wallace-Darwin". In: OTHERO, G. A.; KENEDY, E. (org.). *Chomsky:* a reinvenção da linguística. São Paulo: Contexto, 2019, pp. 197-212.

NOLL, V. *O português brasileiro:* formação e contrastes. São Paulo: Globo, 2008.

NORMAND, C. Le "CLG: une théorie de la signification?". In: _____. (org.). *La quadrature du sens*. Paris: PUF, 1990, pp. 23-40.

_____. *Saussure*. Trad. Ana de Alencar e Marcelo Diniz. São Paulo: Estação Liberdade, 2009.

_____. "Saussure: uma epistemologia da Linguística". In: SILVEIRA, E. M. (org.). *As bordas da linguagem*. Uberlândia: EDUFU, 2011. pp. 11-30.

NÖTH, W. *Panorama da semiótica:* de Platão a Peirce. São Paulo: Annablume, 1995.

OCHS, E. *Culture and Language Development:* Language Acquisition and Language Socialization in a Samoan Village. Cambridge: CUP, 1988.

_____; SHIEFFELIN, B. "O impacto da socialização da linguagem no desenvolvimento gramatical". In: FLETCHER, P.; MACWHINNEY, B. *Compêndio da linguagem da criança*. Trad. Marcos A. G. Domingues. Rev. téc. Regina R. Lamprecht. Porto Alegre: Artes Médicas, 1997. pp. 69-84.

OLIVEIRA, G. M. "Políticas linguísticas: uma entrevista com Gilvan Müller de Oliveira". *ReVEL*, [s. l.], v. 14, n. 26, 2016.

OLIVEIRA, S. G. de. Ingliding *de vogais tônicas como prática estilística no falar porto-alegrense:* significados sociais da variação linguística. Porto Alegre, 2018. Dissertação (Mestrado em Letras) – Instituto de Letras, Universidade Federal do Rio Grande do Sul.

OSTERMANN, A. C. "Análise da conversa: o estudo da fala-em-interação". In: OSTERMANN, A. C.; MENEGHEL, S. N. (orgs.). *Humanização, gênero, poder:* contribuições dos estudos de fala-em-interação para a atenção à saúde. Campinas: Mercado de Letras; Rio de Janeiro: Fiocruz, 2012. pp. 33-43.

OTHERO, G. A. "A gramática universal e a aquisição da linguagem". *Entrelinhas*, São Leopoldo, v. 9, 2003, pp. 31-3.

_____. "Sintaxe". In: SCHWINDT, L. C. (org.) *Manual de Linguística: Fonologia, Morfologia e Sintaxe*. Petrópolis: Vozes, 2014, pp. 155-217.

_____. *Mitos da linguagem*. São Paulo: Parábola, 2017.

_____; KENEDY, E. (orgs.). *Sintaxe, sintaxes:* uma introdução. São Paulo: Contexto, 2015.

_____; _____. *Chomsky:* a reinvenção da linguística. São Paulo: Contexto, 2019.

_____; MENUZZI, S. M. "Estruturas sintáticas e a reinvenção da teoria linguística". In: OTHERO, G. A.; KENEDY, E. *Chomsky:* a reinvenção da linguística. São Paulo: Contexto, 2019, pp. 27-45.

OUSHIRO, L. *Identidade na pluralidade:* avaliação, produção e percepção linguística na cidade de São Paulo. São Paulo, 2015. Tese (Doutorado em Semiótica e Linguística Geral) – Programa de Pós-Graduação em Semiótica e Linguística Geral, Universidade de São Paulo.

OUSHIRO, L.; MENDES, R. B. "O apagamento de (-r) em coda nos limites da variação". *Veredas – Revista de Estudos Linguísticos*, Juiz de Fora, v. 18, n. 2, 2014, pp. 251-66.

PATRICK, P. L. "The Speech Community". In: CHAMABERS, J. K.; TRUDGILL, P.; SCHILLING-ESTES, N. (eds.). *The Handbook of Language Variation and Change*. Malden/Oxford: Blackwell, 2002, pp. 573-97.

PAUL, H. *Prinzipien der Sprachgeschichte*. Halle: Niemeyer, 1880.

PERINI, M. A. "Os dois mundos da expressão linguística". *A língua do Brasil amanhã e outros mistérios*. São Paulo: Parábola, 2004, pp. 53-72.

_____. *Princípios de linguística descritiva*: introdução ao pensamento gramatical. São Paulo: Parábola, 2006.

_____; OTHERO, G. A. "Córpus, introspecção e o objeto da descrição gramatical". *Signo*, Santa Cruz do Sul, v. 35, n. 59, 2010, pp. 02-12.

PIATTELLI-PALMARINI, M. *Teorias da linguagem, teorias da aprendizagem:* o debate entre Jean Piaget & Noam Chomsky. Trad. Rui Pacheco. Lisboa: Edições 70, 1987.

PINKER, S. *O instinto da linguagem:* como a mente cria a linguagem. Trad. Claudia Berliner. Rev. téc. Cynthia L. Zocca. São Paulo: Martins Fontes, 2004.

Referências **283**

_____; JACKENDOFF, R. "The Faculty of Language: What's Special about it?". *Cognition*, [s. l.], Elsevier, v. 95, n. 2, 2005, pp. 201-36.

PIRES DE OLIVEIRA, R.; QUAREZEMIN, S. *Gramáticas na escola*. Petrópolis: Vozes, 2016.

PONTES, E. *Sujeito:* da sintaxe ao discurso. São Paulo: Ática, 1986.

_____. *O tópico no português do Brasil*. Campinas: Pontes, 1987.

PRESTON, D. R. "Language with an Attitude". In: CHAMBERS, J. K.; TRUDGILL, P.; SCHILLING-ESTES, N. (eds.). *The Handbook of Language Variation and Change*. Malden/Oxford: Blackwell Publishers, 2002, pp. 40-66.

PRETI, D. *Sociolinguística:* os níveis da fala: um estudo sociolinguístico do diálogo na literatura brasileira. São Paulo: Edusp, 2000.

PYE, C. "The Aquisition of K'iché May". In: SLOBIN, D. (org.). *The Crosslinguistic Study of Language Acquisition*. v. 3. Hillsdale: Lawrence Erlbaum Associates, 1992. pp. 201-308.

RAPOSO, E. P. *Teoria da gramática:* a faculdade da linguagem. Lisboa: Caminho, 1992.

RIBEIRO, B. T.; GARCEZ, P. M. (orgs.) *Sociolinguística interacional*. São Paulo: Loyola, 2002.

RICKFORD, J. R.; ECKERT, P. "Introduction". In: ECKERT, P.; RICKFORD, J. R. (eds.). *Style and Sociolinguistic Variation*. Cambridge: Cambridge University Press, 2001, pp. 1-18.

RIEGEL, M. *Manual prático de iniciação à análise linguística*. Trad. Marcílio Teixeira Marinho e Newton Belém. Rio de Janeiro: Editora Rio, 1981.

ROCHA, I. "Processos de causativização na língua Karitiana". *Boletim do Museu Paraense Emílio Goeldi*, Belém, v. 9, n. 1, 2014, pp. 183-97.

ROCHA, L. C. de A. *Estruturas morfológicas do português*. Belo Horizonte: Editora da UFMG, 2003.

RODRIGUES, C. "Ciência e gramática gerativa & ciência da gramática gerativa". In: OTHERO, G. A.; KENEDY, E. *Chomsky:* a reivenção da linguística. São Paulo: Contexto, 2019, pp. 11-26.

ROSA, M. C. *Introdução à morfologia*. São Paulo: Contexto, 2000.

SACKS, H. *Lectures on Conversation*. v. 1 e 2. Oxford: Blackwell Publishers, 1992.

SALOMÃO-CONCHALO, M. H. *A variação estilística na concordância nominal e verbal como construção de identidade social*. São José do Rio Preto, 2015. Tese (Doutorado em Estudos Linguísticos) – Universidade Estadual Paulista Julio de Mesquita Filho.

SALUM, I. N. "Prefácio à edição brasileira". In: SAUSSURE, F de. *Curso de linguística geral*. BALLY, C.; SECHEHAYE, A. (orgs.), com a colaboração de Albert Riedlinger. Trad. Antônio Chelini, José Paulo Paes e Isidoro Blikstein. São Paulo: Cultrix, 1975, pp. XIII-XXIII.

SAPIR, E. *A linguagem:* introdução ao estudo da fala. Trad. e apêndice de Joaquim Mattoso Câmara Jr. São Paulo: Editora Perspectiva, 1980.

SAUSSURE, F de. "Lettres de Ferdinand de Saussure à Antoine Meillet". Publicadas por Émile Benveniste. *Cahiers Ferdinand de Saussure,* Genebra, Libraire Droz, n. 21, 1964, pp. 89-130.

_____. *Cours de linguistique générale*. Tomo I. Ed. crítica de Rudolf Engler. Wiesbaden: Otto Harrassowitz, 1989.

_____. *Curso de linguística geral*. BOUQUET, S.; ENGLER, R. (orgs. e eds.), com a colaboração de Albert Riedlinger. Trad. Antônio Chelini, José Paulo Paes e Isidoro Blikstein. São Paulo: Cultrix, 1975.

_____. *Escritos de linguística geral*. BOUQUET, S.; ENGLER, R. (orgs. e eds.),com a colaboração de Antoinette Weil. Trad. Carlos Augusto Leuba Salum e Ana Lúcia Franco. São Paulo: Cultrix, 2004.

SCARPA, M. "Aquisição da linguagem". In: MUSSALIM, F.; BENTES, A. C. *Introdução à linguística*: domínios e fronteiras. v. 1. São Paulo: Cortez, 2001, pp. 203-32.

SCHERRE, M. et al. "Variação dos pronomes 'tu' e 'você'". In: MARTINS, M. A.; ABRAÇADO, J. (orgs.). *Mapeamento sociolinguístico do português brasileiro*. São Paulo: Contexto, 2015, pp. 133-72.

SCHLEICHER, A. *Die Darwinsche Theorie und die Sprachwissenschaft*: offenes Sendschreiben an Herrn Dr. Ernst Häckel. Weimar: Hermann Böhlau, 1863.

SELKIRK, E. "The Syllable". In: VAN DER HULST, H.; SMITH, N. (eds.). *The Structure of Phonological Representations*. v. 2. Dordrecht: Foris, 1982, pp. 337-83.

SEVERO, C. G. "Políticas patrimoniais e projetos nacionalistas: línguas e brasilidade em tela". In: FREITAG, R. M. K.; SEVERO, C. G.; GÖRSKI, E. M. (orgs.). *Sociolinguística e política linguística*: olhares contemporâneos. São Paulo: Blucher, 2016, pp. 189-204.

SILVA, C. R.; ANDRADE, D. N. P.; OSTERMANN, A. C. "Análise da conversa: uma breve introdução". *ReVEL*, [s. l.], v. 7, n. 13, 2009.

SILVA, J. B.; SCHERRE, M. M. P. "A concordância nominal na fala capixaba: fatores sociais". In: CARDOSO, C. R. et. al. (orgs.). *Variação linguística*: contato de línguas e educação: contribuições do III Encontro do Grupo de Estudos Avançados de Sociolinguística da UNB. Campinas: Pontes, 2013, pp. 129-43.

284 Conceitos básicos de linguística

SILVEIRA, E. *As marcas do movimento de Saussure na fundação da linguística*. Campinas: Mercado de Letras, 2007.

SILVERSTEIN, M. "The Uses and Utility of Ideology: Some Reflections". *Pragmatics*, [s. l.], International Pragmatics Association, v. 2, n. 3, 1992, pp. 311-23.

_____. "Indexical Order and the Dialectics of Sociolinguistic Life". *Language & Communication*, [s. l.], Elsevier, v. 23, n. 3-4, 2003, pp. 193-229.

SKUTNABB-KANGAS, T. "Multilingualism and the Education of Minority Children". In: SKUTNABB-KANGAS, T.; CUMMINS, J. (eds.). *Minority Education:* from Shame to Struggle. Clevedon/Philadelphia: Multilingual Matters, 1988, pp. 9-44.

SOUZA-E-SILVA, Maria Cecília P. de; KOCH, Ingedore Villaça. *Linguística aplicada ao português:* morfologia. São Paulo: Cortez, 2002.

SPOLSKY, B. "Para uma teoria de políticas linguísticas". Trad. Paloma Petry. Rev. téc. Pedro M. Garcez. *ReVEL*, [s. l.], v. 14, n. 26, 2016a.

_____. "Políticas linguísticas: uma entrevista com Bernard Spolsky". Trad. Ana Carolina Spinelli e Gabriel de Ávila Othero. *ReVEL*, [s. l.], v. 14, n. 26, 2016b.

TARALLO, F. *Relativization Strategies in Brazilian Portuguese*. Philadephia, 1983. Dissertation (PhD in Philosophy) – University of Pennsylvania.

_____. *A pesquisa sociolinguística*. São Paulo: Ática, 2006.

TATTERSALL, I. "Becoming Human: Evolution and the Rise of Intelligence". *Scientific American*, [s. l.], Springer Nature, v. 16, n. 2, jun. 2006.

TEIXEIRA, M. T. *O processamento de sentenças ambíguas por bons e maus leitores:* um estudo de ressonância magnética funcional. Porto Alegre, 2020. Tese (Doutorado em Letras) – Programa de Pós-Graduação em Letras, Pontifícia Universidade Católica do Rio Grande do Sul.

TESCH, L. M. *A expressão do tempo futuro no uso capixaba:* variação e gramaticalização. Rio de Janeiro, 2011. Tese (Doutorado em Linguística) – Universidade Federal do Rio de Janeiro.

TOMASELLO, M. *Origens culturais da aquisição do conhecimento humano*. Trad. Cláudia Berliner. São Paulo: Martins Fontes, 2003.

TRASK, R. L. *Dicionário de linguagem e linguística*. Trad. Rodolfo Ilari. Rev. téc. Ingedore Villaça Koch e Thaïs Cristófaro Silva. São Paulo: Contexto, 2004.

VON HUMBOLDT, W. *On Language:* on the Diversity of Human Language Construction and its Influence on the Mental Development of the Human Species. New York: CUP, 1988 [1. ed. 1836].

WEINREICH, U.; LABOV, W.; HERZOG, M. I. *Fundamentos empíricos para uma teoria da mudança linguística*. Trad. Marcos Bagno. Rev. téc. Carlos A. Faraco. São Paulo: Parábola, 2006.

WELLS, R. S. "Immediate Constituents". *Language*, Washington, DC, Linguistic Society of America, n. 23, 1947, 81-117.

WENGER, É. *Communities of Practice:* Learning, Meaning and Identity. Cambridge: CUP, 1998.

WILSON, E. O. *A conquista social da terra*. São Paulo: Companhia das Letras, 2013.

Os autores

Elisa Battisti é licenciada em Letras pela Universidade de Caxias do Sul (UCS), mestre em Letras pela Universidade Federal do Rio Grande do Sul (UFRGS) e doutora em Linguística pela Pontifícia Universidade Católica do Rio Grande do Sul (PUCRS). Tem pós-doutorado em Fonologia pela Vrije Universiteit Amsterdam e Meertens Instituut, Holanda. É professora associada do Departamento de Linguística, Filologia e Teoria Literária do Instituto de Letras da UFRGS. Nessa instituição, ministra disciplinas de linguística na graduação e atua na linha de Fonologia & Morfologia e na linha de Sociolinguística do programa de pós-graduação em Letras. Desenvolve pesquisa principalmente sobre fonologia do português brasileiro e variação linguística como prática social. É pesquisadora do CNPq.

Gabriel Othero é professor do Instituto de Letras da Universidade Federal do Rio Grande do Sul. Também é editor da *Revista Virtual de Estudos da Linguagem* (*ReVEL*) (juntamente com Cassiano Haag e Cândida Leite), coordenador da Coleção de Linguística da editora Vozes (juntamente com Sergio Menuzzi) e editor da editora da Abralin (juntamente com Valdir Flores). É um dos idealizadores do Observatório Sintático do Português Brasileiro. Pela Contexto, publicou os livros *Teoria X-barra: descrição do português e aplicação computacional* (2006) e, em coautoria com Eduardo Kenedy, *Chomsky: a reinvenção da linguística* (2019), *Para conhecer sintaxe* (2018) e *Sintaxe, sintaxes: uma introdução* (2015).

Valdir do Nascimento Flores é professor titular de Língua Portuguesa e Linguística da Universidade Federal do Rio Grande do Sul (UFRGS). Realizou estudos de pós-doutorado na Université de Paris XII e na Université de Paris X. Foi professor visitante no *Institut des textes et manuscrits modernes* (ITEM – CNRS/ENS) na França, onde ministrou cursos sobre a recepção das ideias de Saussure e Benveniste no Brasil. É editor da editora da Abralin (juntamente com Gabriel de Ávila Othero). Os temas de suas pesquisas circunscrevem-se a dois campos: aspectos epistemológicos da linguística geral (Ferdinand de Saussure; Roman Jakobson, Émile Benveniste, entre outros) e linguística da enunciação (Émile Benveniste, Henri Meschonnic, Antoine Culioli, entre outros). É pesquisador do CNPq.

GRÁFICA PAYM
Tel. [11] 4392-3344
paym@graficapaym.com.br